SPURGEON E OS SALMOS

SPURGEON E OS SALMOS

ALMEIDA CORRIGIDA FIEL

THOMAS NELSON BRASIL®

Título original: *NKJV Spurgeon and the Psalms*
© por Thomas Nelson, 2022, uma divisão da HarperCollins Christian Publishing, Inc. Todos os direitos reservados.
© por Vida Melhor Editora LTDA, 2023.

Tradução	*Maurício Bezerra*
Preparação	*Davi Freitas e Shirley Lima*
Revisão	*Jean Xavier*
Diagramação	*Luciana Di Iorio*
Capa	*Rafael Brum*

EQUIPE EDITORIAL
Diretor	*Samuel Coto*
Coordenador	*André Lodos Tangerino*
Assistente	*Lais Chagas*

Dados Internacionais de Catalogação na Publicação (CIP)
(BENITEZ Catalogação Ass. Editorial, MS, Brasil)

S759s   Spurgeon, Charles H., 1834-1892
1.ed.   Spurgeon e os Salmos: o saltério com devocionais de Charles Spurgeon / Charles H. Spurgeon; tradução Maurício Bezerra. - 1.ed. - Rio de Janeiro: Thomas Nelson Brasil, 2023.
   368 p.; 13,6 x 21,3 cm.

   Título original: Spurgeon and the Psalms: the book of Psalms with devotions from Charles Spurgeon.
   ISBN 978-65-5689-630-4 (capa couro soft)
   ISBN 978-65-5689-810-0 (capa tecido)
   ISBN 978-65-5689-806-3 (capa dura)

   1. Bíblia. A.T. Salmos - Comentários. 2. Bíblia. A.T. Salmos - Crítica, interpretação, etc. 3. Bíblia. A.T. Salmos - Meditações. 4. Bíblia. A.T. Salmos - Poesia I. Título.

Índice para catálogo sistemático:

1. Salmos: Bíblia: Antigo testamento: Cristianismo   223.206

Aline Graziele Benitez - Bibliotecária - CRB-1/3129

Todos os direitos reservados à Vida Melhor Editora LTDA.
Rua da Quitanda, 86, sala 601A — Centro
Rio de Janeiro — RJ — CEP 20091-005
Tel.: (21) 3175-1030
www.thomasnelson.com.br

Printed in China

SUMÁRIO

SUMÁRIO

PREFÁCIO
por C. H. Spurgeon

Asseguro-lhes que meu prefácio terá como virtude pelo menos a brevidade, na medida em que considero bem difícil conferir-lhe qualquer outra qualidade.

O estudo deleitoso dos Salmos tem-se mostrado imensamente útil para mim, além de me proporcionar um prazer cada vez maior; a gratidão costumeira me obriga a compartilhar com outras pessoas um pouco desses ganhos, orando para que essa partilha possa levá--las a estudar por si mesmas os Salmos de forma mais aprofundada. O fato de eu não ter nada melhor a oferecer acerca deste inigualável livro das Escrituras é motivo de sincero lamento; porém, ter *algo* a ofertar é motivo de devota gratidão ao Senhor da graça. Fiz o meu melhor, mas, consciente de minhas deficiências, muito apreciaria oferecer-lhes um estudo de longe mais eficaz.

A exposição aqui apresentada é de minha autoria. Consultei alguns escritores antes de iniciar para que me auxiliassem na interpretação e despertassem meus pensamentos; mas, ainda assim, posso clamar por originalidade em meus comentários, pelo menos assim considero honestamente. Se são melhores ou piores por essa razão, não posso afirmar, mas, pelo menos, sei que busquei a diretriz celestial enquanto os escrevia e, por esse motivo, busco uma bênção em sua publicação.

Nenhum outro propósito esteve diante de mim que não fosse servir a igreja e glorificar a Deus pela confecção cabal desta obra. Não espero recompensa pecuniária; se tão somente conseguir cobrir as despesas empenhadas nesta empreitada, já me contentarei; o restante nada mais é que uma oferta ao melhor dos Mestres, aquele cuja palavra é alimento e bebida para quem a estuda. O deleite em haver levado esta obra adiante é uma recompensa mais que satisfatória, e a esperança de auxiliar meus irmãos em seus estudos bíblicos é muito doce para mim.

Acima de tudo, confio que o Espírito Santo tem estado comigo durante todo o tempo que escrevi e compilei estes comentários, razão pela qual espero que os abençoe tanto para a conversão daqueles que ainda não receberam o novo nascimento como para a edificação daqueles que creem. Escrever esta obra se constituiu em meio de graça para meu próprio coração; eu mesmo desfrutei tudo que preparei para meus leitores. O Livro de Salmos tem sido um banquete real para mim, e o processo de degustar seu conteúdo assemelhou-se a ter uma amostra das finas iguarias dos anjos. Não causa admiração que os escritores antigos chamassem os Salmos de *a escola da paciência, os solilóquios da alma, a pequena Bíblia, a anatomia da devoção, a Terra Santa da poesia, o coração das Escrituras, o mapa da experiência* e *a língua dos santos*. O Livro de Salmos é o interlocutor de sentimentos que, de outro modo, não seriam enunciados. Acaso ele não diz exatamente o que gostaríamos de dizer? Acaso suas orações e seus louvores não exprimem, de forma precisa, aquilo que agrada aos nossos corações? Ninguém precisa de companhia melhor do que os Salmos; podemos lê-los e, desse modo, comungar com amigos humanos e divinos, amigos que conhecem o coração das pessoas com relação a Deus e o coração de Deus com relação às pessoas, amigos que simpatizam perfeitamente conosco e com nossas tristezas, amigos que nunca traem nem abandonam. Ah, quão bom seria estar isolado em uma caverna com Davi, sem nenhuma outra ocupação além de ouvi-lo cantar e elevar nossa voz juntamente com ele! Tenho certeza de que um rei cristão não se furtaria de renunciar à sua coroa para obter tamanho prazer, e o súdito cristão consideraria tal ato como colocar uma coroa em sua cabeça, de tanta felicidade!

É motivo de receio que os Salmos não sejam tão valorizados quanto nos primórdios da igreja. Houve tempos em que eles não apenas eram apresentados em todas as igrejas diariamente, mas também eram universalmente cantados, de modo que a gente comum os sabia de cor, ainda que não conhecesse as letras com que haviam sido escritos. Houve um tempo em que os bispos nem mesmo ousavam ordenar alguém ao ministério sem que conhecesse "Davi" do início ao fim e pudesse declamar cada salmo corretamente; houve até concílios eclesiásticos que decretaram que ninguém deveria ter um cargo eclesiástico se não conhecesse todos os salmos de cor. É melhor que outras práticas daquele tempo continuem no esquecimento, onde se encontram; outras, contudo, merecem uma menção honrosa. Conforme Jerônimo nos conta, o trabalhador, enquanto carregava o arado, entoava "Aleluia"; o ceifeiro exausto encontrava refrigério nos Salmos, e o vinicultor, enquanto aparava a vinha com seu gancho encurvado, entoava as canções de Davi. Ele nos conta que, naquela parte do mundo, os Salmos eram as baladas cristãs. Acaso haveria melhores músicas do que essas? Tais eram as canções de amor do povo de Deus; acaso seria possível existirem outras músicas tão puras e celestiais? Esses hinos sagrados expressam todo tipo de sentimento santo; servem tanto para a criança como para o ancião; providenciam máximas para o início da vida e servem como placas de aviso nos portões da morte. A batalha da vida, o repouso sabático, a ala de um hospital, o oratório, que é o quarto de hóspedes da mansão da igreja, sim... até mesmo o céu pode ser adentrado na companhia dos Salmos.

É adequado acrescentar que, embora os comentários tenham sido escritos quando de minha saúde, o restante da obra é produto de minha enfermidade. Quando a doença prolongada e a fraqueza me afastaram da pregação diária, recorri à pena como o meio disponível de fazer o bem. Se eu pudesse, teria pregado; mas, como meu Mestre me negou o privilégio de servir a ele dessa maneira, de bom grado recorri a outro método para dar testemunho do seu nome. Ah, que ele me faça frutificar da mesma forma nesse campo, e que todo o louvor lhe seja dado!

Prezado leitor, entrego meu serviço em suas mãos em nome de Cristo.

C. H. Spurgeon

UMA NOTA
à edição

O Livro de Salmos é fonte de encorajamento para nós, exibindo a soberania de Deus e seu profundo cuidado para com todas as pessoas. Os cristãos têm usado essas canções que foram concedidas aos hebreus antigos para adoração, oração e clamor pungente, com os mesmos propósitos originais. Por meio do Saltério, Deus revelou-se, de modo que pudéssemos compreender sua bondade, testemunhar sua glória e encontrar consolo em sua misericórdia.

Em meados do século 19, Charles Spurgeon começou a pregar na capela da rua New Park, em Londres, Inglaterra. Depois de uma temporada de incrível crescimento debaixo da sua liderança, a igreja construiu um prédio chamado Tabernáculo Metropolitano. Em sua época, Spurgeon era conhecido em toda parte por sua pregação poderosa e perspicaz. Seus sermões eram publicados semanalmente em vários jornais e periódicos. Com o passar da história, ele foi chamado de "o Príncipe dos Pregadores".

Durante seu ministério pastoral, Spurgeon pregou todo o livro de Salmos, e seus sermões foram publicados sob o título *The Treasury of David* [Os tesouros de Davi]. Nesta edição, apresentamos uma pequena amostra de seu ensino, percorrendo cada um dos 150 salmos. Além disso, há um espaço destinado ao registro de suas próprias observações por todo o texto. Os devocionais de Spurgeon o incentivarão a conhecer cada vez mais a Palavra de Deus, ampliando sua esperança na atuação de Deus e fortalecendo sua fé.

Venham sobre mim também as tuas
misericórdias, ó SENHOR,
e a tua salvação segundo a tua palavra.

Salmo 119:41

LIVRO 1

Salmos 1-41

SALMO 1
A FELICIDADE DOS JUSTOS E O CASTIGO DOS ÍMPIOS

Acapacidade de frutificar é uma qualidade essencial das pessoas graciosas, e essa capacidade deve ser de acordo com a estação. As folhas dessas pessoas "não cairão"; suas palavras mais débeis serão eternas; seus mínimos feitos de amor serão eternamente lembrados. Não apenas seu fruto será preservado, mas também suas "folhas". Elas nunca perderão a beleza nem a capacidade de frutificar. "E tudo quanto fizerem prosperará." Bem-aventurados são aqueles que têm sobre si tal promessa. Todavia, não podemos sempre avaliar o cumprimento de uma promessa segundo nosso próprio entendimento. Quantas vezes, meus irmãos, quando cultivamos uma visão débil de nossa situação, chegamos à conclusão melancólica de Jacó, que disse: "Todas estas coisas vieram sobre mim!". Pois, embora tenhamos genuíno interesse pela promessa, permanecemos tão alterados e perturbados que nossa visão só enxerga o oposto do que a promessa enuncia. Entretanto, aos olhos da fé, essa palavra é segura e, com isso, percebemos que nossas obras prosperam, ainda que tudo pareça levantar-se contra nós. Não é a prosperidade exterior que os cristãos mais desejam e valorizam; é pela prosperidade da alma que eles anseiam.

¹Bem-aventurado o homem que não anda segundo o conselho dos ímpios, nem se detém no caminho dos pecadores, nem se assenta na roda dos escarnecedores.

²Antes *tem* o seu prazer na lei do SENHOR, e na sua lei medita de dia e de noite.

³Pois será como a árvore plantada junto a ribeiros de águas, a qual dá o seu fruto no seu tempo; as suas folhas não cairão, e tudo quanto fizer prosperará.

⁴Não *são* assim os ímpios; mas *são* como a moinha que o vento espalha.

⁵Por isso os ímpios não subsistirão no juízo, nem os pecadores na congregação dos justos.

⁶Porque o SENHOR conhece o caminho dos justos; porém o caminho dos ímpios perecerá.

NOTAS

SALMO 2
A REBELIÃO DOS GENTIOS E A
VITÓRIA DO MESSIAS

"**P**roclamarei o decreto: o Senhor me disse: Tu és meu Filho, eu hoje te gerei." Deus ri diante do conselho e das amotinações dos ímpios, e agora o próprio Cristo, que é o Ungido, apresenta-se como o Redentor ressuscitado, "declarado Filho de Deus em poder, segundo o Espírito de santificação, pela ressurreição dos mortos" (Romanos 1:4). Olhando para os semblantes raivosos dos reis rebeldes, o Ungido parece dizer: "Se isso não basta para fazer com que se calem, 'proclamarei o decreto'". Nesse instante, esse decreto está em conflito direto com o conselho dos homens, porque seu teor aborda exatamente o domínio contra o qual as nações se levantam. "Tu és Meu Filho." Aqui está uma prova distinta da divindade gloriosa de nosso Emanuel. Para qual dos anjos ele disse a qualquer tempo: "Tu és meu Filho, eu hoje te gerei"? Quanta misericórdia é ter um Redentor divino em quem podemos depositar nossa confiança!

¹Por que se amotinam os gentios, e os povos imaginam coisas vãs?

²Os reis da terra se levantam e os governos consultam juntamente contra o Senhor e contra o seu ungido, *dizendo:*

³Rompamos as suas ataduras, e sacudamos de nós as suas cordas.

⁴Aquele que habita nos céus se rirá; o Senhor zombará deles.

⁵Então lhes falará na sua ira, e no seu furor os turbará.

⁶Eu, porém, ungi o meu Rei sobre o meu santo monte de Sião.

⁷Proclamarei o decreto: O Senhor me disse: Tu *és* meu Filho, eu hoje te gerei.

⁸Pede-me, e eu *te* darei os gentios *por* herança, e os fins da terra *por* tua possessão.

⁹ Tu os esmigalharás com uma vara de ferro; tu os despedaçarás como *a* um vaso de oleiro.

¹⁰ Agora, pois, ó reis, sede prudentes; deixai-vos instruir, juízes da terra.

¹¹ Servi ao Senhor com temor, e alegrai-vos com tremor.

¹² Beijai o Filho, para que se não ire, e pereçais no caminho, quando em breve se acender a sua ira; bem-aventurados todos aqueles que nele confiam.

Notas

SALMO 3

DAVI CONFIA EM DEUS NA SUA ADVERSIDADE

*Salmo de Davi, quando fugiu de diante
da face de Absalão, seu filho*

"**M**uitos dizem da minha alma: Não há salvação para ele em Deus." Sem dúvida, Davi sentiu essa sugestão infernal como algo desconcertante para sua fé. Se todas as provações que viessem do céu, todas as tentações que viessem do inferno e todas as cruzes que surgissem da terra pudessem ser reunidas e concentradas, não ofereceriam uma provação tão terrível quanto a que está contida neste verso. Consiste na mais amarga aflição ser levado a temer a inexistência de salvação para nós em Deus. E, no entanto, lembremos de que nosso Salvador extremamente bendito teve de suportar tamanho sofrimento em grau máximo quando gritou: "Deus meu, Deus meu, por que me desamparaste?" (Mateus 27:46b). Ele sabia plenamente o que era andar na escuridão sem ver um único facho de luz. Essa era a pior de todas as maldições, um verdadeiro absinto misturado com fel. Ser abandonado por seu Pai foi pior do que ser desprezado pelos homens. Seguramente, devemos amar aquele que passou pelas mais amargas provações e tentações por nossa causa.

¹Senhor, como se têm multiplicado os meus adversários! *São* muitos os que se levantam contra mim.

²Muitos dizem da minha alma: Não *há* salvação para ele em Deus. (Selá.)

³Porém tu, SENHOR, *és* um escudo para mim, a minha glória, e o que exalta a minha cabeça.

⁴Com a minha voz clamei ao SENHOR, e ouviu-me desde o seu santo monte. (Selá.)

⁵Eu me deitei e dormi; acordei, porque o SENHOR me sustentou.

⁶Não temerei dez milhares de pessoas que *se* puseram contra mim e me cercam.

⁷Levanta-te, SENHOR; salva-me, Deus meu; pois feriste a todos os meus inimigos nos queixos; quebraste os dentes aos ímpios.

⁸A salvação *vem* do SENHOR; sobre o teu povo *seja* a tua bênção. (Selá.)

NOTAS

SALMO 4
DAVI ORA A DEUS NA SUA ANGÚSTIA
Salmo de Davi para o músico-mor, sobre Neginote

"Muitos dizem: Quem nos mostrará o bem? SENHOR, exalta sobre nós a luz do teu rosto." Até mesmo as pessoas regeneradas gemem, em alguns momentos, pelo sentido e pela visão da prosperidade, e se entristecem quando a escuridão cobre todo o bem de sua visão. Quanto aos mundanos, este é seu clamor incessante: "Quem nos mostrará o bem?". Nunca satisfeitos, suas bocas escancaradas se voltam em todas as direções, e seus corações vazios estão prontos para se embebedar de qualquer delírio que os impostores possam inventar. Quando estes fracassam, os filhos deste mundo logo cedem ao desespero e declaram não haver bem algum na terra ou no céu. Já os verdadeiros fiéis têm um molde de bem diferente. O semblante deles não é descaído como o das feras, mas, sim, elevado como o dos anjos. Eles não bebem dos açudes barrentos de Mamom, mas da fonte da vida que emana do alto. A luz do semblante de Deus é suficiente para eles — é essa sua riqueza, sua honra, sua saúde, sua ambição e seu conforto. Dê-lhes tal coisa e não pedirão nada mais. Trata-se de uma alegria indizível e plena de glória.

[1]Ouve-me quando eu clamo, ó Deus da minha justiça, na angústia me deste largueza; tem misericórdia de mim e ouve a minha oração.

[2]Filhos dos homens, até quando *convertereis* a minha glória em infâmia? *Até quando* amareis a vaidade *e* buscareis a mentira? (Selá.)

[3]Sabei, pois, que o SENHOR separou para si aquele que é piedoso; o SENHOR ouvirá quando eu clamar a ele.

[4]Perturbai-vos e não pequeis; falai com o vosso coração sobre a vossa cama, e calai-vos. (Selá.)

[5]Oferecei sacrifícios de justiça, e confiai no SENHOR.

[6]Muitos dizem: Quem nos mostrará o bem? SENHOR, exalta sobre nós a luz do teu rosto.

⁷Puseste alegria no meu coração, mais do que no tempo em que se lhes multiplicaram o trigo e o vinho.

⁸Em paz também me deitarei e dormirei, porque só tu, SENHOR, me fazes habitar em segurança.

NOTAS

SALMO 5
DEUS ODEIA OS ÍMPIOS E ABENÇOA OS JUSTOS

Salmo de Davi para o músico-mor, sobre Neilote

A caso não perdemos boa parte da doçura e da eficácia da oração por não meditarmos cuidadosamente antes de começarmos e por não nos revestirmos de uma expectativa auspiciosa ao terminarmos de orar? "Pela manhã ouvirás a minha voz, ó Senhor; pela manhã apresentarei a ti a minha oração, e vigiarei." Com frequência, apressamo-nos para entrar na presença de Deus sem humildade ou reflexão preliminar. Comportamo-nos como um povo que se apresenta diante de um rei sem uma petição — e qual é a surpresa por não terminarmos nossa oração de forma adequada? Devemos ter o cuidado de manter a corrente da meditação fluindo, pois essa é a água que moverá o moinho da oração. É inútil abrir as comportas de um riacho seco e, depois, esperar que a roda se mexa. A oração sem fervor é como caçar com um cachorro morto; e a oração sem preparo é como confiar que um falcão cego retornará com uma presa. A oração é obra do Espírito Santo, mas ele trabalha com uma matéria. Deus criou o homem, mas usou como substância o pó da terra. O Espírito Santo é o autor da oração, mas, para ele, os pensamentos de uma alma fervorosa são como o ouro com o qual se molda um vaso. Que nossas orações e nossos louvores não sejam como faíscas de uma mente impetuosa, mas se constituam como a chama constante de um fogo bem aceso!

[1]Dá ouvidos às minhas palavras, ó Senhor, atende à minha meditação.

[2]Atende à voz do meu clamor, Rei meu e Deus meu, pois a ti orarei.

[3]Pela manhã ouvirás a minha voz, ó Senhor; pela manhã apresentarei a ti *a minha oração,* e vigiarei.

⁴Porque tu não *és um* Deus que tenha prazer na iniquidade, nem contigo habitará o mal.

⁵Os loucos não pararão à tua vista; odeias a todos os que praticam a maldade.

⁶Destruirás aqueles que falam a mentira; o SENHOR aborrecerá o homem sanguinário e fraudulento.

⁷Porém eu entrarei em tua casa pela grandeza da tua benignidade; *e* em teu temor me inclinarei para o teu santo templo.

⁸SENHOR, guia-me na tua justiça, por causa dos meus inimigos; endireita diante de mim o teu caminho.

⁹Porque não *há* retidão na boca deles; as suas entranhas *são* verdadeiras maldades, a sua garganta *é* um sepulcro aberto; lisonjeiam com a sua língua.

¹⁰Declara-os culpados, ó Deus; caiam por seus próprios conselhos; lança-os fora por causa da multidão de suas transgressões, pois se rebelaram contra ti.

¹¹Porém alegrem-se todos os que confiam em ti; exultem eternamente, porquanto tu os defendes; e em ti se gloriem os que amam o teu nome.

¹²Pois tu, SENHOR, abençoarás ao justo; circundá-lo-ás da tua benevolência como de um escudo.

NOTAS

SALMO 6

DAVI RECORRE À MISERICÓRDIA DE DEUS E ALCANÇA PERDÃO

Salmo de Davi para o músico-mor
em Neginote, sobre Seminite

Ah, quando a alma tem convicção do pecado, isso já basta para fazer os ossos estremecerem! Para arrepiar os cabelos de alguém, é suficiente vislumbrar as chamas do inferno abaixo, o Deus irado nas alturas, o perigo e a dúvida ao derredor. Esse é o exemplo típico de uma alma que pode muito bem dizer: "Meus ossos estão perturbados". Entretanto, ainda que, a princípio, tais palavras nos levem a pensar que se trata somente de uma doença do corpo — embora a doença do corpo possa manifestar-se por sinais externos —, o salmista prossegue dizendo: "Até a minha alma está perturbada". A doença da alma é a verdadeira alma da doença. Quando a alma está firme, não se dá tanta atenção ao tremor dos ossos; porém, quando a própria alma se abala, a agonia é, de fato, experimentada. "Mas tu, Senhor, até quando?" Essa frase termina abruptamente: as palavras se provaram insuficientes e a aflição esgotou o pouco consolo que havia amanhecido sobre o salmista. No entanto, ele ainda sustenta alguma esperança, mas essa esperança residia unicamente em seu Deus. Assim, ele clama: "Senhor, até quando?". A vinda de Cristo em suas vestes sacerdotais de graça é a grande esperança da alma arrependida. De fato, a esperança dos santos reside, de um modo ou de outro, nesse encontro com Cristo.

¹Senhor, não me repreendas na tua ira, nem me castigues no teu furor.

²Tem misericórdia de mim, SENHOR, porque *sou* fraco; sara-me, SENHOR, porque os meus ossos estão perturbados.

³Até a minha alma está perturbada; mas tu, SENHOR, até quando?

⁴Volta-te, SENHOR, livra a minha alma; salva-me por tua benignidade.

⁵Porque na morte não *há* lembrança de ti; no sepulcro quem te louvará?

⁶*Já* estou cansado do meu gemido, toda a noite faço nadar a minha cama; molho o meu leito com as minhas lágrimas,

⁷*Já* os meus olhos estão consumidos pela mágoa, *e* têm-se envelhecido por causa de todos os meus inimigos.

⁸Apartai-vos de mim todos os que praticais a iniquidade; porque o SENHOR já ouviu a voz do meu pranto.

⁹O SENHOR já ouviu a minha súplica; o SENHOR aceitará a minha oração.

¹⁰Envergonhem-se e perturbem-se todos os meus inimigos; tornem atrás *e* envergonhem-se num momento.

NOTAS

SALMO 7

DAVI CONFIA EM DEUS E PROTESTA A SUA INOCÊNCIA

Sigaiom de Davi que cantou ao SENHOR, sobre as palavras de Cuxe, homem benjamita

O juiz ouviu a causa, declarou o justo inocente e levantou a sua voz contra os perseguidores. Aproximemo-nos e aprendamos sobre os resultados desse grande veredicto. Acolá está aquele que foi difamado com a harpa na mão, cantando a justiça do seu Senhor e se regozijando por ter sido libertado. "O meu escudo é de Deus, que salva os retos de coração." Ah, como é bom ter um coração justo e verdadeiro! Os pecadores perversos, com todos os seus artifícios, são frustrados pelos justos de coração. Deus defende o justo. A impureza não permanecerá por muito tempo nas vestes puras e alvas dos santos; ela será purificada pela divina Providência para o desespero total das pessoas que, com suas mãos imundas, tocaram os piedosos. Quando Deus julgar nossa causa, nosso sol se levantará, enquanto o sol dos ímpios terá um ocaso eterno. A verdade, do mesmo modo que o azeite, virá sempre do alto, e nenhum poder dos nossos inimigos é capaz de ofuscá-la. Refutaremos suas maledicências no dia em que a trombeta despertar os mortos; então, brilharemos em honra, enquanto os lábios mentirosos serão postos em silêncio.

[1]Senhor meu Deus, em ti confio; salva-me de todos os que me perseguem, e livra-me;

[2]Para que ele não arrebate a minha alma, como leão, despedaçando-a, sem que *haja* quem a livre.

[3]SENHOR meu Deus, se eu fiz isto, se há perversidade nas minhas mãos,

[4]Se paguei *com o* mal àquele que tinha paz comigo (antes, livrei ao que me oprimia sem causa),

[5]Persiga o inimigo a minha alma e alcance-a; calque aos pés a minha vida sobre a terra, e reduza a pó a minha glória. (Selá.)

⁶Levanta-te, SENHOR, na tua ira; exalta-te por causa do furor dos meus opressores; e desperta por mim *para* o juízo *que* ordenaste.

⁷Assim te rodeará o ajuntamento de povos; por causa deles, pois, volta-te para as alturas.

⁸O SENHOR julgará os povos; julga-me, SENHOR, conforme a minha justiça, e conforme a integridade *que há* em mim.

⁹Tenha já fim a malícia dos ímpios; mas estabeleça-se o justo; pois tu, ó justo Deus, provas os corações e as entranhas.

¹⁰O meu escudo é de Deus, que salva os retos de coração.

¹¹Deus julga o justo, e se ira *com o ímpio* todos os dias.

¹²Se *o homem* não se converter, *Deus* afiará a sua espada; já tem armado o seu arco, e está aparelhado.

¹³E já para ele preparou armas mortais; e porá em ação as suas setas inflamadas contra os perseguidores.

¹⁴Eis que ele está com dores de perversidade; concebeu trabalhos, e produziu mentiras.

¹⁵Cavou um poço e o fez fundo, e caiu na *cova que* fez.

¹⁶A sua obra cairá sobre a sua cabeça; e a sua violência descerá sobre a sua própria cabeça.

¹⁷Eu louvarei ao SENHOR segundo a sua justiça, e cantarei louvores ao nome do SENHOR altíssimo.

NOTAS

SALMO 8
DEUS É GLORIFICADO NAS SUAS OBRAS E NA SUA BONDADE PARA COM O HOMEM

Salmo de Davi para o músico-mor, sobre Gitite

"Ó SENHOR, Senhor nosso, quão admirável é o teu nome em toda a terra, pois puseste a tua glória sobre os céus." Deus habita em toda a terra e em todo lugar, e claramente está em ação. Não é somente na terra que Jeová é exaltado, pois sua glória reluz no firmamento sobre a terra. Sua glória excede a do céu estrelado; ele estabeleceu seu trono eterno acima das estrelas, onde habita em luz inefável... O coração que crê é arrebatado pelo que vê, mas somente Deus conhece a própria glória. Quanta doçura repousa na pequena palavra "nosso"! Quanta glória de Deus vem sobre nós quando nos dirigimos a ele como o "Senhor nosso". "Quão admirável é o teu nome!" Palavra alguma é capaz de expressar tamanha excelência, e, por isso, essa frase acaba se resumindo a uma exclamação. O nome de Jeová já é excelente por si mesmo — quanto mais sua pessoa! Observe o fato de que nem mesmo os céus conseguem conter a glória do Senhor; ela é exposta "nos céus", uma vez que ela é e sempre será maior do que as palavras que a criatura possa expressar.

¹Ó SENHOR, Senhor nosso, quão admirável *é* o teu nome em toda a terra, pois puseste a tua glória sobre os céus!

²Tu ordenaste força da boca das crianças e dos que mamam, por causa dos teus inimigos, para fazer calar ao inimigo e ao vingador.

³Quando vejo os teus céus, obra dos teus dedos, a lua e as estrelas que preparaste;

⁴Que *é* o homem mortal para que te lembres dele? E o filho do homem, para que o visites?

⁵Pois pouco menor o fizeste do que *os* anjos, e de glória e de honra o coroaste.

⁶Fazes com que ele tenha domínio sobre as obras das tuas mãos; tudo puseste debaixo de seus pés:

⁷Todas as ovelhas e bois, assim como os animais do campo,

⁸As aves dos céus, e os peixes do mar, e *tudo o que* passa pelas veredas dos mares.

⁹Ó Senhor, Senhor nosso, quão admirável *é* o teu nome sobre toda a terra!

Notas

SALMO 9

AÇÃO DE GRAÇAS POR UM GRANDE LIVRAMENTO

Salmo de Davi para o músico-mor, sobre Mute-Lában

"Tem misericórdia de mim, SENHOR!" Memórias do passado e convicções com relação ao futuro levaram o homem de Deus ao propiciatório para clamar pelas necessidades do presente. Sua primeira oração é adequada a todas as pessoas e ocasiões — revela um espírito humilde, indica autoconhecimento, apela para os atributos adequados e para a pessoa certa: "Tem misericórdia de mim, SENHOR!". Do mesmo modo que Lutero costumava chamar alguns textos de *Bíblias em miniatura*, podemos chamar essa frase de *livro de oração em miniatura*, porque encerra em si a alma e o cerne verdadeiro da oração... A escada parece ser pequena, mas conecta a terra ao céu. "Olha para a minha aflição, causada por aqueles que me odeiam; tu que me levantas das portas da morte." Que título nobre se dá ao Altíssimo nesse verso! Que gloriosa exaltação! Na doença, no pecado, no desespero e na tentação, sentimo-nos como que puxados para baixo, e o portal sombrio parece abrir-se para nos encarcerar. No entanto, sustentando-nos estão os braços eternos, e por isso somos elevados aos portões celestiais.

¹Eu *te* louvarei, SENHOR, com todo o meu coração; contarei todas as tuas maravilhas.

²Em ti me alegrarei e saltarei de prazer; cantarei louvores ao teu nome, ó Altíssimo.

³Porquanto os meus inimigos voltaram atrás, caíram e pereceram diante da tua face.

⁴Pois tu tens sustentado o meu direito e a minha causa; tu te assentaste no tribunal, julgando justamente;

⁵Repreendeste as nações, destruíste os ímpios; apagaste o seu nome para sempre e eternamente.

⁶Oh! Inimigo! Acabaram-se para sempre as assolações; e tu arrasaste as cidades, e a sua memória pereceu com elas.

[7]Mas o SENHOR está assentado perpetuamente; *já* preparou o seu tribunal para julgar.

[8]Ele mesmo julgará o mundo com justiça; exercerá juízo sobre povos com retidão.

[9]O SENHOR será também *um* alto refúgio para o oprimido; *um* alto refúgio em tempos de angústia.

[10]Em ti confiarão os que conhecem o teu nome; porque tu, SENHOR, nunca desamparaste os que te buscam.

[11]Cantai louvores ao SENHOR, que habita em Sião; anunciai entre os povos os seus feitos.

[12]Pois quando inquire do derramamento de sangue, lembra-se deles: não se esquece do clamor dos aflitos.

[13]Tem misericórdia de mim, SENHOR, olha para a minha aflição, causada por aqueles que me odeiam; tu que me levantas das portas da morte;

[14]Para que eu conte todos os teus louvores nas portas da filha de Sião, *e* me alegre na tua salvação.

[15]Os gentios enterraram-se na cova *que* fizeram; na rede que ocultaram ficou preso o seu pé.

[16]O SENHOR é conhecido *pelo* juízo *que* fez; enlaçado foi o ímpio nas obras de suas mãos. (Higaiom; Selá.)

[17]Os ímpios serão lançados no inferno, *e* todas as nações que se esquecem de Deus.

[18]Porque o necessitado não será esquecido para sempre, *nem* a expectação dos pobres perecerá perpetuamente.

[19]Levanta-te, SENHOR; não prevaleça o homem; sejam julgados os gentios diante da tua face.

[20]Põe-os em medo, SENHOR, para que saibam as nações que *são formadas por meros* homens. (Selá.)

NOTAS

SALMO 10

A AUDÁCIA DOS PERSEGUIDORES, E O REFÚGIO EM DEUS

"O SENHOR é Rei eterno; da sua terra perecerão os gentios. SENHOR, tu ouviste os desejos dos mansos; confortarás os seus corações; os teus ouvidos estarão abertos *para eles*; para fazer justiça [...]." O salmo termina com um hino de ação de graças ao grande e eterno Rei, pois ele atendeu ao desejo de seu povo humilde e oprimido, defendeu os órfãos e puniu os hereges que pisaram sobre seus filhos pobres e aflitos. Aprendamos que seremos bem-sucedidos se apresentarmos nossa súplica ao Rei dos reis. O bem será vindicado e a injustiça será reparada diante de seu trono. Seu governo nem negligencia os interesses dos necessitados nem tolera a opressão dos poderosos. Ó grande Deus, colocamo-nos em tuas mãos, a ti novamente confiamos a tua igreja. Levanta-te, ó Deus, e que o povo da terra — as criaturas de toda uma era — seja quebrantado diante da majestade do teu poder. Vem, Senhor Jesus, e glorifica teu povo. Amém e Amém.

¹Por que estás ao longe, SENHOR? *Por que* te escondes nos tempos de angústia?

²Os ímpios na *sua* arrogância perseguem furiosamente o pobre; sejam apanhados nas ciladas que maquinaram.

³Porque o ímpio gloria-se do desejo da sua alma; bendiz ao avarento, e renuncia ao SENHOR.

⁴Pela altivez do seu rosto o ímpio não busca a *Deus;* todas as suas cogitações *são que* não *há* Deus.

⁵Os seus caminhos atormentam sempre; os teus juízos *estão* longe da vista dele, em grande altura, e despreza aos seus inimigos.

⁶Diz em seu coração: Não serei abalado, porque nunca *me verei* na adversidade.

⁷A sua boca está cheia de maldições, de enganos e de astúcia; debaixo da sua língua *há* malícia e maldade.

[8]Põe-se de emboscada nas aldeias; nos lugares ocultos mata o inocente; os seus olhos estão ocultamente fixos sobre o pobre.

[9]Arma ciladas no esconderijo, como o leão no seu covil; arma ciladas para roubar o pobre; rouba o pobre, prendendo-o na sua rede.

[10]Encolhe-se, abaixa-se, para que os pobres caiam em suas fortes *garras*.

[11]Diz em seu coração: Deus esqueceu-se, cobriu o seu rosto, e nunca isto verá.

[12]Levanta-te, SENHOR. Ó Deus, levanta a tua mão; não te esqueças dos humildes.

[13]Por que blasfema o ímpio de Deus? Dizendo no seu coração: Tu não *o* esquadrinharás?

[14]Tu *o* viste, porque atentas para o trabalho e enfado, para *o* retribuir com tuas mãos; a ti o pobre se encomenda; tu és o auxílio do órfão.

[15]Quebra o braço do ímpio e malvado; busca a sua impiedade, *até* que nenhuma encontres.

[16]O SENHOR *é* Rei eterno; da sua terra perecerão os gentios.

[17]SENHOR, tu ouviste os desejos dos mansos; confortarás os seus corações; os teus ouvidos estarão abertos *para eles;*

[18]Para fazer justiça ao órfão e ao oprimido, a fim de que o homem da terra não prossiga mais em usar da violência.

NOTAS

SALMO 11

DEUS SALVA OS RETOS E CASTIGA OS ÍMPIOS

Salmo de Davi para o músico-mor

"O SENHOR está no seu santo templo." Os céus estão sobre nossas cabeças em todas as regiões da terra e, do mesmo modo, o Senhor está perto de nós em todo estado e condição. Essa é uma razão bem consistente para não ouvirmos as sugestões infames da descrença. Existe alguém na habitação celeste que derramou o próprio sangue em nosso favor, e existe alguém assentado no trono que nunca afasta seus ouvidos da intercessão de seu Filho. Por que, então, devemos temer? Quais esquemas as pessoas podem inventar que Jesus não venha a descobrir? Certamente, Satanás desejou capturar-nos, de modo que pudesse nos moer como trigo, mas Jesus está no templo intercedendo por nós; como, então, nossa fé pode esmorecer? Quais ataques os ímpios podem realizar sem que Jeová os enxergue? Além disso, já que o Senhor se encontra em seu santo templo, deleitando-se no sacrifício de seu Filho, acaso não derrotará todas as artimanhas dos inimigos e nos enviará seu livramento?

¹No SENHOR confio; como dizeis à minha alma: Fugi para a vossa montanha *como* pássaro?

²Pois eis que os ímpios armam o arco, põem as flechas na corda, para com elas atirarem, às escuras, aos retos de coração.

³Se forem destruídos os fundamentos, que poderá fazer o justo?

⁴O SENHOR *está* no seu santo templo, o trono do SENHOR *está* nos céus; os seus olhos estão atentos, e as suas pálpebras provam os filhos dos homens.

⁵O SENHOR prova o justo; porém ao ímpio e ao que ama a violência odeia a sua alma.

⁶Sobre os ímpios fará chover laços, fogo, enxofre e vento tempestuoso; isto será a porção do seu copo.

⁷Porque o SENHOR *é* justo, *e* ama a justiça; o seu rosto olha para os retos.

SALMO 11

NOTAS

SALMO 12

A FALSIDADE DO HOMEM E A VERACIDADE DE DEUS

Salmo de Davi para o músico-mor, sobre Seminite

"Tu os guardarás, SENHOR; desta geração os preservarás para sempre." Um mal a temer de forma imensurável é o cair nas mãos de uma geração má, de modo a ser incitado por sua crueldade e corrompido por sua influência. Entretanto, trata-se de um temor que é previsto e para o qual se provê saída neste salmo. Muitos santos viveram um século adiante de seu tempo, como se tivessem lançado a alma rumo ao futuro mais brilhante e escapado das névoas de sua época turbulenta: eles foram para suas sepulturas sem contar com reverência ou compreensão. E eis que, com o passar das gerações, como num piscar de olhos, os heróis são relembrados e vivem na admiração e no amor dos excelentes desta terra; eles são preservados para sempre da geração que os estigmatizou como semeadores de rebeldia ou os queimou como hereges. Deve ser nossa oração diária que nos levantemos acima de nossa geração como os cumes das montanhas por sobre as nuvens, destacando-nos como pináculos que apontam para o céu, bem acima das névoas da ignorância e do pecado que nos rodeiam. Ó, Espírito eterno, cumpre em nós as palavras fiéis deste verso! Nossa fé se sustenta nessas palavras de apoio e clama: "Tu os guardarás! Tu os guardarás!".

[1]Salva-nos, SENHOR, porque faltam os homens bons; porque são poucos os fiéis entre os filhos dos homens.

[2]Cada um fala com falsidade ao seu próximo; falam *com* lábios lisonjeiros e coração dobrado.

[3]O SENHOR cortará todos os lábios lisonjeiros *e* a língua que fala soberbamente.

[4]Pois dizem: Com a nossa língua prevaleceremos; *são* nossos os lábios; quem *é* senhor sobre nós?

⁵Pela opressão dos pobres, pelo gemido dos necessitados me levantarei agora, diz o SENHOR; porei a salvo *aquele* para quem eles assopram.

⁶As palavras do SENHOR *são* palavras puras, *como* prata refinada em fornalha de barro, purificada sete vezes.

⁷Tu os guardarás, SENHOR; desta geração os preservarás para sempre.

⁸Os ímpios andam por toda parte, quando os mais vis dos filhos dos homens são exaltados.

NOTAS

SALMO 13

DAVI, NA SUA EXTREMA TRISTEZA, RECORRE A DEUS E CONFIA NELE

Salmo de Davi para o músico-mor

"Até quando te esquecerás de mim, Senhor? Para sempre? Até quando esconderás de mim o teu rosto?" Essas questões demonstram intenso desejo de livramento e grande angústia no coração. E, se houver alguma impaciência envolvida nisso, esse não seria um retrato mais próximo de nossa própria experiência? Não é fácil impedir que o desejo se degenere em algum tipo de impaciência. Que, pela graça, sejamos guardados de cultivar um espírito murmurador enquanto esperamos! "Até quando?" Esse clamor recalcitrante não parece tornar-se um verdadeiro grito? E se o pesar não encontrar outra forma de expressão? Mesmo nesse caso, Deus não está longe do som de nossos gemidos, porque ele não considera a musicalidade de nossa oração, mas seu próprio Espírito opera nelas um desejo profundo e acende os sentimentos da alma. "Até quando?" Ah! Quão longos são nossos dias quando nossas almas se abatem em nosso íntimo! Acaso Deus pode *esquecer*? Acaso a onisciência falha em suas memórias? Acima de tudo, o coração de Jeová é capaz de se esquecer do seu próprio filho amado? Afastemos esse pensamento e ouçamos a voz de nosso Deus da aliança.

¹Até quando te esquecerás de mim, Senhor? Para sempre? Até quando esconderás de mim o teu rosto?

²Até quando consultarei com a minha alma, *tendo* tristeza no meu coração cada dia? Até quando se exaltará sobre mim o meu inimigo?

³Atende-me, ouve-me, ó Senhor meu Deus; ilumina os meus olhos para que eu não adormeça na morte;

⁴Para que o meu inimigo não diga: Prevaleci contra ele; *e* os meus adversários não se alegrem, vindo eu a vacilar.

⁵Mas eu confio na tua benignidade; na tua salvação se alegrará o meu coração.

⁶Cantarei ao Senhor, porquanto me tem feito muito bem.

NOTAS

SALMO 14
A CORRUPÇÃO DO HOMEM
Salmo de Davi para o músico-mor

Contemple, então, os olhos do Onisciente percorrendo o globo terrestre e espiando por entre todos os povos e nações, "para ver se havia algum que tivesse entendimento e buscasse a Deus". Ele, que olha desde os céus, conhece aquele que é bom, discerne-o rapidamente e se deleitaria em encontrá-lo. No entanto, ao observar todos os filhos do homem que não foram regenerados, percebe que sua busca é infrutífera, porque, de toda a raça de Adão, toda alma não regenerada é inimiga de Deus e da bondade. Deus não procura por pessoas ricas, influentes ou sábias; essas pessoas, com tudo o que podem oferecer, não cumprem as exigências do grande Governador. Ao mesmo tempo, ele não procura pela eminência superlativa em virtude, mas tão somente "aquele que entende" a si mesmo, sua condição, seu dever, seu destino e sua felicidade. Ele procura por "qualquer um que busque a Deus", aquele que, por saber de sua existência, está disposto e ansioso para encontrá-lo. Certamente, isso não é de se admirar; se pessoas que ainda não conhecem a Deus chegarem a um entendimento correto, logo o buscarão.

¹Disse o néscio no seu coração: Não *há* Deus. Têm-se corrompido, fazem-se abomináveis em suas obras, não *há* ninguém que faça o bem.

²O SENHOR olhou desde os céus para os filhos dos homens, para ver se havia *algum* que tivesse entendimento e buscasse a Deus.

³Desviaram-se todos e juntamente se fizeram imundos: não *há* quem faça o bem, não *há* sequer um.

⁴Não terão conhecimento os que praticam a iniquidade, os quais comem o meu povo, *como* se comessem pão, e não invocam ao SENHOR?

⁵Ali se acharam em grande pavor, porque Deus *está* na geração dos justos.

⁶Vós envergonhais o conselho dos pobres, porquanto o SENHOR é o seu refúgio.

⁷Oh, se de Sião *tivera já vindo* a redenção de Israel! Quando o SENHOR fizer voltar os cativos do seu povo, se regozijará Jacó *e se* alegrará Israel.

NOTAS

SALMO 15

O VERDADEIRO CIDADÃO DOS CÉUS

Salmo de Davi

Temos de descobrir da parte do Senhor do tabernáculo quais são as qualificações para o serviço a ele, e, quando tivermos recebido tal ensinamento, veremos claramente que somente Jesus, nosso Senhor imaculado, e aqueles que estão em conformidade com sua imagem, podem ser aceitáveis diante da Majestade nas alturas. A curiosidade impertinente frequentemente deseja saber quem e quantos serão salvos; se aqueles que fazem a pergunta "quem habitará no teu tabernáculo?" fizessem um exame introspectivo, agiriam de forma bem mais sábia. Os membros da igreja visível, que é o tabernáculo de adoração e o monte da eminência, devem verificar com diligência se seu coração tem o devido preparo para habitar na casa de Deus. Sem o vestido nupcial da justiça em Cristo Jesus, não temos o direito de assentar no banquete do Senhor. Sem a retidão no caminhar, não nos enquadramos na igreja imperfeita na terra, e certamente não podemos nutrir a esperança de entrar na igreja perfeita no céu.

¹Senhor, quem habitará no teu tabernáculo? Quem morará no teu santo monte?

²Aquele que anda sinceramente, e pratica a justiça, e fala a verdade no seu coração.

³*Aquele que* não difama com a sua língua, nem faz mal ao seu próximo, nem aceita nenhum opróbrio contra o seu próximo;

⁴A cujos olhos o réprobo é desprezado; mas honra os que temem ao Senhor; *aquele que* jura com dano *seu,* e contudo não muda.

⁵*Aquele que* não dá o seu dinheiro com usura, nem recebe peitas contra o inocente. Quem faz isto nunca será abalado.

NOTAS

SALMO 16

A CONFIANÇA E FELICIDADE DO CRENTE E A CERTEZA DA VIDA ETERNA

Mictão de Davi

"A minha alma disse ao SENHOR: Tu és o meu Senhor, a minha bondade não chega à tua presença." No âmago de seu ser, o Senhor Jesus inclinou-se para servir ao seu Pai celestial, e, diante do trono de Jeová, sua alma abraçou a fidelidade ao Senhor em nosso lugar. Somos semelhantes a Jesus quando nossa alma, de forma autêntica e constante, na presença do Deus que sonda os corações, declara total adesão ao senhorio e ao governo do infinito Jeová, dizendo: "Tu és o meu Senhor". Fazer tal declaração com os lábios é pouco, mas fazê-lo com a alma, especialmente nos tempos de provação, consiste em graciosa evidência de saúde espiritual. Professar essas palavras diante dos homens não é tão importante, mas declará-las diante do próprio Jeová é algo muito mais significativo. Essa frase também pode ser vista como a proclamação de alguém que se apropria da fé, vinculando-se ao Senhor por aliança pessoal e por deleite; nesse sentido, esse enunciado pode tornar-se nossa canção diária na casa de nossa peregrinação.

¹Guarda-me, ó Deus, porque em ti confio.

²*A minha alma* disse ao SENHOR: Tu *és* o meu Senhor, a minha bondade não *chega* à tua presença,

³*Mas* aos santos que *estão* na terra, e aos ilustres em quem *está* todo o meu prazer.

⁴As dores se multiplicarão àqueles que se apressam a *fazer* oferendas a outro *deus;* eu não oferecerei as suas libações de sangue, nem tomarei os seus nomes nos meus lábios.

⁵O SENHOR *é* a porção da minha herança e do meu cálice; tu sustentas a minha sorte.

⁶As linhas caem-me em *lugares* deliciosos: sim, coube-me *uma* formosa herança.

⁷Louvarei ao SENHOR que me aconselhou; até as minhas entranhas me ensinam de noite.

⁸Tenho posto o Senhor continuamente diante de mim; por isso que *ele está* à minha mão direita, nunca vacilarei.

⁹Portanto está alegre o meu coração e se regozija a minha glória; também a minha carne repousará segura.

¹⁰Pois não deixarás a minha alma no inferno, nem permitirás que o teu Santo veja corrupção.

¹¹Far-me-ás ver a vereda da vida; na tua presença *há* fartura de alegrias; à tua mão direita *há* delícias perpetuamente.

Notas

SALMO 17
DAVI PEDE A DEUS QUE O PROTEJA DOS SEUS INIMIGOS

Oração de Davi

"Saia a minha sentença de diante do teu rosto; atendam os teus olhos à razão." Os fiéis não desejam nenhum outro juiz senão Deus, para se livrarem de julgamento ou de serem julgados segundo os princípios da parcialidade. Evidentemente, nossa esperança não reside na perspectiva de algum favoritismo da parte de Deus e da consequente suspensão de sua lei; de fato, esperamos ser julgados com base nos mesmos princípios a que estão submetidos todos os homens; e, pelo sangue e pela retidão de nosso Redentor, passaremos ilesos pela provação. O Senhor nos pesará na balança da justiça de forma equilibrada e justa; ele não usará pesos falsos para nos deixar escapar, mas essa balança nos medirá com a mais severa igualdade, do mesmo modo que será usada em relação a todas as outras pessoas. Com nosso bendito Senhor Jesus como tudo em todos, nunca tremeremos, porque nada nos faltará. Davi sentia que sua causa era tão justa que desejava simplesmente que os olhos divinos repousassem sobre seu caso, com a confiança plena de que a equidade lhe daria tudo aquilo de que precisava.

[1]OUVE, SENHOR, a justiça; atende ao meu clamor; dá ouvidos à minha oração, que não *é feita* com lábios enganosos.

[2]Saia a minha sentença de diante do teu rosto; atendam os teus olhos à razão.

[3]Provaste o meu coração; visitaste-*me* de noite; examinaste-me, e nada achaste; propus *que* a minha boca não transgredirá.

[4]Quanto ao trato dos homens, pela palavra dos teus lábios *me* guardei das veredas do destruidor.

[5]Dirige os meus passos nos teus caminhos, *para que* as minhas pegadas não vacilem.

⁶Eu te invoquei, ó Deus, pois me queres ouvir; inclina para mim os teus ouvidos, e *escuta* as minhas palavras.

⁷Faze maravilhosas as tuas beneficências, ó tu que livras aqueles que *em ti* confiam dos que se levantam contra a tua destra.

⁸Guarda-me como à menina do olho; esconde-me debaixo da sombra das tuas asas,

⁹Dos ímpios que me oprimem, *dos* meus inimigos mortais *que* me andam cercando.

¹⁰Na sua gordura se encerram, com a boca falam soberbamente.

¹¹Têm-nos cercado agora nossos passos; e baixaram os seus olhos para a terra;

¹²Parecem-se com o leão que deseja *arrebatar* a sua presa, e com o leãozinho que se põe em esconderijos.

¹³Levanta-te, SENHOR, detém-no, derriba-o, livra a minha alma do ímpio, *com* a tua espada;

¹⁴Dos homens *com* a tua mão, SENHOR, dos homens do mundo, cuja porção *está nesta* vida, e cujo ventre enches do teu *tesouro* oculto. Estão fartos de filhos e dão os seus sobejos às suas crianças.

¹⁵Quanto a mim, contemplarei a tua face na justiça; eu me satisfarei da tua semelhança quando acordar.

NOTAS

SALMO 18

CÂNTICO DE LOUVOR A DEUS PELAS SUAS MUITAS BÊNÇÃOS

Para o músico-mor: salmo do servo do SENHOR, Davi, o qual falou as palavras deste cântico ao SENHOR, no dia em que o SENHOR o livrou de todos os seus inimigos e das mãos de Saul. E disse:

"Na angústia invoquei ao SENHOR, e clamei ao meu Deus." A oração é aquela porta traseira que se mantém aberta mesmo quando a cidade se encontra cercada pelo inimigo; é aquela subida em direção à saída do abismo do desespero para a qual os mineiros espirituais imediatamente recorrem quando as torrentes das profundezas os envolvem. Observe que Davi "invocou", depois "clamou"; a oração foi crescendo cada vez mais em veemência. Note também que, a princípio, ele invocou seu Deus sob o nome de SENHOR e, então, avançou para uma forma de tratamento mais íntima, "meu Deus". Dessarte, a fé vai crescendo conforme a exercemos, e aquele a quem víamos primeiramente como "Senhor" logo passa a ser visto como o "nosso Deus", com quem estamos aliançados. Não existe tempo inoportuno para orar; nenhum incômodo é capaz de nos impedir de usar o remédio divino da súplica. Muito acima do barulho das ondas violentas da morte ou dos latidos dos cães do inferno, o mais débil clamor de um crente verdadeiro será ouvido no céu.

¹Eu te amarei, ó SENHOR, fortaleza minha.

²O SENHOR *é* o meu rochedo, e o meu lugar forte, e o meu libertador; o meu Deus, a minha fortaleza, em quem confio; o meu escudo, a força da minha salvação, *e* o meu alto refúgio.

³Invocarei o nome do SENHOR, *que é digno* de louvor, e ficarei livre dos meus inimigos.

⁴Tristezas de morte me cercaram, e torrentes de impiedade me assombraram.

⁵Tristezas do inferno me cingiram, laços de morte me surpreenderam.

[6]Na angústia invoquei ao Senhor, e clamei ao meu Deus; desde o seu templo ouviu a minha voz, aos seus ouvidos chegou o meu clamor perante a sua face.

[7]Então a terra se abalou e tremeu; e os fundamentos dos montes também se moveram e se abalaram, porquanto se indignou.

[8]Das suas narinas subiu fumaça, e da sua boca saiu fogo que consumia; carvões se acenderam dele.

[9]Abaixou os céus, e desceu, e a escuridão *estava* debaixo de seus pés.

[10]E montou num querubim, e voou; sim, voou sobre as asas do vento.

[11]Fez das trevas o seu lugar oculto; o pavilhão que o cercava *era* a escuridão das águas *e* as nuvens dos céus.

[12]Ao resplendor da sua presença as nuvens se espalharam, e a saraiva *e* as brasas de fogo.

[13]E o Senhor trovejou nos céus, o Altíssimo levantou a sua voz; *e houve* saraiva *e* brasas de fogo.

[14]Mandou as suas setas, e as espalhou; multiplicou raios, e os desbaratou.

[15]Então foram vistas as profundezas das águas, e foram descobertos os fundamentos do mundo, pela tua repreensão, Senhor, ao sopro das tuas narinas.

[16]Enviou desde o alto, *e* me tomou; tirou-me das muitas águas.

[17]Livrou-me do meu inimigo forte e dos que me odiavam, pois eram mais poderosos do que eu.

[18]Surpreenderam-me no dia da minha calamidade; mas o Senhor foi o meu amparo.

[19]Trouxe-me para um lugar espaçoso; livrou-me, porque tinha prazer em mim.

[20]Recompensou-me o Senhor conforme a minha justiça, retribuiu-me conforme a pureza das minhas mãos.

[21]Porque guardei os caminhos do Senhor, e não me apartei impiamente do meu Deus.

[22]Porque todos os seus juízos *estavam* diante de mim, e não rejeitei os seus estatutos.

[23]Também fui sincero perante ele, e me guardei da minha iniquidade.

[24]Assim que retribuiu-me o Senhor conforme a minha justiça, conforme a pureza de minhas mãos perante os seus olhos.

[25]Com o benigno te mostrarás benigno; e com o homem sincero te mostrarás sincero;

[26]Com o puro te mostrarás puro; e com o perverso te mostrarás indomável.

[27]Porque tu livrarás o povo aflito, e abaterás os olhos altivos.

[28]Porque tu acenderás a minha candeia; o SENHOR meu Deus iluminará as minhas trevas.

[29]Porque contigo entrei pelo meio de uma tropa, com o meu Deus saltei uma muralha.

[30]O caminho de Deus é perfeito; a palavra do SENHOR é provada; é um escudo para todos os que nele confiam.

[31]Porque quem é Deus senão o SENHOR? E quem é rochedo senão o nosso Deus?

[32]Deus é o que me cinge de força e aperfeiçoa o meu caminho.

[33]Faz os meus pés como *os das* cervas, e põe-me nas minhas alturas.

[34]Ensina as minhas mãos para a guerra, de sorte que os meus braços quebraram um arco de cobre.

[35]Também me deste o escudo da tua salvação; a tua mão direita me susteve, e a tua mansidão me engrandeceu.

[36]Alargaste os meus passos debaixo de mim, de maneira que os meus pés não vacilaram.

[37]Persegui os meus inimigos, e os alcancei; não voltei senão depois de os ter consumido.

[38]Atravessei-os de sorte que não se puderam levantar; caíram debaixo dos meus pés.

[39]Pois me cingiste de força para a peleja; fizeste abater debaixo de mim aqueles que contra mim se levantaram.

[40]Deste-me também o pescoço dos meus inimigos para que eu pudesse destruir os que me odeiam.

[41]Clamaram, mas não *houve* quem *os* livrasse; *até* ao SENHOR, mas ele não lhes respondeu.

[42]Então os esmiucei como o pó diante do vento; deitei-os fora como a lama das ruas.

[43]Livraste-me das contendas do povo, *e* me fizeste cabeça dos gentios; *um* povo que não conheci me servirá.

[44]Em ouvindo *a minha voz,* me obedecerão; os estranhos se submeterão a mim.

⁴⁵Os estranhos descairão, e terão medo nos seus esconderijos.

⁴⁶O Senhor vive; e bendito *seja* o meu rochedo, e exaltado seja o Deus da minha salvação.

⁴⁷*É* Deus que me vinga inteiramente, e sujeita os povos debaixo de mim;

⁴⁸O que me livra de meus inimigos; sim, tu me exaltas sobre os que se levantam contra mim, tu me livras do homem violento.

⁴⁹Assim que, *ó* Senhor, te louvarei entre os gentios, e cantarei louvores ao teu nome,

⁵⁰*Pois* engrandece a salvação do seu rei, e usa de benignidade com o seu ungido, com Davi, e com a sua semente para sempre.

Notas

SALMO 19
A EXCELÊNCIA DA CRIAÇÃO E DA PALAVRA DE DEUS

Salmo de Davi para o músico-mor

"A lei do Senhor é perfeita, e refrigera a alma." Davi declara ser perfeita a doutrina revelada por Deus, embora ele tivesse tão somente uma porção bem pequena das Escrituras. Se um fragmento, o mais obscuro e histórico, era considerado perfeito, o que dizer da obra em sua completude? Quão além da perfeição é o livro que contém a demonstração mais clara possível do amor de Deus, oferecendo-nos ampla visão da graça redentora! O evangelho equivale a uma lei ou um plano completo de salvação pela graça, oferecendo aos pecadores necessitados tudo o que suas terríveis carências podem exigir. Não existem redundâncias nem omissões na Palavra de Deus ou no plano da graça; por que, então, as pessoas tentam pintar este lírio e dourar este ouro, que já é refinado? O evangelho é perfeito em todas as suas partes e perfeito como um todo: é um crime realizar qualquer acréscimo, uma traição proceder a qualquer alteração e um delito grave remover qualquer parte dele.

¹Os céus declaram a glória de Deus e o firmamento anuncia a obra das suas mãos.

²*Um* dia faz declaração a *outro* dia, e *uma* noite mostra sabedoria a *outra* noite.

³Não *há* linguagem nem fala *onde* não se ouça a sua voz.

⁴A sua linha se estende por toda a terra, e as suas palavras até ao fim do mundo. Neles pôs *uma* tenda para o sol,

⁵O qual *é* como *um* noivo que sai do seu tálamo, *e* se alegra como um herói, a correr o seu caminho.

⁶A sua saída *é* desde uma extremidade dos céus, e o seu curso até à outra extremidade, e nada se esconde ao seu calor.

⁷A lei do Senhor *é* perfeita, e refrigera a alma; o testemunho do Senhor *é* fiel, e dá sabedoria aos símplices.

⁸Os preceitos do Senhor *são* retos e alegram o coração; o mandamento do Senhor *é* puro, e ilumina os olhos.

[9]O temor do Senhor *é* limpo, e permanece eternamente; os juízos do Senhor *são* verdadeiros e justos juntamente.

[10]Mais desejáveis *são* do que o ouro, sim, do que muito ouro fino; e mais doces do que o mel e o licor dos favos.

[11]Também por eles é admoestado o teu servo; *e* em os guardar *há* grande recompensa.

[12]Quem pode entender os *seus* erros? Purifica-me tu dos *que me são* ocultos.

[13]Também da soberba guarda o teu servo, para que se não assenhoreie de mim. Então serei sincero, e ficarei limpo de grande transgressão.

[14]Sejam agradáveis as palavras da minha boca e a meditação do meu coração perante a tua face, Senhor, Rocha minha e Redentor meu!

NOTAS

SALMO 20

ORAÇÃO PELO REI

Salmo de Davi para o músico-mor

"**N**ós nos alegraremos pela tua salvação." Devemos concluir firmemente que, venha o que vier, nos alegraremos no abraço salvador do Senhor Jesus. Antes mesmo de seu rei ir à batalha, as pessoas deste salmo estavam certas da vitória, razão pela qual, de antemão, já se alegravam; quanto mais nós deveríamos fazê-lo, já que contemplamos a vitória completa! Os botões das rosas são lindos, e as promessas que ainda não se cumpriram são dignas de admiração. Se a alegria fosse mais generalizada em meio ao povo de Deus, Deus seria mais glorificado entre os homens; a felicidade dos súditos equivale à honra do soberano. "E em nome do nosso Deus arvoraremos pendões!" Levantamos o estandarte do desafio diante do inimigo e tremulamos a bandeira da vitória diante do adversário derrotado. Alguns proclamam guerra em nome de um rei, e alguns de outro; os fiéis, contudo, vão à guerra em nome de Jesus, o nome do Deus que se fez carne, Emanuel, Deus conosco.

¹O Senhor te ouça no dia da angústia, o nome do Deus de Jacó te proteja.

²Envie-te socorro desde o seu santuário, e te sustenha desde Sião.

³Lembre-se de todas as tuas ofertas, e aceite os *teus* holocaustos. (Selá.)

⁴Conceda-te conforme ao teu coração, e cumpra todo o teu plano.

⁵Nós nos alegraremos pela tua salvação, e em nome do nosso Deus arvoraremos pendões; cumpra o Senhor todas as tuas petições.

⁶Agora sei que o Senhor salva o seu ungido; ele o ouvirá desde o seu santo céu, com a força salvadora da sua *mão* direita.

⁷Uns *confiam* em carros e outros em cavalos, mas nós faremos menção do nome do Senhor nosso Deus.

⁸Uns encurvam-se e caem, mas nós nos levantamos e estamos de pé.

⁹Salva-*nos,* Senhor; ouça-nos o rei quando clamarmos.

Notas

SALMO 21

DAVI LOUVA A DEUS PELA VITÓRIA

Salmo de Davi para o músico-mor

Aqueles que são bênção para os outros são, eles mesmos, afortunados; a bondade incomparável de Jesus lhes assegura alegria ilimitada. O favor amoroso do seu Pai, a face de Deus, proporciona alegria a Jesus. "Tu o enches de gozo com a tua face." Essas são as águas mais puras de se beber, e Jesus não escolhe outras além dessas. A alegria dele é plena. Sua fonte é divina. Sua persistência é eterna. Sua profundidade não conhece limites. A face de Deus alegra o Príncipe do céu. Quão apaixonadamente devemos buscá-la e quão cuidadosos devemos ser para não provocar a Deus com nossos pecados, levando-o a esconder de nós sua face! Nossas expectativas podem fluir, de forma exultante, para a hora em que a alegria do nosso Senhor se derramará sobre todos os santos, e a face de Jeová reluzirá sobre todos aqueles que foram remidos pelo sangue. Adentraremos, por fim, no gozo do nosso Senhor (Mateus 25:23).

¹O rei se alegra em tua força, SENHOR; e na tua salvação grandemente se regozija.

²Cumpriste-lhe o desejo do seu coração, e não negaste as súplicas dos seus lábios. (Selá.)

³Pois vais ao seu encontro com as bênçãos de bondade; pões na sua cabeça *uma* coroa de ouro fino.

⁴Vida te pediu, e *lha* deste, *mesmo* longura de dias para sempre e eternamente.

⁵Grande *é* a sua glória pela tua salvação; glória e majestade puseste sobre ele.

⁶Pois o abençoaste para sempre; tu o enches de gozo com a tua face.

⁷Porque o rei confia no SENHOR, e pela misericórdia do Altíssimo nunca vacilará.

⁸A tua mão alcançará todos os teus inimigos, a tua *mão* direita alcançará aqueles que te odeiam.

⁹Tu os farás como *um* forno de fogo no tempo da tua ira; o SENHOR os devorará na sua indignação, e o fogo os consumirá.

¹⁰Seu fruto destruirás da terra, e a sua semente dentre os filhos dos homens.

¹¹Porque intentaram o mal contra ti; maquinaram *um* ardil, *mas* não prevalecerão.

¹²Assim que tu lhes farás voltar as costas; *e com tuas flechas postas nas* cordas lhes apontarás ao rosto.

¹³Exalta-te, SENHOR, na tua força; *então* cantaremos e louvaremos o teu poder.

NOTAS

SALMO 22

O MESSIAS SOFRE, MAS TRIUNFA

Salmo de Davi para o músico-mor, sobre Aijelete Hashahar

"**T**odos os que na terra são gordos [prósperos] comerão e adorarão." Aqueles que são espiritualmente fartos com prosperidade interna serão preenchidos com o tutano da comunhão e adorarão ao Senhor com fervor inigualável. No pacto da graça, Jesus providenciou, como nossa herança celestial, grande alegria e tomou o mesmo cuidado para nos consolar em nossa humilhação, porque a próxima frase diz que "todos os que descem ao pó se prostrarão perante ele". Há alívio e consolo em se prostrar diante de Deus quando nossa condição está em seu pior; e, mesmo em meio ao pó da morte, a oração acende a lâmpada da esperança. Enquanto todos aqueles que vêm a Deus por meio de Jesus Cristo são assim abençoados — ricos ou pobres, igualmente —, nenhum daqueles que o desprezam pode esperar sua bênção. Não há salvação fora de Cristo. Temos de cultivar a vida e experimentá-la como um dom de Cristo, ou morreremos eternamente. Essa é uma sólida doutrina evangélica, e deve ser proclamada nos quatro cantos da terra, para que, como um grande martelo, despedace toda a autoconfiança.

¹Deus meu, Deus meu, por que me desamparaste? *Por que* te alongas do meu auxílio *e* das palavras do meu bramido?

²Deus meu, eu clamo de dia, e tu não me ouves; de noite, e não tenho sossego.

³Porém tu *és* santo, tu que habitas *entre* os louvores de Israel.

⁴Em ti confiaram nossos pais; confiaram, e tu os livraste.

⁵A ti clamaram e escaparam; em ti confiaram, e não foram confundidos.

⁶Mas eu *sou* verme, e não homem, opróbrio dos homens e desprezado do povo.

⁷Todos os que me veem zombam de mim, estendem os lábios e meneiam a cabeça, *dizendo:*

[8]Confiou no Senhor, que o livre; livre-o, pois nele tem prazer.

[9]Mas tu *és* o que me tiraste do ventre; fizeste-me confiar, *estando* aos seios de minha mãe.

[10]Sobre ti fui lançado desde a madre; tu *és* o meu Deus desde o ventre de minha mãe.

[11]Não te alongues de mim, pois a angústia *está* perto, e não *há* quem ajude.

[12]Muitos touros me cercaram; fortes *touros* de Basã me rodearam.

[13]Abriram contra mim suas bocas, *como* um leão que despedaça e que ruge.

[14]Como água me derramei, e todos os meus ossos se desconjuntaram; o meu coração é como cera, derreteu-se no meio das minhas entranhas.

[15]A minha força se secou como um caco, e a língua se me pega ao paladar; e me puseste no pó da morte.

[16]Pois me rodearam cães; o ajuntamento de malfeitores me cercou, traspassaram-me as mãos e os pés.

[17]Poderia contar todos os meus ossos; eles veem *e* me contemplam.

[18]Repartem entre si as minhas vestes, e lançam sortes sobre a minha roupa.

[19]Mas tu, Senhor, não te alongues de mim. Força minha, apressa-te em socorrer-me.

[20]Livra a minha alma da espada, *e* a minha predileta da força do cão.

[21]Salva-me da boca do leão; sim, ouviste-me, das pontas dos bois selvagens.

[22]Então declararei o teu nome aos meus irmãos; louvar-te-ei no meio da congregação.

[23]Vós, que temeis ao Senhor, louvai-o; todos vós, semente de Jacó, glorificai-o; e temei-o todos vós, semente de Israel.

[24]Porque não desprezou nem abominou a aflição do aflito, nem escondeu dele o seu rosto; antes, quando ele clamou, o ouviu.

[25]O meu louvor *será* de ti na grande congregação; pagarei os meus votos perante os que o temem.

[26]Os mansos comerão e se fartarão; louvarão ao Senhor os que o buscam; o vosso coração viverá eternamente.

[27]Todos os limites da terra se lembrarão, e se converterão ao Senhor; e todas as famílias das nações adorarão perante a tua face.

[28]Porque o reino *é* do Senhor, e ele domina entre as nações.

[29]Todos *os que* na terra *são* gordos comerão e adorarão, e todos os que descem ao pó se prostrarão perante ele; e nenhum poderá reter viva a sua alma.

[30]Uma semente o servirá; será declarada ao Senhor a *cada* geração.

[31]Chegarão e anunciarão a sua justiça ao povo que nascer, porquanto ele *o* fez.

NOTAS

_____

_____

_____

_____

_____

_____

_____

_____

_____

_____

_____

_____

_____

_____

_____

_____

_____

_____

_____

_____

_____

SALMO 23
A FELICIDADE DE TERMOS O SENHOR COMO NOSSO PASTOR

Salmo de Davi

"Ainda que eu andasse pelo vale da sombra da morte, não temeria mal algum." A tempestade se forma sobre a montanha, mas o vale é o lugar da quietude. Assim, não raras vezes, os últimos dias do cristão são os mais pacíficos de todo o seu percurso. A montanha é sombria e isolada; o vale, porém, é rico em feixes dourados, e muitos santos colheram mais alegria e conhecimento quando se aproximaram da morte do que jamais imaginaram durante a vida. O que tinham pela frente não era o vale da morte, mas "o vale da *sombra* da morte", porque a morte em sua substância foi removida, permanecendo tão somente sua sombra. A morte se posta à margem da estrada pela qual viajamos, e a luz do céu que brilha sobre ela lança uma sombra que atravessa nosso caminho. Regozijemo-nos, então, pois existe uma luz adiante. Ninguém teme uma sombra, porque ela não pode obstruir caminhos, nem mesmo por um instante. A sombra de um cachorro não morde, a sombra da espada não mata e a sombra da morte não pode destruir-nos. Portanto, nada há a temer!

¹O SENHOR *é* o meu pastor, nada me faltará.

²Deitar-me faz em verdes pastos, guia-me mansamente a águas tranquilas.

³Refrigera a minha alma; guia-me pelas veredas da justiça, por amor do seu nome.

⁴Ainda que eu andasse pelo vale da sombra da morte, não temeria mal algum, porque tu *estás* comigo; a tua vara e o teu cajado me consolam.

⁵Preparas uma mesa perante mim na presença dos meus inimigos, unges a minha cabeça com óleo, o meu cálice transborda.

⁶Certamente que a bondade e a misericórdia me seguirão todos os dias da minha vida; e habitarei na casa do SENHOR por longos dias.

NOTAS

SALMO 24

O DOMÍNIO UNIVERSAL DE DEUS

Salmo de Davi

O grande dono e proprietário da terra estabeleceu sua corte acima das nuvens e se ri das escriturações dos vermes do pó. "Do SENHOR é a terra e a sua plenitude." A "plenitude" da terra pode indicar suas colheitas, sua riqueza, sua vida ou sua adoração; em todos esses sentidos, o Deus Altíssimo é o possuidor de todas as coisas. A terra está cheia de Deus; ele a fez plena e assim a mantém, não obstante todas as demandas que os seres vivos fazem de suas reservas. O mar é pleno, a despeito de todas as nuvens que se levantam dele; o ar é pleno, apesar de todos os seres que o respiram; o solo é pleno, embora milhões de plantas se nutram dele. Sob a mão tutelada da humanidade, o mundo caminha para a maior plenitude de todas, mas tudo pertence totalmente ao Senhor; o campo e o fruto, e a terra, com todas as suas maravilhas, são de Jeová. Anelamos, também, por uma plenitude mais sublime, quando o ideal verdadeiro de um mundo totalmente para Deus será alcançado nas glórias do milênio, e então, da forma mais inequívoca, a terra será do Senhor e toda a sua plenitude.

¹Do SENHOR é a terra e a sua plenitude, o mundo e aqueles que nele habitam.

²Porque ele a fundou sobre os mares, e a firmou sobre os rios.

³Quem subirá ao monte do SENHOR, ou quem estará no seu lugar santo?

⁴Aquele que é limpo de mãos e puro de coração, que não entrega a sua alma à vaidade, nem jura enganosamente.

⁵Este receberá a bênção do SENHOR e a justiça do Deus da sua salvação.

⁶Esta *é* a geração daqueles que buscam, daqueles que buscam a tua face, *ó Deus de* Jacó. (Selá.)

⁷Levantai, *ó* portas, as vossas cabeças; levantai-vos, ó entradas eternas, e entrará o Rei da Glória.

[8]Quem *é* este Rei da Glória? O SENHOR forte e poderoso, o SENHOR poderoso na guerra.

[9]Levantai, ó portas, as vossas cabeças, levantai-vos, ó entradas eternas, e entrará o Rei da Glória.

[10]Quem é este Rei da Glória? O SENHOR dos Exércitos, ele *é* o Rei da Glória. (Selá.)

NOTAS

SALMO 25

CONFIANÇA DE DAVI NA ORAÇÃO

Salmo de Davi

"Olha para mim, e tem piedade de mim [...] Olha para a minha aflição e para a minha dor, e perdoa todos os meus pecados." Observe as várias provações dos santos. Nos versos 16 e 18, há nada menos que seis palavras descrevendo o sofrimento: "solitário", "aflito", "ânsias", "apertos", "aflição" e "dor". Entretanto, observe ainda mais o espírito submisso e fiel de um santo verdadeiro; tudo o que ele pede é o seguinte: "Senhor, olha para a minha aflição". Ele não dita nem mesmo esboça sequer uma reclamação; um olhar de Deus o satisfará, e, se isso lhe for concedido, ele nada mais pedirá. Ainda mais digno de consideração é o modo pelo qual o crente debaixo de aflição descobre a fonte verdadeira de todo o engano e dá com o machado nessa raiz. O grito "Perdoa todos os meus pecados" é o clamor de uma alma que está mais enferma pelo pecado do que pela experiência da dor, e que prefere ser perdoada a ser curada dessa dor. Bem-aventurados são aqueles cujo pecado é mais insuportável do que a doença; o Senhor não tardará em lhes conceder tanto o perdão por sua iniquidade como a cura para suas enfermidades.

¹A ti, Senhor, levanto a minha alma.

²Deus meu, em ti confio, não me deixes confundido, nem que os meus inimigos triunfem sobre mim.

³Na verdade, não serão confundidos os que esperam em ti; confundidos serão os que transgridem sem causa.

⁴Faze-me saber os teus caminhos, Senhor; ensina-me as tuas veredas.

⁵Guia-me na tua verdade, e ensina-me, pois tu *és* o Deus da minha salvação; por ti estou esperando todo o dia.

⁶Lembra-te, Senhor, das tuas misericórdias e das tuas benignidades, porque *são* desde a eternidade.

[7]Não te lembres dos pecados da minha mocidade, nem das minhas transgressões; *mas* segundo a tua misericórdia, lembra-te de mim, por tua bondade, SENHOR.

[8]Bom e reto *é o* SENHOR; por isso ensinará o caminho aos pecadores.

[9]Guiará os mansos em justiça e aos mansos ensinará o seu caminho.

[10]Todas as veredas do SENHOR *são* misericórdia e verdade para aqueles que guardam a sua aliança e os seus testemunhos.

[11]Por amor do teu nome, SENHOR, perdoa a minha iniquidade, pois *é* grande.

[12]Qual *é* o homem que teme ao SENHOR? Ele o ensinará no caminho *que* deve escolher.

[13]A sua alma pousará no bem, e a sua semente herdará a terra.

[14]O segredo do SENHOR *é* com aqueles que o temem; e ele lhes mostrará a sua aliança.

[15]Os meus olhos *estão* continuamente no SENHOR, pois ele tirará os meus pés da rede.

[16]Olha para mim, e tem piedade de mim, porque *estou* solitário e aflito.

[17]As ânsias do meu coração se têm multiplicado; tira-me dos meus apertos.

[18]Olha para a minha aflição e para a minha dor, e perdoa todos os meus pecados.

[19]Olha para os meus inimigos, pois se vão multiplicando e me odeiam com ódio cruel.

[20]Guarda a minha alma, e livra-me; não me deixes confundido, porquanto confio em ti.

[21]Guardem-me a sinceridade e a retidão, porquanto espero em ti.

[22]Redime, ó Deus, a Israel de todas as suas angústias.

NOTAS

_____

_____

_____

_____

_____

SALMO 26

DAVI RECORRE A DEUS, CONFIANDO NA SUA PRÓPRIA INTEGRIDADE

Salmo de Davi

"**P**orque a tua benignidade está diante dos meus olhos." A percepção da misericórdia recebida projeta justa esperança na mente do fiel em sua condição mais tenebrosa, porque prospecta as misericórdias que ainda estão por vir, visões que não são ilusórias, mas reais. Detenha-se um pouco, caro leitor, nesta palavra celestial que é a "benignidade". Ela tem um sabor celestial. Acaso não a considera uma palavra inigualável, insuperável e imbatível? A bondade que nos é concedida por Deus deveria estar diante dos nossos olhos como uma motivação a pautar nossa conduta; não estamos debaixo da escravidão da lei, mas sob o doce constrangimento da graça, que é bem mais poderoso, embora bem mais gentil. "E tenho andado na tua verdade." O salmista foi preservado do pecado pela confiança na veracidade da promessa de Deus, uma verdade que ele buscava imitar e na qual ele buscava crer. Observe nesse verso que a experiência do amor divino torna-se evidente pela obediência prática à sua divina verdade; aqueles que negligenciam tanto as partes doutrinárias como as práticas da verdade não devem espantar-se se perderem o desfrutar experimental dessa verdade. Alguns falam sobre a verdade, mas é bem melhor andar nela.

¹Julga-me, Senhor, pois tenho andado em minha sinceridade; tenho confiado também no Senhor; não vacilarei.

²Examina-me, Senhor, e prova-me; esquadrinha as minhas entranhas e o meu coração.

³Porque a tua benignidade *está* diante dos meus olhos; e tenho andado na tua verdade.

⁴Não me tenho assentado com homens vãos, nem converso com os *homens* dissimulados.

⁵Tenho odiado a congregação de malfeitores; nem me ajunto com os ímpios.

⁶Lavo as minhas mãos na inocência; e assim andarei, Senhor, ao redor do teu altar.

⁷Para publicar com voz de louvor, e contar todas as tuas maravilhas.

⁸Senhor, eu tenho amado a habitação da tua casa e o lugar onde permanece a tua glória.

⁹Não apanhes a minha alma com os pecadores, nem a minha vida com os homens sanguinolentos,

¹⁰Em cujas mãos *há* malefício, e cuja *mão* direita *está* cheia de subornos.

¹¹Mas eu ando na minha sinceridade; livra-me e tem piedade de mim.

¹²O meu pé está posto em caminho plano; nas congregações louvarei ao Senhor.

Notas

SALMO 27

CONFIANÇA EM DEUS E ANELO PELA SUA PRESENÇA

Salmo de Davi

"**M**eus adversários e meus inimigos." Havia muitos! Eles eram de vários tipos, mas eram unânimes no engano e tinham os corações cheios de ódio. "Quando os malvados [...] se chegaram contra mim" — avançaram para o ataque, pulando sobre a vítima como um leão sobre a sua presa. "Para comerem as minhas carnes" — como canibais, eles dariam um fim completo para o homem, dilacerando-o membro por membro e fazendo uma banquete para sua malícia. Os inimigos de nossas almas não são desprovidos de ferocidade; eles não cedem um centímetro sequer, mas também não obterão nada em troca. Veja em que perigo Davi se encontrava — ao alcance de vários inimigos cruéis e poderosos. Mas, ainda assim, observe sua absoluta segurança e o total desapontamento deles! Eles "tropeçaram e caíram". O sopro de Deus os dissipou. Havia pedras no caminho que eles nunca haviam notado e, ao tropeçar nelas, sofreram uma queda vergonhosa. Isso foi literalmente verdadeiro com o nosso Senhor no Getsêmani, quando aqueles que vieram levá-lo recuaram e tombaram. Desse modo, Jesus tornou-se o representante profético de todos os crentes na batalha espiritual que, ao se erguerem, levarão seus inimigos ao chão pelo poder da fé.

¹O SENHOR *é* a minha luz e a minha salvação; a quem temerei? O SENHOR *é* a força da minha vida; de quem me recearei?

²Quando os malvados, meus adversários e meus inimigos, se chegaram contra mim, para comerem as minhas carnes, tropeçaram e caíram.

³Ainda que um exército me cercasse, o meu coração não temeria; ainda que a guerra se levantasse contra mim, nisto confiaria.

⁴Uma *coisa* pedi ao Senhor, e a buscarei: que possa morar na casa do Senhor todos os dias da minha vida, para contemplar a formosura do Senhor, e inquirir no seu templo.

⁵Porque no dia da adversidade me esconderá no seu pavilhão; no oculto do seu tabernáculo me esconderá; pôr-me-á sobre uma rocha.

⁶Também agora a minha cabeça será exaltada sobre os meus inimigos *que estão* em redor de mim; por isso oferecerei sacrifício de júbilo no seu tabernáculo; cantarei, sim, cantarei louvores ao Senhor.

⁷Ouve, Senhor, a minha voz *quando* clamo; tem também piedade de mim, e responde-me.

⁸Quando *tu disseste:* Buscai o meu rosto; o meu coração disse a ti: O teu rosto, Senhor, buscarei.

⁹Não escondas de mim a tua face, não rejeites ao teu servo com ira; tu foste a minha ajuda, não me deixes nem me desampares, ó Deus da minha salvação.

¹⁰Porque, quando meu pai e minha mãe me desampararem, o Senhor me recolherá.

¹¹Ensina-me, Senhor, o teu caminho, e guia-me pela vereda direita, por causa dos meus inimigos.

¹²Não me entregues à vontade dos meus adversários; pois se levantaram falsas testemunhas contra mim, e os que respiram crueldade.

¹³*Pereceria sem dúvida,* se não cresse que veria a bondade do Senhor na terra dos viventes.

¹⁴Espera no Senhor, anima-te, e ele fortalecerá o teu coração; espera, pois, no Senhor.

Notas

SALMO 28

DAVI ROGA A DEUS QUE O APARTE DOS ÍMPIOS

Salmo de Davi

"Dá-lhes segundo as suas obras." Quando percebemos os ímpios unicamente dessa forma, e não como seres humanos como nós, nossa indignação contra o pecado nos leva a cooperar completamente com os atos da justiça divina que castigam o mal; também nos leva a desejar que a justiça utilize de seu poder para restringir com seus terrores os maus e injustos. Contudo, os anseios do verso, conforme a versão escolhida traduz, não são prontamente consistentes com o espírito da dispensação cristã, que busca a reforma do coração, e não o castigo dos pecadores. Se compreendermos as palavras que se põem diante de nós como proféticas, ou conjugadas no futuro, como que declarando um fato, provavelmente estaremos mais próximos do verdadeiro significado do que se pode depreender de nossa versão. Qual será a porção dos ímpios quando o Senhor julgá-los em sua ira, não somente em relação àquilo que fizeram, mas também ao que teriam feito se fossem capazes? Nossas tentativas são vistas como fatos; Deus considera a intenção de cada obra e castiga ou recompensa de acordo com ela.

¹A ti clamarei, ó SENHOR, Rocha minha; não emudeças para comigo; não aconteça, calando-te tu para comigo, que eu fique semelhante aos que descem ao abismo.

²Ouve a voz das minhas súplicas, quando a ti clamar, quando levantar as minhas mãos para o teu santo oráculo.

³Não me arrastes com os ímpios e com os que praticam a iniquidade; que falam de paz ao seu próximo, mas *têm* mal nos seus corações.

⁴Dá-lhes segundo as suas obras e segundo a malícia dos seus esforços; dá-lhes conforme a obra das suas mãos; torna-lhes a sua recompensa.

⁵Porquanto não atentam às obras do SENHOR, nem à obra das suas mãos; pois que ele os derrubará e não os reedificará.

⁶Bendito *seja* o Senhor, porque ouviu a voz das minhas súplicas.

⁷O Senhor *é* a minha força e o meu escudo; nele confiou o meu coração, e fui socorrido; assim o meu coração salta de prazer, e com o meu canto o louvarei.

⁸O Senhor *é* a força do seu povo; também *é* a força salvadora do seu ungido.

⁹Salva o teu povo, e abençoa a tua herança; e apascenta-os e exalta-os para sempre.

Notas

SALMO 29

DAVI EXORTA A LOUVAR A MAJESTADE DE DEUS

Salmo de Davi

Existe um terror peculiar em uma tempestade no mar, quando um abismo chama outro abismo e o mar revolto se reflete no céu bravio: "A voz do Senhor ouve-se sobre as suas águas". Nenhuma visão é mais alarmante do que o relâmpago em redor do mastro do navio, e nenhum som é capaz de provocar um assombro tão reverente quanto o rugido da tempestade. De maneira frequente, os filhos do céu têm passado pela tormenta com uma alegria humilde que é característica dos santos, e até mesmo aqueles que não conhecem a Deus têm sido constrangidos a exibir reverência involuntária enquanto a tempestade não se aplaca. "O Deus da glória troveja." O trovão não é, na verdade, um mero fenômeno elétrico, mas é causado pela interposição do próprio Deus. Os homens cultos dos tempos modernos nos têm feito acreditar em leis e forças, em algo ou até mesmo em nada, de modo a descartarem a ideia de Deus. A eletricidade, por si só, nada pode fazer; ela tem de ser convocada e enviada para cumprir sua tarefa, e, até que o Senhor todo-poderoso o comissione, seu raio de fogo é inerte e impotente. Um relâmpago, a exemplo de uma rocha do granito ou uma barra de ferro, só é capaz de atravessar os céus se for enviado pela grande Causa Primeira.

¹Dai ao Senhor, ó filhos dos poderosos, dai ao Senhor glória e força.

²Dai ao Senhor a glória *devida ao* seu nome, adorai o Senhor na beleza da santidade.

³A voz do Senhor *ouve-se* sobre as *suas* águas; o Deus da glória troveja; o Senhor *está* sobre as muitas águas.

⁴A voz do Senhor é poderosa; a voz do Senhor *é* cheia de majestade.

⁵A voz do Senhor quebra os cedros; sim, o Senhor quebra os cedros do Líbano.

⁶Ele os faz saltar como um bezerro; ao Líbano e Siriom, como filhotes de bois selvagens.

⁷A voz do SENHOR separa as labaredas do fogo.

⁸A voz do SENHOR faz tremer o deserto; o SENHOR faz tremer o deserto de Cades.

⁹A voz do SENHOR faz parir as cervas, e descobre as florestas; e no seu templo cada um fala da *sua* glória.

¹⁰O SENHOR se assentou sobre o dilúvio; o SENHOR se assenta como Rei, perpetuamente.

¹¹O SENHOR dará força ao seu povo; o SENHOR abençoará o seu povo com paz.

NOTAS

SALMO 30

LOUVANDO PELO LIVRAMENTO DE DEUS

Salmo e canção na dedicação da Casa
Salmo de Davi

Deus é o melhor médico, mesmo para as enfermidades do nosso corpo. Agimos de forma sobremaneira ímpia e tola quando nos esquecemos de Deus. Asa pecou por confiar nos médicos, e não em Deus (2Crônicas 16:12). Se for necessário que tenhamos um médico, que assim seja, mas que possamos ir, em primeiro lugar, ao nosso Deus. Acima de tudo, lembremo-nos de que não pode haver poder de cura na medicina em si mesma; a energia curadora tem de fluir das mãos divinas. "Senhor meu Deus, clamei a ti, e tu me saraste." Quando nosso relógio não funciona, nós o levamos ao relojoeiro; quando nossos corpos ou nossas almas encontram-se em apuros, recorramos àquele que os criou, aquele que tem a habilidade infalível de restaurá-los. Quanto às nossas doenças espirituais, nada pode curar esses males senão o toque de Cristo, o Senhor: se, de fato, tão somente tocarmos na orla de seu manto, seremos curados; pois, ainda que tenhamos todos os médicos à nossa disposição, eles não poderão prestar-nos esse serviço.

¹Exaltar-te-ei, ó Senhor, porque tu me exaltaste; e não fizeste com que meus inimigos se alegrassem sobre mim.

²Senhor meu Deus, clamei a ti, e tu me saraste.

³Senhor, fizeste subir a minha alma da sepultura; conservaste-me a vida para que não descesse ao abismo.

⁴Cantai ao Senhor, vós que sois seus santos, e celebrai a memória da sua santidade.

⁵Porque a sua ira *dura* só um momento; no seu favor *está* a vida. O choro pode durar uma noite, mas a alegria *vem* pela manhã.

⁶Eu dizia na minha prosperidade: Não vacilarei jamais.

⁷Tu, Senhor, pelo teu favor fizeste forte a minha montanha; tu encobriste o teu rosto, e fiquei perturbado.

⁸A ti, Senhor, clamei, e ao Senhor supliquei.

⁹Que proveito há no meu sangue, quando desço à cova? *Porventura* te louvará o pó? Anunciará ele a tua verdade?

¹⁰Ouve, SENHOR, e tem piedade de mim, SENHOR; sê o meu auxílio.

¹¹Tornaste o meu pranto em folguedo; desataste o meu pano de saco, e me cingiste de alegria,

¹²Para que *a minha* glória a ti cante louvores, e não se cale. SENHOR, meu Deus, eu te louvarei para sempre.

NOTAS

SALMO 31

A CONFIANÇA EM DEUS

Salmo de Davi para o músico-mor

"**A**ssim, por amor do teu nome, guia-me e encaminha-me." Guiar e encaminhar são coisas bem semelhantes, porém, uma reflexão cuidadosa detectará diferentes tonalidades de significado, em especial porque essa última palavra pode significar *prover em meu favor*. Essa ação dupla indica uma carência urgente — precisamos de orientação dupla, porque somos tolos e o caminho é árduo. Guia-me como um soldado, mas encaminha-me como um viajante! Guia-me como um bebê, mas encaminha-me como um adulto; guia-me quando estiveres comigo, mas encaminha-me mesmo na tua ausência. Guia-me pela tua mão, encaminha-me pela tua Palavra. O argumento utilizado foi selecionado do arsenal da graça gratuita; guia-me não em meu nome, mas "por amor do teu nome". Nosso apelo não se baseia em qualquer virtude que imaginamos possuir por nosso próprio nome, mas na graça e na bondade gloriosas, que brilham de modo resplandecente no caráter do Deus de Israel. O Senhor não permitiria que sua honra fosse maculada, o que certamente seria o caso se aqueles que confiam nele perecessem.

¹Em ti, Senhor, confio; nunca me deixes confundido. Livra-me pela tua justiça.

²Inclina para mim os teus ouvidos, livra-me depressa; sê a minha firme rocha, uma casa fortíssima que me salve.

³Porque tu és a minha rocha e a minha fortaleza; assim, por amor do teu nome, guia-me e encaminha-me.

⁴Tira-me da rede que para mim esconderam, pois tu *és* a minha força.

⁵Nas tuas mãos encomendo o meu espírito; tu me redimiste, Senhor Deus da verdade.

⁶Odeio aqueles que se entregam a vaidades enganosas; eu, porém, confio no Senhor.

⁷Eu me alegrarei e regozijarei na tua benignidade, pois consideraste a minha aflição; conheceste a minha alma nas angústias.

[8]E não me entregaste nas mãos do inimigo; puseste os meus pés num lugar espaçoso.

[9]Tem misericórdia de mim, ó Senhor, porque estou angustiado. Consumidos estão de tristeza os meus olhos, a minha alma e o meu ventre.

[10]Porque a minha vida está gasta de tristeza, e os meus anos de suspiros; a minha força descai por causa da minha iniquidade, e os meus ossos se consomem.

[11]Fui opróbrio entre todos os meus inimigos, até entre os meus vizinhos, e horror para os meus conhecidos; os que me viam na rua fugiam de mim.

[12]Estou esquecido no coração deles, como um morto; sou como um vaso quebrado.

[13]Pois ouvi a murmuração de muitos, temor *havia* ao redor; enquanto juntamente consultavam contra mim, intentaram tirar-me a vida.

[14]Mas eu confiei em ti, Senhor; e disse: Tu *és* o meu Deus.

[15]Os meus tempos *estão* nas tuas mãos; livra-me das mãos dos meus inimigos e dos que me perseguem.

[16]Faze resplandecer o teu rosto sobre o teu servo; salva-me por tuas misericórdias.

[17]Não me deixes confundido, Senhor, porque te tenho invocado. Deixa confundidos os ímpios, e emudeçam na sepultura.

[18]Emudeçam os lábios mentirosos que falam coisas más com soberba e desprezo contra o justo.

[19]Oh! Quão grande *é* a tua bondade, que guardaste para os que te temem, *a qual* operaste para aqueles que em ti confiam na presença dos filhos dos homens!

[20]Tu os esconderás, no secreto da tua presença, dos desaforos dos homens; encobri-los-ás em um pavilhão, da contenda das línguas.

[21]Bendito *seja* o Senhor, pois fez maravilhosa a sua misericórdia para comigo em cidade segura.

[22]Pois eu dizia na minha pressa: Estou cortado de diante dos teus olhos; não obstante, tu ouviste a voz das minhas súplicas, quando eu a ti clamei.

[23]Amai ao Senhor, vós todos que sois seus santos; *porque* o Senhor guarda os fiéis e retribui com abundância ao que usa de soberba.

[24]Esforçai-vos, e ele fortalecerá o vosso coração, vós todos que esperais no Senhor.

SALMO 32
A ALEGRIA DO HOMEM PERDOADO
Masquil de Davi

Temos de confessar a culpa, bem como o fato do pecado. É inútil ocultar tais coisas, pois são bem conhecidas por Deus; é-nos benéfico reconhecer isso, porque a confissão em sua inteireza amansa e pacifica o coração. "Confessarei ao SENHOR as minhas transgressões." Não aos meus companheiros, que não passam de seres humanos, nem mesmo ao sumo sacerdote, mas a Jeová. Até mesmo naqueles dias de abundantes simbolismos, o fiel buscava somente em Deus a libertação do peso intolerável do pecado; quanto mais devemos buscá-la agora, depois que as sombras e as representações desapareceram com o romper da alvorada. Quando a alma decide quebrantar-se e assumir a própria culpa, a absolvição certamente se aproxima; por isso lemos: "e tu perdoaste a maldade do meu pecado". Não somente o pecado foi perdoado, mas também a iniquidade que o constitui; tão logo houve a admissão, o vírus da sua culpa foi afastado. Os perdões de Deus são profundos e completos: a espada da misericórdia corta a raiz da erva daninha do pecado.

¹Bem-aventurado *aquele cuja* transgressão *é* perdoada, *e cujo* pecado *é* coberto.

²Bem-aventurado o homem a quem o SENHOR não imputa maldade, e em cujo espírito não *há* engano.

³Quando eu guardei silêncio, envelheceram os meus ossos pelo meu bramido em todo o dia.

⁴Porque de dia e de noite a tua mão pesava sobre mim; o meu humor se tornou em sequidão de estio. (Selá.)

⁵Confessei-te o meu pecado, e a minha maldade não encobri. Dizia eu: Confessarei ao SENHOR as minhas transgressões; e tu perdoaste a maldade do meu pecado. (Selá.)

⁶Por isso, todo aquele que é santo orará a ti, a tempo de te poder achar; até no transbordar de muitas águas, *estas* não lhe chegarão.

⁷Tu és o lugar em que me escondo; tu me preservas da angústia; tu me cinges de alegres cantos de livramento. (Selá.)

⁸Instruir-te-ei, e ensinar-te-ei o caminho que deves seguir; guiar-te-ei com os meus olhos.

⁹Não sejais como o cavalo, *nem* como a mula, *que* não têm entendimento, cuja boca precisa de cabresto e freio para que não se cheguem a ti.

¹⁰O ímpio tem muitas dores, mas àquele que confia no SENHOR a misericórdia o cercará.

¹¹Alegrai-vos no SENHOR, e regozijai-vos, vós os justos; e cantai alegremente, todos *vós que sois* retos de coração.

NOTAS

SALMO 33

O JÚBILO DO CRENTE NA CONTEMPLAÇÃO DAS OBRAS DE DEUS

"**C**antai-lhe um cântico novo." Preservar o frescor na adoração é algo grandioso; na devoção pessoal, indispensável. Que não apresentemos antigos e desgastados louvores, mas que acrescentemos vida, alma e coração a todos os cânticos, já que as misericórdias do Senhor se renovam a cada dia, de modo que possamos vislumbrar novas belezas na obra e na Palavra do nosso Senhor! "Tocai bem." É uma desventura ouvir Deus sendo louvado com desleixo. Ele merece o melhor que temos a oferecer. Todos os cristãos devem empenhar-se em cantar de acordo com as regras da arte, com o fim de manter o compasso e a melodia juntamente com a congregação. As mais doces melodias e as mais doces vozes, ao lado das mais doces palavras, são muito pouco para o Senhor, nosso Deus; não lhe ofereçamos rimas mal construídas, com melodias desagradáveis e gritadas com vozes dissonantes. "E com júbilo." O regozijo deve fazer-se sempre presente na adoração a Deus. Os sussurros polidos são dispensáveis nesse contexto. Não é que o Senhor não nos possa ouvir, mas é natural que uma exultação de alegria seja expressa de forma mais expansiva. As pessoas levantam suas vozes quando vislumbram seus reis. Acaso não devemos oferecer sonoros hosanas ao Filho de Davi?

¹Regozijai-vos no Senhor, vós justos, *pois* aos retos convém o louvor.

²Louvai ao Senhor com harpa, cantai a ele com o saltério *e* um instrumento de dez cordas.

³Cantai-lhe um cântico novo; tocai bem e com júbilo.

⁴Porque a palavra do Senhor é reta, e todas as suas obras *são* fiéis.

⁵Ele ama a justiça e o juízo; a terra está cheia da bondade do Senhor.

⁶Pela palavra do Senhor foram feitos os céus, e todo o exército deles pelo espírito da sua boca.

⁷Ele ajunta as águas do mar como num montão; põe os abismos em depósitos.

⁸Tema toda a terra ao Senhor; temam-no todos os moradores do mundo.

⁹Porque falou, e foi *feito;* mandou, e logo apareceu.

¹⁰O Senhor desfaz o conselho dos gentios, quebranta os intentos dos povos.

¹¹O conselho do Senhor permanece para sempre; os intentos do seu coração de geração em geração.

¹²Bem-aventurada *é* a nação cujo Deus *é* o Senhor, *e* o povo *ao qual* escolheu para sua herança.

¹³O Senhor olha desde os céus e está vendo a todos os filhos dos homens.

¹⁴Do lugar da sua habitação contempla todos os moradores da terra.

¹⁵Ele é que forma o coração de todos eles, que contempla todas as suas obras.

¹⁶Não há rei que se salve com a grandeza de um exército, nem o homem valente se livra pela muita força.

¹⁷O cavalo é vão para a *segurança;* não livra *ninguém* com a sua grande força.

¹⁸Eis que os olhos do Senhor *estão* sobre os que o temem, sobre os que esperam na sua misericórdia;

¹⁹Para lhes livrar as almas da morte, e para os conservar vivos na fome.

²⁰A nossa alma espera no Senhor; ele *é* o nosso auxílio e o nosso escudo.

²¹Pois nele se alegra o nosso coração; porquanto temos confiado no seu santo nome.

²²Seja a tua misericórdia, Senhor, sobre nós, como em ti esperamos.

Notas

SALMO 34

DAVI LOUVA A DEUS E EXORTA A CONFIAR NELE

*Salmo de Davi, quando mudou o seu semblante
perante Abimeleque, e o expulsou, e ele se foi*

Gloriar-se é uma inclinação bem natural, e, se aplicada como no sentido aqui pretendido — "A minha alma se gloriará no SENHOR" —, seria sempre bem-vinda. A exultação deste verso não se constitui por meras palavras, mas pela alma; de fato, o gloriar-se é sentido e pensado antes de ser transposto à fala. Quantas propriedades há para nos gloriarmos de forma santa em Jeová! Sua pessoa, seus atributos, sua aliança, suas promessas, suas obras e tantas outras coisas são incomparáveis, inigualáveis, singulares; podemos expressar-nos repetidas vezes a respeito delas, e nunca seremos acusados de pronunciar discursos inúteis e vazios. Verdadeiramente, aquele que escreve estas palavras nada tem para se gloriar em si mesmo, mas muito a lamentar. Contudo, nada o impedirá de se gloriar no Senhor enquanto viver. "Os mansos o ouvirão e se alegrarão." Em geral, os mansos se entristecem quando alguém expressa a própria glória, e se afastam de discursos exaltados, mas gloriar-se no Senhor consiste em algo totalmente diferente, pois, assim, os mansos são consolados e encorajados. Devemos falar intencionalmente sobre a bondade de Deus, para que outras pessoas sejam confirmadas em sua confiança em um Deus fiel.

¹Louvarei ao SENHOR em todo o tempo; o seu louvor *estará* continuamente na minha boca.

²A minha alma se gloriará no SENHOR; os mansos o ouvirão e se alegrarão.

³Engrandecei ao SENHOR comigo; e juntos exaltemos o seu nome.

⁴Busquei ao SENHOR, e ele me respondeu; livrou-me de todos os meus temores.

⁵Olharam para ele, e foram iluminados; e os seus rostos não ficaram confundidos.

⁶Clamou este pobre, e o SENHOR *o* ouviu, e o salvou de todas as suas angústias.

⁷O anjo do SENHOR acampa-se ao redor dos que o temem, e os livra.

⁸Provai, e vede que o SENHOR é bom; bem-aventurado o homem que nele confia.

⁹Temei ao SENHOR, *vós,* os seus santos, pois nada falta aos que o temem.

¹⁰Os filhos dos leões necessitam e sofrem fome, mas àqueles que buscam ao SENHOR bem nenhum faltará.

¹¹Vinde, meninos, ouvi-me; eu vos ensinarei o temor do SENHOR.

¹²Quem é o homem que deseja a vida, que quer *largos* dias para ver o bem?

¹³Guarda a tua língua do mal, e os teus lábios de falarem o engano.

¹⁴Aparta-te do mal, e faze o bem; procura a paz, e segue-a.

¹⁵Os olhos do SENHOR *estão* sobre os justos, e os seus ouvidos *atentos* ao seu clamor.

¹⁶A face do SENHOR *está* contra os que fazem o mal, para desarraigar da terra a memória deles.

¹⁷*Os justos* clamam, e o SENHOR os ouve, e os livra de todas as suas angústias.

¹⁸Perto *está* o SENHOR dos que têm o coração quebrantado, e salva os contritos de espírito.

¹⁹Muitas *são* as aflições do justo, mas o SENHOR o livra de todas.

²⁰Ele lhe guarda todos os seus ossos; nem sequer um deles se quebra.

²¹A malícia matará o ímpio, e os que odeiam o justo serão punidos.

²²O SENHOR resgata a alma dos seus servos, e nenhum dos que nele confiam será punido.

NOTAS

SALMO 35

DAVI SUPLICA PARA QUE DEUS JULGUE OS ÍMPIOS

Salmo de Davi

"Tira da lança e obstrui o caminho aos que me perseguem." Antes que os inimigos se aproximem muito, o Senhor é capaz de fazê-los recuar como se utilizasse uma lança comprida. Afastar os problemas é mais que um simples ato de gentileza. Do mesmo modo que um guerreiro valente mantém, com sua lança, uma legião ao longe até que seus irmãos mais fracos consigam escapar, o Senhor detém os inimigos dos crentes ao largo até que os santos recuperem o fôlego ou fujam de seus inimigos. Com frequência, ele ocupa os inimigos de Sião com alguma outra tarefa e, assim, dá descanso à sua igreja. Quão gloriosa é a imagem de Jeová obstruindo o caminho dos perseguidores, mantendo-os na ponta de lança, e dando tempo para que os santos perseguidos escapem de seu ataque. "Dize à minha alma: Eu sou a tua salvação." Além de manter o inimigo ao longe, o Senhor também pode acalmar a mente de seus servos, assegurando, de sua própria boca, que eles estão, e sempre estarão, abrigados à sombra das asas do Altíssimo.

¹Pleiteia, Senhor, com aqueles que pleiteiam comigo; peleja contra os que pelejam contra mim.

²Pega do escudo e da rodela, e levanta-te em minha ajuda.

³Tira da lança e obstrui o *caminho* aos que me perseguem; dize à minha alma: Eu *sou* a tua salvação.

⁴Sejam confundidos e envergonhados os que buscam a minha vida; voltem atrás e envergonhem-se os que contra mim tentam mal.

⁵Sejam como a moinha perante o vento; o anjo do Senhor os faça fugir.

⁶Seja o seu caminho tenebroso e escorregadio, e o anjo do Senhor os persiga.

[7] Porque sem causa encobriram de mim a rede na cova, *a qual* sem razão cavaram para a minha alma.

[8] Sobrevenha-lhe destruição sem o saber, e prenda-o a rede que ocultou; caia ele nessa mesma destruição.

[9] E a minha alma se alegrará no SENHOR; alegrar-se-á na sua salvação.

[10] Todos os meus ossos dirão: SENHOR, quem *é* como tu, que livras o pobre daquele que é mais forte do que ele? Sim, o pobre e o necessitado daquele que o rouba.

[11] Falsas testemunhas se levantaram; depuseram contra mim *coisas* que eu não sabia.

[12] Tornaram-me o mal pelo bem, roubando a minha alma.

[13] Mas, quanto a mim, quando estavam enfermos, as minhas vestes *eram* o saco; humilhava a minha alma com o jejum, e a minha oração voltava para o meu seio.

[14] Portava-me como *se ele fora* meu irmão ou amigo; andava lamentando e muito encurvado, como quem chora *por sua* mãe.

[15] Mas eles com a minha adversidade se alegravam e se congregavam; os abjetos se congregavam contra mim, e eu não o sabia; rasgavam-me, e não cessavam.

[16] Com hipócritas zombadores nas festas, rangiam os dentes contra mim.

[17] Senhor, até quando verás isto? Resgata a minha alma das suas assolações, e a minha predileta dos leões.

[18] Louvar-te-ei na grande congregação; entre muitíssimo povo te celebrarei.

[19] Não se alegrem os meus inimigos de mim sem razão, *nem* acenem com os olhos aqueles que me odeiam sem causa.

[20] Pois não falam de paz; antes projetam enganar os quietos da terra.

[21] Abrem a boca de par em par contra mim, *e* dizem: Ah! Ah! Os nossos olhos *o* viram.

[22] Tu, SENHOR, *o* tens visto, não te cales; Senhor, não te alongues de mim:

[23] Desperta e acorda para o meu julgamento, para a minha causa, Deus meu e Senhor meu.

[24] Julga-me segundo a tua justiça, SENHOR Deus meu, e não deixes que se alegrem de mim.

[25] Não digam em seus corações: Ah! Alma nossa! Não digam: Nós o havemos devorado.

²⁶Envergonhem-se e confundam-se à uma os que se alegram com o meu mal; vistam-se de vergonha e de confusão os que *se* engrandecem contra mim.

²⁷Cantem e alegrem-se os que amam a minha justiça, e digam continuamente: O Senhor seja engrandecido, o qual ama a prosperidade do seu servo.

²⁸E assim a minha língua falará da tua justiça *e* do teu louvor todo o dia.

Notas

SALMO 36
A MALÍCIA DOS ÍMPIOS. DEUS SALVA OS RETOS

Salmo de Davi, servo do Senhor, para o músico-mor

"A tua justiça é como as grandes montanhas", firme e irremovível, alta e sublime. Assim como os Alpes permanecem inalterados diante das investidas dos ventos e dos furacões, a justiça de Deus não é afetada, em nenhum grau, pelas circunstâncias. Deus é sempre justo. Quem pode subornar o Juiz de toda a terra, ou quem pode, por meio de ameaças, constrangê-lo a perverter o juízo? O Senhor não abandona sua justiça nem mesmo para salvar os eleitos. Nenhuma reverência imposta pelas montanhas pode igualar-se àquela que inunda a alma quando esta contempla o Filho de Deus, que foi morto como uma vítima para cumprir a justiça do Legislador inflexível. "Os teus juízos são um grande abismo." O orgulhoso, que exclama "por quê" a cada "quê", não é capaz de compreender a forma de Deus lidar com a humanidade. Ao Senhor, não se questiona por que faz isso ou aquilo. Ele tem suas razões, mas não as submete às nossas tolas considerações. Assim como o oceano, as dispensações providenciais de Deus são extensas e profundas, terríveis e irresistíveis. Quem descobrirá as origens do mar? Aquele que isso fizer pode esperar compreender a providência do Eterno.

¹A transgressão do ímpio diz no íntimo do meu coração: Não *há* temor de Deus perante os seus olhos.

²Porque em seus olhos se lisonjeia, até que a sua iniquidade se descubra ser detestável.

³As palavras da sua boca *são* malícia e engano; deixou de entender *e* de fazer o bem.

⁴Projeta a malícia na sua cama; põe-se no caminho *que* não *é* bom; não aborrece o mal.

⁵A tua misericórdia, SENHOR, *está* nos céus, e a tua fidelidade *chega* até às mais *excelsas* nuvens.

⁶A tua justiça *é* como as grandes montanhas; os teus juízos *são um* grande abismo. SENHOR, tu conservas os homens e os animais.

⁷Quão preciosa *é,* ó Deus, a tua benignidade, pelo que os filhos dos homens se abrigam à sombra das tuas asas.

⁸Eles se fartarão da gordura da tua casa, e os farás beber da corrente das tuas delícias;

⁹Porque em ti *está* o manancial da vida; na tua luz veremos a luz.

¹⁰Estende a tua benignidade sobre os que te conhecem, e a tua justiça sobre os retos de coração.

¹¹Não venha sobre mim o pé dos soberbos, e não me mova a mão dos ímpios.

¹²Ali caem os que praticam a iniquidade; cairão, e não se poderão levantar.

NOTAS

SALMO 37

A PROSPERIDADE DOS PECADORES ACABA, E SOMENTE OS JUSTOS SERÃO FELIZES

Salmo de Davi

"**D**eleita-te também no Senhor." Não há espaço para inquietação se lembrarmos que Deus é por nós; temos todos os incentivos possíveis para buscar o deleite sagrado da forma mais elevada e extática. Todo nome, todo atributo, toda palavra ou ação de Jeová, tudo isso deve ser algo prazeroso para nós, e, ao meditar a esse respeito, nossas almas enchem-se da mesma felicidade que o epicureu sentia quando se alimentava de forma delicada com uma profunda satisfação por suas guloseimas. "E te concederá os desejos do teu coração." Nessa passagem, o dever prazeroso é recompensado com outro prazer. As pessoas que se deleitam em Deus não desejam nem pedem nada além daquilo que agrada a Deus; portanto, é seguro dar-lhes uma *carte blanche*. Uma vez que seus desejos estão submetidos à vontade de Deus, elas podem ter o que quiserem. Aqui, o verso se refere aos nossos anseios mais profundos, não aos desejos casuais; existem muitas coisas que a natureza pode desejar, mas a graça nunca nos permitiria pedi-las. É a esses desejos profundos, verdadeiros pedidos de oração, que a promessa se refere.

¹Não te indignes por causa dos malfeitores, nem tenhas inveja dos que praticam a iniquidade.

²Porque cedo serão ceifados como a erva, e murcharão como a verdura.

³Confia no Senhor e faze o bem; habitarás na terra, e verdadeiramente serás alimentado.

⁴Deleita-te também no Senhor, e te concederá os desejos do teu coração.

⁵Entrega o teu caminho ao Senhor; confia nele, e ele o fará.

⁶E ele fará sobressair a tua justiça como a luz, e o teu juízo como o meio-dia.

[7]Descansa no SENHOR, e espera nele; não te indignes por causa daquele que prospera em seu caminho, por causa do homem que executa astutos intentos.

[8]Deixa a ira, e abandona o furor; não te indignes de forma alguma para fazer o mal.

[9]Porque os malfeitores serão desarraigados; mas aqueles que esperam no SENHOR herdarão a terra.

[10]Pois ainda um pouco, e o ímpio não *existirá;* olharás para o seu lugar, e não *aparecerá.*

[11]Mas os mansos herdarão a terra, e se deleitarão na abundância de paz.

[12]O ímpio maquina contra o justo, e contra ele range os dentes.

[13]O Senhor se rirá dele, pois vê que vem chegando o seu dia.

[14]Os ímpios puxaram da espada e armaram o arco, para derrubarem o pobre e necessitado, *e* para matarem os de reta conduta.

[15]*Porém* a sua espada lhes entrará no coração, e os seus arcos se quebrarão.

[16]Vale mais o pouco que tem o justo, do que as riquezas de muitos ímpios.

[17]Pois os braços dos ímpios se quebrarão, mas o SENHOR sustém os justos.

[18]O SENHOR conhece os dias dos retos, e a sua herança permanecerá para sempre.

[19]Não serão envergonhados nos dias maus, e nos dias de fome se fartarão.

[20]Mas os ímpios perecerão, e os inimigos do SENHOR *serão* como a gordura dos cordeiros; desaparecerão, e em fumaça se desfarão.

[21]O ímpio toma emprestado, e não paga; mas o justo se compadece e dá.

[22]Porque *aqueles* que ele abençoa herdarão a terra, e aqueles *que forem* por ele amaldiçoados serão desarraigados.

[23]Os passos de *um* homem *bom* são confirmados pelo SENHOR, e deleita-se no seu caminho.

[24]Ainda que caia, não ficará prostrado, pois o SENHOR *o* sustém *com* a sua mão.

[25]Fui moço, e agora sou velho; mas nunca vi desamparado o justo, nem a sua semente a mendigar o pão.

²⁶Compadece-se sempre, e empresta, e a sua semente *é* abençoada.

²⁷Aparta-te do mal e faze o bem; e terás morada para sempre.

²⁸Porque o SENHOR ama o juízo e não desampara os seus santos; eles são preservados para sempre; mas a semente dos ímpios será desarraigada.

²⁹Os justos herdarão a terra e habitarão nela para sempre.

³⁰A boca do justo fala a sabedoria; a sua língua fala do juízo.

³¹A lei do seu Deus *está* em seu coração; os seus passos não resvalarão.

³²O ímpio espreita ao justo, e procura matá-lo.

³³O SENHOR não o deixará em suas mãos, nem o condenará quando for julgado.

³⁴Espera no SENHOR, e guarda o seu caminho, *e* te exaltará para herdares a terra; tu *o* verás quando os ímpios forem desarraigados.

³⁵Vi o ímpio com grande poder espalhar-se como a árvore verde na terra natal.

³⁶Mas passou e já não *aparece;* procurei-o, mas não se pôde encontrar.

³⁷Nota o *homem* sincero, e considera o reto, porque o fim *desse* homem *é* a paz.

³⁸Quanto aos transgressores, serão à uma destruídos, e as relíquias dos ímpios serão destruídas.

³⁹Mas a salvação dos justos *vem* do SENHOR; *ele é* a sua fortaleza no tempo da angústia.

⁴⁰E o SENHOR os ajudará e os livrará; ele os livrará dos ímpios e os salvará, porquanto confiam nele.

NOTAS

SALMO 38

A DOR E O ARREPENDIMENTO DO PECADOR

Salmo de Davi para lembrança

"Tenho rugido pela inquietação do meu coração." Profunda e rouca é a voz da tristeza e, com frequência, mostra-se inarticulada e terrível. O coração transmite rugidos impronunciáveis à voz, que, então, desafina e falha, incapaz de expressá-los. Quando nossas orações soam mais animalescas que espirituais, mesmo assim elas prevalecem diante do Pai de misericórdia, que é compassivo. Ele ouve o sussurro do coração e o rugido da alma causados pelo pecado, e, no tempo certo, vem para aliviar seus aflitos. Quanto mais aproximarmos esse retrato de uma alma despertada para a experiência de vida, mais incrivelmente exato nos parecerá. Não se trata da descrição de uma desordem simplesmente exterior, por mais concreta que possa parecer; ela tem uma profundidade e uma compaixão internas às quais somente a agonia misteriosa e terrível da alma pode igualar-se.

¹Ó Senhor, não me repreendas na tua ira, nem me castigues no teu furor.

²Porque as tuas flechas se cravaram em mim, e a tua mão sobre mim desceu.

³Não *há* coisa sã na minha carne, por causa da tua cólera; nem *há* paz em meus ossos, por causa do meu pecado.

⁴Pois *já* as minhas iniquidades ultrapassam a minha cabeça; como carga pesada são demais para as minhas forças.

⁵As minhas chagas cheiram mal e estão corruptas, por causa da minha loucura.

⁶Estou encurvado, estou muito abatido, ando lamentando todo o dia.

⁷Porque os meus lombos estão cheios de ardor, e não *há* coisa sã na minha carne.

⁸Estou fraco e mui quebrantado; tenho rugido pela inquietação do meu coração.

[9]Senhor, diante de ti *está* todo o meu desejo, e o meu gemido não te é oculto.

[10]O meu coração dá voltas, a minha força me falta; quanto à luz dos meus olhos, ela me deixou.

[11]Os meus amigos e os meus companheiros estão ao longe da minha chaga; e os meus parentes se põem à distância.

[12]Também os que buscam a minha vida *me* armam laços e os que procuram o meu mal falam coisas que danificam, e imaginam astúcias todo o dia.

[13]Mas eu, como surdo, não ouvia, e *era* como mudo, *que* não abre a boca.

[14]Assim eu sou como homem que não ouve, e em cuja boca não *há* reprovação.

[15]Porque em ti, Senhor, espero; tu, Senhor meu Deus, me ouvirás.

[16]Porque dizia eu: *Ouve-me,* para que não se alegrem de mim. Quando escorrega o meu pé, eles *se* engrandecem contra mim.

[17]Porque *estou* prestes a coxear; a minha dor *está* constantemente perante mim.

[18]Porque eu declararei a minha iniquidade; afligir-me-ei por causa do meu pecado.

[19]Mas os meus inimigos *estão* vivos *e* são fortes, e os que sem causa me odeiam se multiplicam.

[20]Os que dão mal pelo bem são meus adversários, porquanto eu sigo *o que é* bom.

[21]Não me desampares, Senhor, meu Deus, não te alongues de mim.

[22]Apressa-te em meu auxílio, Senhor, minha salvação.

Notas

SALMO 39

A BREVIDADE E VAIDADE DA VIDA

Salmo de Davi para o músico-mor, para Jedutum

O s pecados da língua são graves; como faíscas de fogo, as palavras se espalham e causam um dano imenso. "Guardarei os meus caminhos para não pecar com a minha língua." Se os crentes pronunciarem palavras duras sobre Deus nos momentos de abatimento, os ímpios se apropriarão delas e as usarão como justificativa para seus caminhos ímpios. Se os próprios filhos zombam dos pais, não causa admiração que as bocas de seus inimigos estejam cheias de violência. Nossa língua sempre clama por atenção, pois é inquieta como um cavalo selvagem, mas nós devemos segurá-la, especialmente quando as batidas da vara do Senhor incitarem sua rebeldia. "Guardarei a boca com um freio." Davi não era tão sábio quanto nossa tradução nos faz crer; se ele decidisse ser muito criterioso no uso de sua língua, seria algo digno de louvor. Entretanto, quando ele chegou ao ponto de condenar a si mesmo ao silêncio total, "mesmo acerca do bem", necessariamente houve pelo menos um pouco de obstinação em sua alma.

¹Eu disse: Guardarei os meus caminhos para não pecar com a minha língua; guardarei a boca com um freio, enquanto o ímpio *estiver* diante de mim.

²Com o silêncio fiquei mudo; calava-me mesmo *acerca* do bem, e a minha dor se agravou.

³Esquentou-se-me o coração dentro de mim; enquanto eu meditava se acendeu um fogo; *então* falei com a minha língua:

⁴Faze-me conhecer, Senhor, o meu fim, e a medida dos meus dias qual é, para que eu sinta quanto sou frágil.

⁵Eis que fizeste os meus dias *como* a palmos; o tempo da minha vida *é* como nada diante de ti; na verdade, todo homem, por mais firme que esteja, *é* totalmente vaidade. (Selá.)

⁶Na verdade, todo homem anda numa vã aparência; na verdade, em vão se inquietam; amontoam *riquezas,* e não sabem quem as levará.

[7]Agora, pois, Senhor, que espero eu? A minha esperança *está* em ti.

[8]Livra-me de todas as minhas transgressões; não me faças o opróbrio dos loucos.

[9]Emudeci; não abro a minha boca, porquanto tu *o* fizeste.

[10]Tira de sobre mim a tua praga; estou desfalecido pelo golpe da tua mão.

[11]*Quando* castigas o homem, com repreensões por causa da iniquidade, fazes com que a sua beleza se consuma como a traça; assim todo homem *é* vaidade. (Selá.)

[12]Ouve, Senhor, a minha oração, e inclina os teus ouvidos ao meu clamor; não te cales perante as minhas lágrimas, porque *sou* um estrangeiro contigo *e* peregrino, como todos os meus pais.

[13]Poupa-me, até que tome alento, antes que me vá, e não seja *mais*.

NOTAS

SALMO 40

A OBEDIÊNCIA É MELHOR DO QUE O SACRIFÍCIO

Salmo de Davi para o músico-mor

A obra do Redentor foi feita. "Pôs os meus pés sobre uma rocha, firmou os meus passos." Ele descansa sobre a base firme de seus objetivos cumpridos; ele nunca mais sofrerá; para sempre reinará na glória. Quanto consolo consiste em saber que Jesus, nosso Senhor e Salvador, firma-se sobre uma base segura em tudo que é e faz por nós. Suas expressões de amor não são passíveis de serem frustração pelo fracasso no futuro, porque Deus o manteve firme. Jesus é capaz de salvar para sempre e eternamente, com a máxima perfeição, aqueles que se achegam a Deus por meio dele, pois, nos mais altos céus, ele vive eternamente para interceder por eles. Jesus é o verdadeiro José, aquele que foi tirado do abismo para ser Senhor de todos. É algo que vai além de um gole de doçura lembrar que, se formos lançados como nosso Senhor no abismo da vergonha e da tristeza, pela fé subiremos até a rocha elevada, firme e eterna do favor e da fidelidade de Deus.

¹Esperei com paciência no Senhor, e ele se inclinou para mim, e ouviu o meu clamor.

²Tirou-me de um lago horrível, de um charco de lodo, pôs os meus pés sobre uma rocha, firmou os meus passos.

³E pôs um novo cântico na minha boca, um hino ao nosso Deus; muitos *o* verão, e temerão, e confiarão no Senhor.

⁴Bem-aventurado o homem que põe no Senhor a sua confiança, e que não respeita os soberbos nem os que se desviam para a mentira.

⁵Muitas são, Senhor meu Deus, as maravilhas *que* tens operado para conosco, e os teus pensamentos não se podem contar diante de ti; *se* eu *os* quisera anunciar, e deles falar, são mais do que se podem contar.

⁶Sacrifício e oferta não quiseste; os meus ouvidos abriste; holocausto e expiação pelo pecado não reclamaste.

⁷Então disse: Eis aqui venho; no rolo do livro de mim *está* escrito.

⁸Deleito-me em fazer a tua vontade, ó Deus meu; sim, a tua lei *está* dentro do meu coração.

⁹Preguei a justiça na grande congregação; eis que não retive os meus lábios, Senhor, tu o sabes.

¹⁰Não escondi a tua justiça dentro do meu coração; apregoei a tua fidelidade e a tua salvação. Não escondi da grande congregação a tua benignidade e a tua verdade.

¹¹Não retires de mim, Senhor, as tuas misericórdias; guardem-me continuamente a tua benignidade e a tua verdade.

¹²Porque males sem número me têm rodeado; as minhas iniquidades me prenderam de modo que não posso olhar para cima. São mais numerosas do que os cabelos da minha cabeça; assim desfalece o meu coração.

¹³Digna-te, Senhor, livrar-me: Senhor, apressa-te em meu auxílio.

¹⁴Sejam à uma confundidos e envergonhados os que buscam a minha vida para destruí-la; tornem atrás e confundam-se os que me querem mal.

¹⁵Desolados sejam em pago da sua afronta os que me dizem: Ah! Ah!

¹⁶Folguem e alegrem-se em ti os que te buscam; digam constantemente os que amam a tua salvação: Magnificado seja o Senhor.

¹⁷Mas eu *sou* pobre e necessitado; contudo o Senhor cuida de mim. Tu és o meu auxílio e o meu libertador; não te detenhas, ó meu Deus.

Notas

SALMO 41

A TRAIÇÃO DOS INIMIGOS E O SOCORRO DE DEUS

Salmo de Davi para o músico-mor

"O SENHOR o sustentará no leito de enfermidade." Os braços eternos sustentarão sua alma como as mãos amigas e os travesseiros macios sustentam o corpo de quem está doente. Quão doce e compassiva é essa imagem! Quão perto ela nos traz para junto de nosso Deus em nossas doenças e nossas enfermidades! Essa é a linguagem peculiar do Deus de Israel. É ele quem toma a iniciativa de ser enfermeiro e cuidador das pessoas santas. Se ele derruba com uma mão, sustenta com a outra. Ah, até mesmo cair é uma bênção quando são os braços do Senhor que nos alcançam e nos erguem! A graça é o melhor dos remédios. O amor divino é o estimulante mais nobre para um paciente debilitado; torna a alma forte como um gigante, mesmo que os ossos doentes estejam rompendo a pele. Não existe nenhum médico como o Senhor, nenhum tônico como a sua promessa e nenhum vinho como o seu amor.

¹Bem-aventurado é aquele que atende ao pobre; o SENHOR o livrará no dia do mal.

²O SENHOR o livrará, e o conservará em vida; será abençoado na terra, e tu não o entregarás à vontade de seus inimigos.

³O SENHOR o sustentará no leito da enfermidade; tu o restaurarás da sua cama de doença.

⁴Dizia eu: SENHOR, tem piedade de mim; sara a minha alma, porque pequei contra ti.

⁵Os meus inimigos falam mal de mim, *dizendo:* Quando morrerá ele, e perecerá o seu nome?

⁶E, se *algum deles* vem me ver, fala coisas vãs; no seu coração amontoa a maldade; saindo para fora, *é* disso *que* fala.

⁷Todos os que me odeiam murmuram à uma contra mim; contra mim imaginam o mal, *dizendo:*

⁸Uma doença má se lhe tem apegado; e *agora* que está deitado, não se levantará mais.

⁹Até o meu próprio amigo íntimo, em quem eu *tanto* confiava, que comia do meu pão, levantou contra mim o seu calcanhar.

¹⁰Porém tu, SENHOR, tem piedade de mim, e levanta-me, para que eu lhes dê o pago.

¹¹Por isto conheço eu que tu me favoreces: que o meu inimigo não triunfa de mim.

¹²Quanto a mim, tu me sustentas na minha sinceridade, e me puseste diante da tua face para sempre.

¹³Bendito *seja* o SENHOR Deus de Israel de século em século. Amém e Amém.

NOTAS

LIVRO 2

Salmos 42-72

SALMO 42

A ALMA ANELA POR SERVIR A DEUS NO SEU TEMPLO

Masquil para o músico-mor, entre os filhos de Coré

Aquele que ama o Senhor ama também as assembleias nas quais o nome do Senhor é adorado. São inúteis todas as pretensões religiosas em que os meios de graça externados não possuem atração. Em nenhum outro lugar o salmista se sentia tão à vontade quanto na casa do Senhor. Ele não se contentava com a adoração individual; ele não negligenciava o lugar no qual os santos se reuniam, como sói acontecer com alguns. Veja quão entusiasticamente ele indaga sobre congregar novamente em uma assembleia tão jubilosa: "Quando entrarei e me apresentarei ante a face de Deus?". Veja quanto ele repete e reitera seu desejo! Seu anseio por Deus, seu *Elohim* (o Deus que deve ser adorado, que fez um pacto com ele), era tal qual o das flores murchas pelo orvalho ou o de uma corsa por água. Seria proveitoso se nossos cultos públicos fossem encarados como um apresentar-se diante de Deus; então, regozijar-se neles seria um claro sinal da graça atuando em nós. Lamentavelmente, é fato que muitos se apresentam diante do ministro ou de seus companheiros humanos e imaginam que isso é suficiente. "Ver a face de Deus" é uma tradução mais próxima do hebraico, porém as duas ideias podem ser unidas: ele veria o seu Deus e seria visto por ele — aqui está algo digno de se ansiar!

[1]Assim como o cervo brama pelas correntes das águas, assim suspira a minha alma por ti, ó Deus!

[2]A minha alma tem sede de Deus, do Deus vivo; quando entrarei e me apresentarei ante a face de Deus?

[3]As minhas lágrimas servem-me de mantimento de dia e de noite, enquanto me dizem constantemente: Onde está o teu Deus?

⁴Quando me lembro disto, dentro de mim derramo a minha alma; pois eu havia ido com a multidão. Fui com eles à casa de Deus, com voz de alegria e louvor, com a multidão que festejava.

⁵Por que estás abatida, ó minha alma, e *por que* te perturbas em mim? Espera em Deus, pois ainda o louvarei *pela* salvação da sua face.

⁶Ó meu Deus, dentro de mim a minha alma está abatida; por isso lembro-me de ti desde a terra do Jordão, e desde os hermonitas, desde o pequeno monte.

⁷*Um* abismo chama *outro* abismo, ao ruído das tuas cachoeiras; todas as tuas ondas e as tuas vagas têm passado sobre mim.

⁸Contudo o SENHOR mandará a sua misericórdia de dia, e de noite a sua canção estará comigo, uma oração ao Deus da minha vida.

⁹Direi a Deus, minha rocha: Por que te esqueceste de mim? Por que ando lamentando por causa da opressão do inimigo?

¹⁰Com ferida mortal em meus ossos me afrontam os meus adversários, quando todo dia me dizem: Onde *está* o teu Deus?

¹¹Por que estás abatida, ó minha alma, e por que te perturbas dentro de mim? Espera em Deus, pois ainda o louvarei, *o qual é* a salvação da minha face, e o meu Deus.

NOTAS

SALMO 43

ORAÇÃO PARA QUE SEJA RESTITUÍDO AOS PRIVILÉGIOS DO SANTUÁRIO

"Envia a tua luz e a tua verdade, para que me guiem e me levem ao teu santo monte, e aos teus tabernáculos." *Primeiramente, na tua misericórdia, traz-me para teus tabernáculos terrenos e coloca um ponto-final em meu penoso exílio, e então, no tempo certo, recebe-me no palácio celestial nas alturas.* Não buscamos a luz como auxílio para pecar, nem a verdade para que sejamos exaltados, mas esperamos que luz e verdade sejam nossos guias práticos para uma comunhão mais íntima com Deus. Somente essa luz e essa verdade, do modo que nos são enviadas por Deus, farão isso; a luz comum não é forte o suficiente para iluminar o caminho para o céu, nem as verdades simplesmente morais ou físicas nos conduzem ao monte santo. Entretanto, a luz do Espírito Santo e a verdade que encontramos em Jesus — essas nos elevam, nos santificam e nos aperfeiçoam. Por isso, têm o poder de nos levar à gloriosa presença de Deus. É lindo observar como o anseio do salmista de se afastar da opressão da humanidade sempre resulta no suspirar cada vez mais intenso pela comunhão com Deus.

¹Faze-me justiça, ó Deus, e pleiteia a minha causa contra a nação ímpia. Livra-me do homem fraudulento e injusto.

²Pois tu *és* o Deus da minha fortaleza; por que me rejeitas? Por que ando lamentando por causa da opressão do inimigo?

³Envia a tua luz e a tua verdade, para que me guiem e me levem ao teu santo monte, e aos teus tabernáculos.

⁴Então irei ao altar de Deus, a Deus, *que é* a minha grande alegria, e com harpa te louvarei, ó Deus, Deus meu.

⁵Por que estás abatida, ó minha alma? E por que te perturbas dentro de mim? Espera em Deus, pois ainda o louvarei, *o qual é* a salvação da minha face e Deus meu.

Notas

_____

_____

_____

_____

_____

_____

_____

_____

_____

_____

_____

_____

_____

_____

_____

_____

_____

_____

_____

_____

_____

_____

_____

_____

_____

_____

_____

_____

_____

SALMO 44

LEMBRANÇA DOS FAVORES ANTIGOS E PEDIDO DE LIVRAMENTO DOS MALES PRESENTES

Masquil para o músico-mor, entre o filhos de Coré

Contemple como apenas o Senhor foi exaltado ao levar seu povo para a terra que mana leite e mel! "Pois não conquistaram a terra pela sua espada." Ele, com sua graça peculiar, diferenciou Canaã e Israel, de modo que lutou pelo seu próprio poder eficaz *a favor* dos seus escolhidos e *contra* os adversários deles. As tribos brigaram por sua porção de terra, mas o sucesso deles deveu-se inteiramente ao Deus que lutou com eles. Os guerreiros de Israel não ficaram imóveis, mas seu valor era ofuscado por aquela operação misteriosa e divina pela qual as muralhas de Jericó caíram e o coração dos gentios se derreteu de medo. Todos os esforços dos homens de guerra foram empenhados, mas, como tudo isso teria sido inútil sem o auxílio divino, toda a honra foi dada ao Senhor. A passagem pode ser vista como uma bela parábola da obra da salvação; as pessoas não são salvas sem oração, arrependimento e tudo o mais, mas nada disso pode, por si só, salvá-las: a salvação pertence somente ao Senhor. Canaã não foi conquistada sem a ação dos exércitos de Israel, mas é igualmente verdade que não foram eles que conquistaram a terra. O Senhor era o Conquistador, e o povo não passava de um instrumento em suas mãos.

[1]Ó Deus, nós ouvimos com os nossos ouvidos, e nossos pais nos têm contado a obra *que* fizeste em seus dias, nos tempos da antiguidade.

[2]Como expulsaste os gentios com a tua mão e os plantaste a eles; *como* afligiste os povos e os derrubaste.

[3]Pois não conquistaram a terra pela sua espada, nem o seu braço os salvou, mas a tua destra e o teu braço, e a luz da tua face, porquanto te agradaste deles.

[4]Tu és o meu Rei, ó Deus; ordena salvações para Jacó.

[5]Por ti venceremos os nossos inimigos; pelo teu nome pisaremos os que se levantam contra nós.

⁶Pois eu não confiarei no meu arco, nem a minha espada me salvará.

⁷Mas tu nos salvaste dos nossos inimigos, e confundiste os que nos odiavam.

⁸Em Deus nos gloriamos todo o dia, e louvamos o teu nome eternamente. (Selá.)

⁹Mas agora tu nos rejeitaste e nos confundiste, e não sais com os nossos exércitos.

¹⁰Tu nos fazes retirar do inimigo, e aqueles que nos odeiam *nos* saqueiam para si.

¹¹Tu nos entregaste como ovelhas para comer, e nos espalhaste entre os gentios.

¹²Tu vendes por nada o teu povo, e não aumentas *a tua riqueza* com o seu preço.

¹³Tu nos pões por opróbrio aos nossos vizinhos, por escárnio e zombaria daqueles que estão à roda de nós.

¹⁴Tu nos pões por provérbio entre os gentios, por movimento de cabeça entre os povos.

¹⁵A minha confusão *está* constantemente diante de mim, e a vergonha do meu rosto me cobre,

¹⁶À voz daquele que afronta e blasfema, por causa do inimigo e do vingador.

¹⁷Tudo isto nos sobreveio; *contudo* não nos esquecemos de ti, nem nos houvemos falsamente contra a tua aliança.

¹⁸O nosso coração não voltou atrás, nem os nossos passos se desviaram das tuas veredas;

¹⁹Ainda que nos quebrantaste num lugar de dragões, e nos cobriste com a sombra da morte.

²⁰Se nós esquecemos o nome do nosso Deus, e estendemos as nossas mãos para *um* deus estranho,

²¹*Porventura* não esquadrinhará Deus isso? Pois ele sabe os segredos do coração.

²²Sim, por amor de ti, somos mortos todo o dia; somos reputados como ovelhas para o matadouro.

²³Desperta, por que dormes, Senhor? Acorda, não *nos* rejeites para sempre.

²⁴Por que escondes a tua face, e te esqueces da nossa miséria e da nossa opressão?

²⁵Pois a nossa alma está abatida até ao pó; o nosso ventre se apega à terra.

²⁶Levanta-te em nosso auxílio, e resgata-nos por amor das tuas misericórdias.

SALMO 45
UNIÃO ENTRE O REI E SEU POVO

*Masquil, cântico de amor, para o músico-mor,
entre os filhos de Coré, sobre Shoshanim*

Em pessoa, mas especialmente em mente e caráter, o Rei dos santos é inigualável em beleza: "Tu és mais formoso do que os filhos dos homens". No texto hebraico, a palavra é repetida para receber ênfase: "Tu és formoso, formoso". Jesus é tão destacadamente amável que as palavras têm de ser duplicadas, ampliadas ou até mesmo esgotadas antes de exprimir todo o sentido necessário. Entre os filhos dos homens, muitos têm apresentado certa beleza no caráter, mas todos possuem algum defeito. Em Jesus, contemplamos todas as características de um caráter perfeito em uma proporção harmoniosa. Ele é amável em todos os lugares e sob todos os pontos de vista, mas nada se compara à união conjugal com sua igreja — nesse aspecto, o amor concede um fluxo arrebatador de glória à sua formosura. "A graça se derramou em teus lábios." A beleza e a eloquência tornam uma pessoa majestosa quando se unem; e ambas coabitam com perfeição no Senhor Jesus, que é todo-formoso e todo-eloquente. A graça pessoal e a graça na fala alcançam seu ponto máximo nele.

¹O meu coração ferve com palavras boas, falo do que tenho feito no tocante ao Rei. A minha língua é a pena de um destro escritor.

²Tu és mais formoso do que os filhos dos homens; a graça se derramou em teus lábios; por isso Deus te abençoou para sempre.

³Cinge a tua espada à coxa, ó valente, com a tua glória e a tua majestade.

⁴E neste teu esplendor cavalga prosperamente, por causa da verdade, da mansidão *e* da justiça; e a tua destra te ensinará coisas terríveis.

⁵As tuas flechas *são* agudas no coração dos inimigos do rei, *e por elas* os povos caíram debaixo de ti.

⁶O teu trono, ó Deus, é eterno e perpétuo; o cetro do teu reino *é* um cetro de equidade.

⁷Tu amas a justiça e odeias a impiedade; por isso Deus, o teu Deus, te ungiu com óleo de alegria mais do que a teus companheiros.

⁸Todas as tuas vestes *cheiram* a mirra e aloés *e* cássia, desde os palácios de marfim de onde te alegram.

⁹As filhas dos reis *estavam* entre as tuas ilustres *mulheres;* à tua direita estava a rainha ornada de finíssimo ouro de Ofir.

¹⁰Ouve, filha, e olha, e inclina os teus ouvidos; esquece-te do teu povo e da casa do teu pai.

¹¹Então o rei se afeiçoará da tua formosura, pois ele *é* teu Senhor; adora-o.

¹²E a filha de Tiro *estará* ali com presentes; os ricos do povo suplicarão o teu favor.

¹³A filha do rei *é* toda ilustre lá dentro; o seu vestido *é* entretecido de ouro.

¹⁴Levá-la-ão ao rei com vestidos bordados; as virgens que a acompanham a trarão a ti.

¹⁵Com alegria e regozijo as trarão; elas entrarão no palácio do rei.

¹⁶Em lugar de teus pais estarão teus filhos; deles farás príncipes sobre toda a terra.

¹⁷Farei lembrado o teu nome de geração em geração; por isso os povos te louvarão eternamente.

Notas

SALMO 46
A FÉ PERFEITA QUE AQUELE QUE CRÊ TEM EM DEUS

Cântico sobre Alamote, para o músico-mor entre os filhos de Coré

"**A**inda que as águas rujam e se perturbem, ainda que os montes se abalem pela sua braveza." Os Alpes e os Andes podem tremer, mas a fé repousa em uma base bem mais firme e não será abalada por mares revoltos. O mal pode agitar-se, a ira pode ferver, o orgulho pode espumar, mas o coração encorajado pela confiança santa não se abala. Pessoas que são proeminentes como montanhas podem tremer de medo em momentos de grande calamidade, mas aqueles cuja confiança está no Senhor não têm motivo para se desesperar. "Selá." Não somos caracterizados pela precipitação que tem a aparência de coragem; podemos calmamente enfrentar o perigo e meditar quando nos vemos aterrorizados, refletindo sobre suas partes e sobre suas forças conjuntas. A pausa não consiste em nenhuma exclamação de desespero, mas somente em um intervalo musical; não paramos a canção por estarmos alarmados, mas afinamos as harpas novamente com intencionalidade em meio ao tumulto da tempestade. Seria bom se todos pudéssemos dizer "Selá" em meio às provas tempestuosas, mas, lamentavelmente, costumamos falar de modo precipitado, dedilhamos as cordas com as mãos trêmulas, tocamos a lira com um toque grosseiro e, por isso, prejudicamos a melodia da canção de nossas vidas.

[1]Deus *é* o nosso refúgio e fortaleza, socorro bem presente na angústia.

[2]Portanto não temeremos, ainda que a terra se mude, e ainda que os montes se transportem para o meio dos mares.

[3]*Ainda que* as águas rujam *e* se perturbem, *ainda que* os montes se abalem pela sua braveza. (Selá.)

⁴Há um rio cujas correntes alegram a cidade de Deus, o santuário das moradas do Altíssimo.

⁵Deus *está* no meio dela; não se abalará. Deus a ajudará, já ao romper da manhã.

⁶Os gentios se embraveceram; os reinos se moveram; ele levantou a sua voz e a terra se derreteu.

⁷O Senhor dos Exércitos *está* conosco; o Deus de Jacó *é* o nosso refúgio. (Selá.)

⁸Vinde, contemplai as obras do Senhor; que desolações tem feito na terra!

⁹Ele faz cessar as guerras até ao fim da terra; quebra o arco e corta a lança; queima os carros no fogo.

¹⁰Aquietai-vos, e sabei que eu sou Deus; serei exaltado entre os gentios; serei exaltado sobre a terra.

¹¹O Senhor dos Exércitos *está* conosco; o Deus de Jacó *é* o nosso refúgio. (Selá.)

NOTAS

SALMO 47

O TRIUNFO DO REINO DE DEUS

Salmo para o músico-mor, entre os filhos de Coré

A batalha não é nossa, mas, sim, do Senhor. Ele levará seu próprio tempo, mas, certamente, alcançará a vitória para sua igreja: "Ele nos subjugará os povos." Verdade e retidão crescerão pela graça. Não travamos uma guerra duvidosa. O coração mais rebelde e o gênio mais renitente se submeterão a toda graça conquistadora. Todo o povo do Senhor, sejam judeus ou gentios, podem aplaudir essa cena, pois a vitória de Deus será inteiramente deles. Mas, com certeza, os apóstolos, os profetas, os ministros e aqueles que sofrem e trabalham mais podem ficar com a melhor parte do contentamento. Pisaremos a idolatria, a infidelidade e a superstição, assim como pisamos as pedras da rua. "E as nações debaixo dos nossos pés." A igreja de Deus será a maior das monarquias, e sua vitória será diferenciada e decisiva. Cristo assumirá seu grande poder e reino, e todas as tribos da humanidade tomarão posse imediatamente de sua glória e da glória do povo unido a ele.

⁴⁷Batei palmas, todos os povos; aclamai a Deus com voz de triunfo.

²Porque o Senhor Altíssimo *é* tremendo, e Rei grande sobre toda a terra.

³Ele nos subjugará os povos e as nações debaixo dos nossos pés.

⁴Escolherá para nós a nossa herança, a glória de Jacó, a quem amou. (Selá.)

⁵Deus *subiu* com júbilo, o Senhor *subiu* ao som de trombeta.

⁶Cantai louvores a Deus, cantai louvores; cantai louvores ao nosso Rei, cantai louvores.

⁷Pois Deus *é* o Rei de toda a terra, cantai louvores com inteligência.

[8]Deus reina sobre os gentios; Deus se assenta sobre o trono da sua santidade.

[9]Os príncipes do povo se ajuntam, o povo do Deus de Abraão; porque os escudos da terra *são* de Deus. Ele está muito elevado!

NOTAS

SALMO 48
A BELEZA E OS PRIVILÉGIOS DE SIÃO

Cântico e salmo para os filhos de Coré

"Tu quebras as naus de Társis com um vento oriental":
*Com a mesma facilidade com que os navios são levados
ao naufrágio, tu vences os adversários mais poderosos. Ou seja,
a força de algumas nações repousa em seus navios, cujas paredes de madeira logo se quebram; nossa força, contudo, está em
Deus, razão pela qual nunca falha.* Ou ainda em outro sentido:
*Embora sejas a nossa defesa, mesmo assim te vingas de nossas
invenções, e, enquanto nos preservas, levas nossos navios, nossos confortos e nossas ambições terrenas para longe, de modo
que possamos olhar somente para ti.* Deus é visto no mar, mas,
igualmente, tem presença em terra firme. As heresias espe-
culativas simulando trazer-nos riquezas de lugares distantes
constantemente assolam a igreja, mas o fôlego de Deus logo
as conduz à destruição. Com muita frequência, a igreja confia na sabedoria dos seres humanos, e esses auxílios humanos
logo naufragam. Mas a própria igreja está segura debaixo do
cuidado de seu Deus e Rei.

¹Grande *é* o SENHOR e mui *digno* de louvor, na cidade do
nosso Deus, no seu monte santo.

²Formoso de sítio, e alegria de toda a terra *é* o monte Sião
sobre os lados do norte, a cidade do grande Rei.

³Deus *é* conhecido nos seus palácios por um alto refúgio.

⁴Porque eis que os reis se ajuntaram; eles passaram juntos.

⁵Viram-no e ficaram maravilhados; ficaram assombrados
e se apressaram em fugir.

⁶Tremor ali os tomou, e dores como de mulher de parto.

⁷Tu quebras as naus de Társis com um vento oriental.

⁸Como o ouvimos, assim o vimos na cidade do SENHOR
dos Exércitos, na cidade do nosso Deus. Deus a confirmará
para sempre. (Selá.)

⁹Lembramo-nos, ó Deus, da tua benignidade, no meio do teu templo.

¹⁰Segundo *é* o teu nome, ó Deus, assim *é* o teu louvor, até aos fins da terra; a tua mão direita está cheia de justiça.

¹¹Alegre-se o monte de Sião; alegrem-se as filhas de Judá por *causa dos* teus juízos.

¹²Rodeai Sião, e cercai-a, contai as suas torres.

¹³Marcai bem os seus antemuros, considerai os seus palácios, para que o conteis à geração seguinte.

¹⁴Porque este Deus *é* o nosso Deus para sempre; ele será nosso guia até à morte.

Notas

SALMO 49

A VAIDADE DOS BENS TERRESTRES

Salmo para o músico-mor, entre os filhos de Coré

Os filhos dos nobres e os filhos dos pobres, grandes proprietários de terras e pessoas mergulhadas na pobreza, todos são chamados a ouvir os salmistas inspirados enquanto tocam suas harpas em uma melodia de lamento, porém instrutiva: "Ouvi isto, vós todos os povos... Tanto baixos como altos, tanto ricos como pobres". Os baixos serão encorajados, os altos serão advertidos, os ricos serão chamados à sobriedade e os pobres serão consolados. Haverá uma lição útil para cada um deles, se estiverem dispostos a aprender. Nossa pregação deve ter uma mensagem para todas as classes sociais, e todas devem lhe dar ouvidos. Adaptar nossa palavra somente para os ricos equivale a uma bajulação ímpia, e pensar somente em agradar aos pobres é tomar parte com a demagogia. A verdade deve ser falada de modo a ser ouvida por todos, e os mestres sábios buscam ensinar esse estilo aceitável. O rico e o pobre acabarão se encontrando no túmulo. Eles poderão até mesmo se contentar em se encontrar nessa ocasião. Na congregação dos mortos, todas as diferenças de classe serão apagadas, de modo que não devem servir de impedimento para instruções unificadas.

[1]Ouvi isto, *vós* todos os povos; inclinai os ouvidos, todos os moradores do mundo,

[2]Tanto baixos como altos, tanto ricos como pobres.

[3]A minha boca falará de sabedoria, e a meditação do meu coração *será* de entendimento.

[4]Inclinarei os meus ouvidos a *uma* parábola; declararei o meu enigma na harpa.

[5]Por que temerei eu nos dias maus, *quando* me cercar a iniquidade dos que me armam ciladas?

[6]Aqueles que confiam na sua fazenda, e se gloriam na multidão das suas riquezas,

⁷Nenhum deles de modo algum pode remir a seu irmão, ou dar a Deus o resgate dele

⁸(Pois a redenção da sua alma é caríssima, e cessará para sempre),

⁹Para que viva para sempre, *e* não veja corrupção.

¹⁰Porque ele vê *que* os sábios morrem; perecem igualmente tanto *o* louco como o brutal, e deixam a outros os seus bens.

¹¹O seu pensamento interior *é que* as suas casas *serão* perpétuas *e* as suas habitações de geração em geração; dão às suas terras os seus próprios nomes.

¹²Todavia o homem *que está* em honra não permanece; *antes* é como os animais, *que* perecem.

¹³Este caminho deles *é* a sua loucura; contudo a sua posteridade aprova as suas palavras. (Selá.)

¹⁴Como ovelhas são postos na sepultura; a morte se alimentará deles e os retos terão domínio sobre eles na manhã, e a sua formosura se consumirá na sepultura, a habitação deles.

¹⁵Mas Deus remirá a minha alma do poder da sepultura, pois me receberá. (Selá.)

¹⁶Não temas, quando alguém se enriquece, quando a glória da sua casa se engrandece.

¹⁷Porque, quando morrer, nada levará *consigo,* nem a sua glória o acompanhará.

¹⁸Ainda que na sua vida ele bendisse a sua alma; e *os homens* te louvarão, quando fizeres bem a ti *mesmo,*

¹⁹Irá para a geração de seus pais; eles nunca verão a luz.

²⁰O homem *que está* em honra, e não tem entendimento, é semelhante aos animais, *que* perecem.

Notas

_____

_____

_____

_____

_____

_____

_____

_____

_____

SALMO 50
OBEDECER É MELHOR QUE SACRIFICAR

Salmo de Asafe

P arece algo pequeno orar a Deus quando estamos aflitos, mas essa é uma adoração mais aceitável do que a simples e cruel apresentação de touros e bodes. "Invoca-me no dia da angústia": essa é uma voz que vem do trono, e quão plena de misericórdia é! Jeová está envolto em tempestade, mas quão suaves são as gotas de misericórdia que caem do centro da tormenta! Quem não ofereceria esses sacrifícios de oração? Pessoa aflita, apresse-se em apresentá-los agora! Quem poderá dizer que os santos do Antigo Testamento não conheciam o evangelho? Seu espírito propriamente dito e sua essência têm o aroma sincero de incenso por todo o entorno deste salmo santo. "Eu te livrarei." A realidade do seu sacrifício de oração será vista em sua resposta: *Enquanto a fumaça do sacrifício de touros pode ou não pode ser suave para mim, com certeza a sua oração humilde será aceita, e eu provarei isso pela minha resposta graciosa à sua súplica.*

¹O Deus poderoso, o SENHOR, falou e chamou a terra desde o nascimento do sol até ao seu ocaso.

²Desde Sião, a perfeição da formosura, resplandeceu Deus.

³Virá o nosso Deus, e não se calará; um fogo se irá consumindo diante dele, e haverá grande tormenta ao redor dele.

⁴Chamará os céus lá do alto, e a terra, para julgar o seu povo.

⁵Ajuntai-me os meus santos, aqueles que fizeram comigo *uma* aliança com sacrifícios.

⁶E os céus anunciarão a sua justiça; pois Deus mesmo *é* o Juiz. (Selá.)

⁷Ouve, povo meu, e eu falarei; ó Israel, e eu protestarei contra ti: *Sou* Deus, *sou* o teu Deus.

[8]Não te repreenderei pelos teus sacrifícios, ou holocaustos, *que estão* continuamente perante mim.

[9]Da tua casa não tirarei bezerro, *nem* bodes dos teus currais.

[10]Porque meu *é* todo animal da selva, *e* o gado sobre milhares de montanhas.

[11]Conheço todas as aves dos montes; e minhas *são* todas as feras do campo.

[12]Se eu tivesse fome, não to diria, pois meu *é* o mundo e toda a sua plenitude.

[13]Comerei eu carne de touros? Ou beberei sangue de bodes?

[14]Oferece a Deus sacrifício de louvor, e paga ao Altíssimo os teus votos.

[15]E invoca-me no dia da angústia; eu te livrarei, e tu me glorificarás.

[16]Mas ao ímpio diz Deus: Que fazes tu em recitar os meus estatutos, e em tomar a minha aliança na tua boca?

[17]Visto que odeias a correção, e lanças as minhas palavras para detrás de ti.

[18]Quando vês o ladrão, consentes com ele, e tens a tua parte com adúlteros.

[19]Soltas a tua boca para o mal, e a tua língua compõe o engano.

[20]Assentas-te a falar contra teu irmão; falas mal contra o filho de tua mãe.

[21]Estas *coisas* tens feito, e eu me calei; pensavas que era *tal* como tu, *mas* eu te repreenderei, e as porei por ordem diante dos teus olhos:

[22]Ouvi pois isto, vós que vos esqueceis de Deus; para que eu *vos* não faça em pedaços, sem haver quem *vos* livre.

[23]Aquele que oferece o sacrifício de louvor me glorificará; e àquele que *bem* ordena o *seu* caminho eu mostrarei a salvação de Deus.

Notas

SALMO 51

DAVI CONFESSA O SEU PECADO

*Salmo de Davi para o músico-mor, quando o profeta
Natã veio a ele, depois de ele ter possuído a Bate-Seba*

Não é suficiente apagar o pecado; Davi está pessoalmente contaminado, e deve ser purificado. Sem nada poder fazer por si mesmo, ele só poderia contar com o próprio Deus para limpá-lo. A purificação tem de ser completa; e tem de ser repetida. Portanto, ele clama: "Lava-me completamente". *Não há como remover o corante, e eu, o pecador, tingi bastante até que o carmesim se impregnou. Mas, Senhor, lava-me mais uma vez e outra vez, até que a última mancha saia e não sobre resquício algum dessa contaminação.* Os hipócritas ficam contentes em lavar somente as vestes, mas o verdadeiro suplicante clama: *Lava-me.* A alma descuidada se contenta com uma limpeza superficial, mas a consciência verdadeiramente despertada anseia por uma lavagem verdadeira e prática, do tipo mais completo e eficaz. Quando lidamos de forma séria com nosso pecado, Deus nos trata de forma gentil. Quando odiamos o que o Senhor odeia, ele logo dará fim a essa situação, para nossa paz e alegria.

¹Tem misericórdia de mim, ó Deus, segundo a tua benignidade; apaga as minhas transgressões, segundo a multidão das tuas misericórdias.

²Lava-me completamente da minha iniquidade, e purifica-me do meu pecado.

³Porque eu conheço as minhas transgressões, e o meu pecado *está* sempre diante de mim.

⁴Contra ti, contra ti somente pequei, e fiz o que é mal à tua vista, para que sejas justificado quando falares, *e* puro quando julgares.

⁵Eis que em iniquidade fui formado, e em pecado me concebeu minha mãe.

[6]Eis que amas a verdade no íntimo, e no oculto me fazes conhecer a sabedoria.

[7]Purifica-me com hissopo, e ficarei puro; lava-me, e ficarei mais branco do que a neve.

[8]Faze-me ouvir júbilo e alegria, *para que* gozem os ossos *que* tu quebraste.

[9]Esconde a tua face dos meus pecados, e apaga todas as minhas iniquidades.

[10]Cria em mim, ó Deus, um coração puro, e renova em mim um espírito reto.

[11]Não me lances fora da tua presença, e não retires de mim o teu Espírito Santo.

[12]Torna a dar-me a alegria da tua salvação, e sustém-me *com* um espírito voluntário.

[13]*Então* ensinarei aos transgressores os teus caminhos, e os pecadores a ti se converterão.

[14]Livra-me dos crimes de sangue, ó Deus, Deus da minha salvação, *e* a minha língua louvará altamente a tua justiça.

[15]Abre, Senhor, os meus lábios, e a minha boca entoará o teu louvor.

[16]Pois não desejas sacrifícios, senão eu *os* daria; tu não te deleitas em holocaustos.

[17]Os sacrifícios para Deus *são* o espírito quebrantado; a *um* coração quebrantado e contrito não desprezarás, ó Deus.

[18]Faze o bem a Sião, segundo a tua boa vontade; edifica os muros de Jerusalém.

[19]Então te agradarás dos sacrifícios de justiça, dos holocaustos e das ofertas queimadas; então se oferecerão novilhos sobre o teu altar.

NOTAS

SALMO 52

DAVI PREDIZ A RUÍNA DO ÍMPIO

*Masquil de Davi para o músico-mor, quando
Doegue, o edomeu, o anunciou a Saul, e lhe
disse: Davi veio à casa de Abimeleque*

"**P**ara sempre te louvarei." *Assim como tua misericórdia,
será minha gratidão. Enquanto outras pessoas se orgu-
lham de suas riquezas, eu me gloriarei no meu Deus, e, quando
a glória deles for silenciada, minha canção continuará a pro-
clamar a bondade de Jeová.* "Porque tu o fizeste." *Tu fizeste
compensação pelos justos e castigaste os ímpios.* Os atos me-
moráveis da providência divina tanto em relação aos santos
como aos pecadores merecem e têm de ser alvo de nossa
gratidão. Davi vê sua oração como já sendo respondida, a
promessa de Deus como já sendo cumprida e, portanto, imediatamente eleva ao Senhor o salmo sagrado. "Esperarei no
teu nome." Deus continuará sendo a esperança do salmista;
ele não olha para nenhum outro lugar no futuro. Aquele cujo
nome se fez conhecido de maneira tão gloriosa em verdade e
justiça é merecidamente escolhido como nossa expectativa
pelos anos que virão. As pessoas não nos devem abalar tanto
assim; nossa força consiste em ficarmos quietos. Deixem que
os poderosos se gloriem, *nós esperaremos no Senhor*, e, ainda
que a precipitação deles lhes traga honra no presente, nossa
paciência terá seu momento de honra na eternidade e essa
honra será muito maior que a deles.

¹Por que te glorias na malícia, ó homem poderoso? Pois
a bondade de Deus *permanece* continuamente.

²A tua língua intenta o mal, como uma navalha amola-
da, traçando enganos.

³Tu amas mais o mal do que o bem, *e* a mentira mais do
que o falar a retidão. (Selá.)

⁴Amas todas as palavras devoradoras, ó língua fraudulenta.

[5]Também Deus te destruirá para sempre; arrebatar-te-á e arrancar-te-á da *tua* habitação, e desarraigar-te-á da terra dos viventes. (Selá.)

[6]E os justos o verão, e temerão: e se rirão dele, *dizendo:*

[7]Eis aqui o homem *que* não pôs em Deus a sua fortaleza, antes confiou na abundância das suas riquezas, *e* se fortaleceu na sua maldade.

[8]Mas eu *sou* como a oliveira verde na casa de Deus; confio na misericórdia de Deus para sempre, eternamente.

[9]Para sempre te louvarei, porque tu *o* fizeste, e esperarei no teu nome, porque *é* bom diante de teus santos.

NOTAS

SALMO 53
O ÍMPIO NEGA A EXISTÊNCIA DE DEUS

Masquil de Davi para o músico-mor, sobre Maalate

"Disse o néscio no seu coração: Não há Deus." A frase "Não há Deus" significa que não há lei, não há ordem, não há restrição para a malícia, nem limite para as paixões. Quem, exceto um tolo, teria esse pensamento? Como o mundo se transformaria em confusão, ou mesmo em um campo de batalha, se esses princípios ímpios se tornassem universais! Aquele que cultiva sinceramente um espírito irreligioso, e o segue em todas as suas questões legítimas, não passa de um filho de Belial, perigoso para a comunidade, irracional e desprezível. Todo ser humano natural é mais ou menos alguém que nega a Deus. O ateísmo prático é a religião da raça humana. "Têm-se corrompido." Eles são corruptos. É inútil elogiá-los como questionadores sinceros e pensadores amistosos — eles estão pútridos. Existe delicadeza demais no tratamento recente que vem sendo dispensado ao ateísmo. Não se trata de um erro inofensivo; trata-se de um pecado ofensivo e podre, e as pessoas justas deveriam olhar para ele sob tal ótica. Todos os seres humanos são mais ou menos ateus no espírito e, em alguma medida, corruptos; seu coração é enganoso, e sua natureza moral é decaída. Eles cometem "abominável iniquidade". Os maus princípios conduzem rapidamente a vidas más.

¹Disse o néscio no seu coração: Não *há* Deus. Têm-se corrompido, e cometido abominável iniquidade; não *há* ninguém que faça o bem.

²Deus olhou desde os céus para os filhos dos homens, para ver se havia *algum* que tivesse entendimento e buscasse a Deus.

³Desviaram-se todos, e juntamente se fizeram imundos; não *há* quem faça o bem, não, nem sequer um.

⁴Acaso não têm conhecimento os que praticam a iniquidade, os quais comem o meu povo *como* se comessem pão? Eles não invocaram a Deus.

⁵Ali se acharam em grande temor, *onde* não havia temor, pois Deus espalhou os ossos daquele que te cercava; tu *os* confundiste, porque Deus os rejeitou.

⁶Oh! se *já* de Sião viesse a salvação de Israel! Quando Deus fizer voltar os cativos do seu povo, *então* se regozijará Jacó e se alegrará Israel.

Notas

SALMO 54

DAVI ROGA A DEUS QUE O SALVE
DOS SEUS INIMIGOS

*Masquil de Davi para o músico-mor sobre Neginote,
quando os zifeus vieram e disseram a Saul:
Porventura não está escondido entre nós?*

Aqueles que faziam o mal sem motivo haviam confrontado Davi; eram pessoas a quem Davi não havia dirigido ofensa alguma: "Porque os estranhos se levantam contra mim". As crianças podem muito bem queixar-se com seus pais quando estranhos se aproximam delas para importuná-las: *Que direito essas pessoas têm para interferir? Que eles parem de incomodar e cuidem de sua própria vida!* "E tiranos procuram a minha vida." Saul, aquele tirano perseguidor, deixou sua marca em muitos outros atos deploráveis. Os reis, em geral, deixam estampada sua marca. Saul liderava o grupo, e os outros prosseguiam em busca da alma de Davi, ou seja, de seu sangue, de sua vida, com o propósito de dar cabo de sua existência. Eram homens cruéis e intensos em sua malícia, e poderiam ter ferido esse homem bom; nenhuma meia-medida os teria detido. Eles são como aqueles que "não têm posto Deus perante os seus olhos". Eles não levavam em consideração o que era direito ou justo, como se não conhecessem a Deus ou mesmo não se preocupassem com ninguém. Se tivessem respeito por Deus, não permitiriam que o inocente fosse caçado como um pobre e inofensivo cervo. Davi sentia que aquele ateísmo estava na base da inimizade que alimentava tal perseguição. As pessoas boas tornam-se alvo de ódio por causa do nome de Deus, e essa súplica por defesa é adequada, para que elas possam rogar em oração.

¹Salva-me, ó Deus, pelo teu nome, e faze-me justiça pelo teu poder.

²Ó Deus, ouve a minha oração, inclina os teus ouvidos às palavras da minha boca.

³Porque os estranhos se levantam contra mim, e tiranos procuram a minha vida; não têm posto Deus perante os seus olhos. (Selá.)

⁴Eis que Deus *é* o meu ajudador, o Senhor *está* com aqueles que sustêm a minha alma.

⁵Ele recompensará com o mal os meus inimigos. Destrói-os na tua verdade.

⁶Eu te oferecerei voluntariamente sacrifícios; louvarei o teu nome, ó SENHOR, porque *é* bom,

⁷Pois me tem livrado de toda a angústia; e os meus olhos viram *o meu desejo* sobre os meus inimigos.

NOTAS

SALMO 55

DAVI QUEIXA-SE DA MALÍCIA DOS SEUS INIMIGOS

Masquil de Davi para o músico-mor, sobre Neginote

Esse fato é bem comum diante de nós; de outro modo, deveríamos surpreender-nos com quão universal e constantemente os santos recorrem à oração em situações de aflição: "Inclina, ó Deus, os teus ouvidos à minha oração." Todos eles, desde o Grande Irmão Mais Velho até o menor da família divina, alegram-se em oração. Eles correm de forma tão natural ao propiciatório nos tempos de dificuldade quanto os pintainhos correm para a galinha no momento de perigo. No entanto, observe bem, nunca é o simples ato de oração que dá satisfação ao justo — ele busca alcançar uma audiência com o céu e uma resposta do trono, e nada além disso o deixará satisfeito. "Não te escondas da minha súplica." *Que o teu ouvido não pare de escutar, nem tua mão seja impedida.* Quando as pessoas viam o próximo em aflição e, deliberadamente, o ignoravam, dizia-se que se ocultavam do necessitado; o salmista roga que o Senhor não o trate dessa maneira. No momento de terror em que Jesus levou nossos pecados sobre o madeiro, seu Pai realmente se ocultou, e essa foi a parte mais terrível de toda a agonia do Filho de Davi. Que cada um de nós ore contra essa infelicidade tão grande de Deus recusar-se a atender ao nosso clamor.

¹Inclina, ó Deus, os teus ouvidos à minha oração, e não te escondas da minha súplica.

²Atende-me, e ouve-me; lamento na minha queixa, e faço ruído,

³Pelo clamor do inimigo e por causa da opressão do ímpio; pois lançam sobre mim a iniquidade, e com furor me odeiam.

⁴O meu coração está dolorido dentro de mim, e terrores da morte caíram sobre mim.

⁵Temor e tremor vieram sobre mim; e o horror me cobriu.

⁶Assim eu disse: Oh! Quem me dera asas como de pomba! *Então* voaria, e estaria em descanso.

⁷Eis que fugiria para longe, *e* pernoitaria no deserto. (Selá.)

⁸Apressar-me-ia a escapar da fúria do vento *e* da tempestade.

⁹Despedaça, Senhor, e divide as suas línguas, pois tenho visto violência e contenda na cidade.

¹⁰De dia e de noite a cercam sobre os seus muros; iniquidade e malícia *estão* no meio dela.

¹¹Maldade *há* dentro dela; astúcia e engano não se apartam das suas ruas.

¹²Pois não *era um* inimigo *que* me afrontava; então eu *o* teria suportado; nem *era* o que me odiava *que se* engrandecia contra mim, porque dele me teria escondido.

¹³Mas eras tu, homem meu igual, meu guia e meu íntimo amigo.

¹⁴Consultávamos juntos suavemente, *e* andávamos em companhia na casa de Deus.

¹⁵A morte os assalte, *e* vivos desçam ao inferno; porque *há* maldade nas suas habitações *e* no meio deles.

¹⁶Eu, porém, invocarei a Deus, e o SENHOR me salvará.

¹⁷De tarde e de manhã e ao meio-dia orarei; e clamarei, e ele ouvirá a minha voz.

¹⁸Livrou em paz a minha alma da peleja *que havia* contra mim; pois havia muitos comigo.

¹⁹Deus ouvirá, e os afligirá. Aquele que preside desde a antiguidade (Selá), porque não há neles nenhuma mudança, *e* portanto não temem a Deus.

²⁰*Tal homem* pôs as suas mãos naqueles que têm paz com ele; quebrou a sua aliança.

²¹*As palavras* da sua boca eram mais macias do que a manteiga, mas havia guerra no seu coração: as suas palavras *eram* mais brandas do que o azeite; contudo, eram espadas desembainhadas.

²²Lança o teu cuidado sobre o SENHOR, e ele te susterá; não permitirá jamais que o justo seja abalado.

²³Mas tu, ó Deus, os farás descer ao poço da perdição; homens de sangue e de fraude não viverão metade dos seus dias; mas eu em ti confiarei.

SALMO 56
DAVI ROGA A DEUS QUE O LIVRE
DOS SEUS INIMIGOS

Mictão de Davi para o músico-mor sobre Jonate-Elém-Recoquim, quando os filisteus o prenderam em Gate

" Em qualquer tempo que eu temer." Davi não era um homem de proferir bravatas. Jamais afirmou não temer algo, tampouco era um estoico radical que evitava deixar-se levar por seus medos, por falta de sensibilidade. A inteligência de Davi o destituía da indiferença estúpida da ignorância; ele constatou o perigo se achegando e sentiu medo. Somos humanos e, portanto, estamos sujeitos a sentir medo; somos frágeis e, portanto, incapazes de evitar esse medo; nada mais somos que criaturas pecaminosas, razão pela qual incorremos nesse risco, de modo que o medo se instala em nossos corações. Entretanto, a condição mental do salmista revela-se complexa — ele temia, mas esse temor não ocupava inteiramente seu pensamento, porque ele acrescenta as seguintes palavras: "Confiarei em ti". Logo, é possível que o medo e a fé ocupem simultaneamente nossas mentes. Somos seres estranhos, e nossa experiência na vida divina é mais estranha ainda. Com frequência, estamos em um crepúsculo, momento em que a luz e a escuridão estão presentes ao mesmo tempo, e é difícil dizer qual desses estados predomina. O medo que nos leva a confiar é positivo. O medo do ímpio o afasta de Deus; mas o medo dentro da graça de Deus faz com que nos aproximemos dele.

[1]Tem misericórdia de mim, ó Deus, porque o homem procura devorar-me; pelejando todo dia, me oprime.

[2]Os meus inimigos procuram devorar-me todo dia; pois são muitos os que pelejam contra mim, ó Altíssimo.

[3]Em qualquer tempo em que eu temer, confiarei em ti.

[4]Em Deus louvarei a sua palavra, em Deus pus a minha confiança; não temerei o que me possa fazer a carne.

⁵Todos os dias torcem as minhas palavras; todos os seus pensamentos *são* contra mim para o mal.

⁶Ajuntam-se, escondem-se, marcam os meus passos, como aguardando a minha alma.

⁷*Porventura* escaparão eles por meio da sua iniquidade? Ó Deus, derruba os povos na *tua* ira!

⁸Tu contas as minhas vagueações; põe as minhas lágrimas no teu odre. Não *estão elas* no teu livro?

⁹Quando eu a *ti* clamar, então voltarão para trás os meus inimigos: isto sei eu, porque Deus é por mim.

¹⁰Em Deus louvarei a *sua* palavra; no Senhor louvarei a *sua* palavra.

¹¹Em Deus tenho posto a minha confiança; não temerei o que me possa fazer o homem.

¹²Os teus votos *estão* sobre mim, ó Deus; eu te renderei ações de graças;

¹³Pois tu livraste a minha alma da morte; não livrarás os meus pés da queda, para andar diante de Deus na luz dos viventes?

Notas

SALMO 57

DAVI ACHA SOCORRO CONTRA OS
SEUS INIMIGOS E LOUVA A DEUS

*Para o músico-mor. Al-Tachete. Mictão de Davi,
quando fugia de diante de Saul na caverna*

"**C**lamarei." Davi sente-se bem seguro, mas, ainda assim, ora, porque a fé nunca é insensata. Oramos porque cremos. Exercemos pela fé o espírito de adoção de filhos pelo qual clamamos. Ele não diz *eu clamo* de fato, ou mesmo *eu clamei*, mas "Clamarei" — na verdade, essa decisão pode estar em nosso íntimo até que atravessemos os portões de pérolas. Enquanto estamos aqui embaixo, ainda teremos a necessidade de clamar. "Ao Deus Altíssimo." As orações devem dirigir-se tão somente a Deus; a grandeza e a sublimidade de sua pessoa e do seu caráter sugerem e incentivam a oração; não importa em que medida nossos inimigos são poderosos, pois nosso Amigo celestial sempre será mais poderoso, pois é "Altíssimo" e pode enviar da condição elevada do seu poder o auxílio de que necessitamos. "Ao Deus que por mim tudo executa." Davi tem razões irrefutáveis para orar, porque ele vê Deus em ação. O crente espera e Deus age. O Senhor se envolveu em nossa questão e não recuará; ele cumprirá os compromissos do seu pacto.

[1]Tem misericórdia de mim, ó Deus, tem misericórdia de mim, porque a minha alma confia em ti; e à sombra das tuas asas me abrigo, até que passem as calamidades.

[2]Clamarei ao Deus altíssimo, ao Deus que por mim tudo executa.

[3]Ele enviará desde os céus, e me salvará *do* desprezo daquele que procurava devorar-me. (Selá.) Deus enviará a sua misericórdia e a sua verdade.

[4]A minha alma *está* entre leões, e eu estou *entre* aqueles que estão abrasados, filhos dos homens, cujos dentes são lanças e flechas, e a sua língua espada afiada.

[5]Sê exaltado, ó Deus, sobre os céus; seja a tua glória sobre toda a terra.

[6]Armaram uma rede aos meus passos; a minha alma está abatida. Cavaram uma cova diante de mim, *porém eles mesmos* caíram no meio dela. (Selá.)

[7]Preparado está o meu coração, ó Deus, preparado está o meu coração; cantarei, e darei louvores.

[8]Desperta, glória minha; despertai, saltério e harpa; eu *mesmo* despertarei ao romper da alva.

[9]Louvar-te-ei, Senhor, entre os povos; eu te cantarei entre as nações.

[10]Pois a tua misericórdia *é* grande até aos céus, e a tua verdade até às nuvens.

[11]Sê exaltado, ó Deus, sobre os céus; e seja a tua glória sobre toda a terra.

NOTAS

SALMO 58
DAVI REPROVA OS ÍMPIOS

Mictão de Davi para o músico-mor, Al-Tachete

Seria muito bom se as pessoas eventualmente fizessem uma pausa e, com toda a sinceridade, considerassem o seguinte: "Acaso falais vós, deveras, ó congregação, a justiça?". Alguns daqueles que acompanhavam Saul revelavam-se passivos em vez de se envolver na perseguição — continham suas línguas enquanto o objeto do ódio real era difamado. No original, essa primeira frase parece dirigir-se a essas pessoas, e insta-se que elas justifiquem seu silêncio. Quem cala consente. As pessoas que se omitem em defender o que é certo acabam, elas mesmas, em cumplicidade com o errado. "Julgais retamente, ó filhos dos homens?" *Vocês não passam de seres humanos investidos de uma autoridade breve e em pequena medida. Seu encargo para com os homens e sua relação com eles os deixam com as mãos atadas com relação à justiça, mas será que vocês se lembraram disso? Será que não abandonaram toda a verdade ao condenarem os piedosos e se unirem com o propósito de destruir os inocentes?* E, ao assim agirem, não estejam tão certos do sucesso, porque vocês são apenas "filhos dos homens", e existe um Deus que pode e vai reverter seus veredictos.

¹Acaso falais vós, deveras, *ó* congregação, a justiça? Julgais retamente, ó filhos dos homens?

²Antes no coração forjais iniquidades; sobre a terra pesais a violência das vossas mãos.

³Alienam-se os ímpios desde a madre; andam errados desde que nasceram, falando mentiras.

⁴O seu veneno é semelhante ao veneno da serpente; *são* como a víbora surda, *que* tapa os ouvidos,

⁵Para não ouvir a voz dos encantadores, do encantador sábio em encantamentos.

⁶Ó Deus, quebra-lhes os dentes nas suas bocas; arranca, Senhor, os queixais aos filhos dos leões.

[7]Escorram como águas *que* correm constantemente. *Quando* ele armar as suas flechas, fiquem feitas em pedaços.

[8]Como a lesma se derrete, *assim* se vá *cada um deles; como* o aborto de uma mulher, que nunca viu o sol.

[9]Antes que as vossas panelas sintam *o calor dos* espinhos, como por um redemoinho os arrebatará ele, vivo e em indignação.

[10]O justo se alegrará quando vir a vingança; lavará os seus pés no sangue do ímpio.

[11]Então dirá o homem: Deveras *há* uma recompensa para o justo; deveras há um Deus que julga na terra.

NOTAS

SALMO 59

DAVI SUPLICA A DEUS QUE O LIVRE

Para o músico-mor, Al-Tachete, Mictão de Davi, quando Saul lhes mandou que guardassem a sua casa para o matarem

O Deus que é o doador e a fonte de toda a bondade imerecida que recebo irá à minha frente e me conduzirá pelos caminhos enquanto marcho adiante. "O Deus da minha misericórdia virá ao meu encontro." Não enfrentarei sozinho os inimigos, pois aquele cuja bondade tenho experimentado e provado de longa data gentilmente desobstruirá meu caminho e será meu Protetor fiel. Com que frequência temos nos deparado com essa misericórdia preventiva — com a provisão chegando antes mesmo de a necessidade bater à porta, ou o refúgio antes que o perigo se aproxime? Bem à frente no futuro, a graça preveniente do céu projetou a si mesma, impedindo toda dificuldade. "Deus me fará ver o meu desejo sobre os meus inimigos." Observe que as palavras "meu desejo" não se encontram no original. No texto hebraico, concluímos que Davi esperava ver seus inimigos sem medo. Deus capacitará seus servos a ter os olhos fitos no inimigo sem trepidação; eles se manterão calmos e no controle de suas emoções na hora do perigo, e, em pouco tempo, contemplarão seus inimigos confundidos, vencidos e destruídos. Quando Jeová assume a liderança, a vitória está debaixo de seus calcanhares.

¹Livra-me, meu Deus, dos meus inimigos, defende-me daqueles que se levantam contra mim.

²Livra-me dos que praticam a iniquidade, e salva-me dos homens sanguinários.

³Pois eis que põem ciladas à minha alma; os fortes se ajuntam contra mim, não *por* transgressão minha ou *por* pecado meu, ó SENHOR.

⁴Eles correm, e se preparam, sem culpa *minha;* desperta para me ajudares, e olha.

[5]Tu, pois, ó SENHOR, Deus dos Exércitos, Deus de Israel, desperta para visitares todos os gentios; não tenhas misericórdia de nenhum dos pérfidos que praticam a iniquidade. (Selá.)

[6]Voltam à tarde; dão ganidos como cães, e rodeiam a cidade.

[7]Eis que eles dão gritos com as suas bocas; espadas *estão* nos seus lábios, porque, *dizem eles:* Quem ouve?

[8]Mas tu, SENHOR, te rirás deles; zombarás de todos os gentios;

[9]*Por causa* da sua força eu te aguardarei; pois Deus é a minha alta defesa.

[10]O Deus da minha misericórdia virá ao meu encontro; Deus me fará ver o *meu desejo* sobre os meus inimigos.

[11]Não os mates, para que o meu povo não se esqueça; espalha-os pelo teu poder, e abate-os, ó Senhor, nosso escudo.

[12]*Pelo* pecado da sua boca e *pelas* palavras dos seus lábios, fiquem presos na sua soberba, e pelas maldições e pelas mentiras que falam.

[13]Consome-os na *tua* indignação, consome-*os,* para que não existam, e para que saibam que Deus reina em Jacó até aos fins da terra. (Selá.)

[14]E tornem a vir à tarde, e deem ganidos como cães, e cerquem a cidade.

[15]Vagueiem para cima e para baixo por mantimento, e passem a noite sem se saciarem.

[16]Eu, porém, cantarei a tua força; pela manhã louvarei com alegria a tua misericórdia; porquanto tu foste o meu alto refúgio, e proteção no dia da minha angústia.

[17]A ti, ó fortaleza minha, cantarei *salmos;* porque Deus *é* a minha defesa e o Deus da minha misericórdia.

NOTAS

SALMO 60
AÇÃO DE GRAÇAS POR VÁRIAS VITÓRIAS

Mictão de Davi, de doutrina, para o músico-mor,
sobre Susã-Edute, quando pelejou com os sírios da
Mesopotâmia, e com os sírios de Zobá, e quando Joabe,
tornando, feriu no Vale do Sal a doze mil dos edomeus

"**D**este um estandarte aos que te temem." O Senhor deu-nos o estandarte do evangelho; que vivamos para erguê-lo, e, se necessário, morramos para defendê-lo! Nosso direito de lutarmos por Deus e nossa razão para esperarmos o sucesso residem no fato de que a fé uma vez foi entregue aos santos pelo próprio Senhor. "Para o arvorarem no alto, por causa da verdade." A propagação do evangelho consiste em tarefa sagrada; envergonhar-se dele resulta em pecado mortal. A verdade de Deus foi decisiva para o triunfo dos exércitos de Davi. O Senhor lhes prometera vitória, de modo que não podemos hesitar na proclamação do evangelho, porque, do mesmo modo que Deus é verdadeiro, fará prosperar sua palavra propriamente dita. Em nome da verdade, e porque Deus está ao nosso lado, que possamos, nestes tempos modernos de guerra, agir do mesmo modo que os guerreiros de Israel e erguer nossas bandeiras ao vento com alegria confiante. Nem os sinais sombrios do presente nem a ameaça do mal devem desanimar-nos. Se o Senhor quisesse nossa destruição, não nos teria dado o evangelho; o próprio fato de ele se haver revelado em Cristo Jesus já implica a certeza da vitória.

¹Ó Deus, tu nos rejeitaste, tu nos espalhaste, tu te indignaste; oh, volta-te para nós.

²Abalaste a terra, *e* a fendeste; sara as suas fendas, pois ela treme.

³Fizeste ver ao teu povo coisas árduas; fizeste-nos beber o vinho do atordoamento.

⁴Deste um estandarte aos que te temem, para o arvorarem no alto, por causa da verdade. (Selá.)

⁵Para que os teus amados sejam livres, salva-*nos com* a tua destra, e ouve-nos;
⁶Deus falou na sua santidade; eu me regozijarei, repartirei a Siquém e medirei o vale de Sucote.
⁷Meu *é* Gileade, e meu é Manassés; Efraim *é* a força da minha cabeça; Judá é o meu legislador.
⁸Moabe *é* a minha bacia de lavar; sobre Edom lançarei o meu sapato; alegra-te, ó Filístia, por minha causa.
⁹Quem me conduzirá à cidade forte? Quem me guiará até Edom?
¹⁰Não *serás* tu, ó Deus, que nos tinhas rejeitado? Tu, ó Deus, *que* não saíste com os nossos exércitos?
¹¹Dá-nos auxílio na angústia, porque vão *é* o socorro do homem.
¹²Em Deus faremos proezas; porque *ele é que* pisará os nossos inimigos.

NOTAS

SALMO 61
DAVI CONFIA EM DEUS COMO SEU REFÚGIO

Salmo de Davi para o músico-mor, sobre Neginote

A tribulação nos leva a Deus e traz Deus até nós. Os maiores triunfos da fé são alcançados nas tribulações mais desesperadoras: "Desde o fim da terra clamarei a ti, quando o meu coração estiver desmaiado". *Todo o peso está sobre mim, a aflição cerca-me como uma nuvem, envolve-me como um mar, encerra-me em uma escuridão espessa. Mas Deus está perto de mim, perto o suficiente para ouvir minha voz, razão pela qual a ele clamarei.* Acaso não é essa uma fala corajosa? Observe como nosso salmista fala ao Senhor, como se tivesse a certeza de estar sendo ouvido, pois ele pretendia invocar o nome do Senhor. Nossa oração motivada pela aflição soa como a mensagem de um amigo distante, mas a nossa fé mais íntima faz com que nosso coração desmaiado suspire ao Senhor como aquele que certamente é nosso socorro bem presente. "Leva-me para a rocha que é mais alta do que eu." *Vejo que és meu refúgio, certo e seguro. Mas ai de mim! Sinto-me confuso e não consigo encontrar-te; estou fraco e não consigo subir até a tua presença. Tu és tão firme; por favor, guia-me. Tu és estás tão elevado; levanta-me!*

¹Ouve, ó Deus, o meu clamor; atende à minha oração.

²Desde o fim da terra clamarei a ti, quando o meu coração estiver desmaiado; leva-me para a rocha que é mais alta do que eu.

³Pois tens sido um refúgio para mim, *e* uma torre forte contra o inimigo.

⁴Habitarei no teu tabernáculo para sempre; abrigar-me-ei no esconderijo das tuas asas. (Selá.)

⁵Pois tu, ó Deus, ouviste os meus votos; deste-*me* a herança dos que temem o teu nome.

⁶Prolongarás os dias do rei; *e* os seus anos serão como muitas gerações.

⁷Ele permanecerá diante de Deus para sempre; prepara-*lhe* misericórdia e verdade *que* o preservem.

⁸Assim cantarei louvores ao teu nome perpetuamente, para pagar os meus votos de dia em dia

NOTAS

SALMO 62
EXORTAÇÃO A QUE SE CONFIE SOMENTE EM DEUS

Salmo de Davi para o músico-mor, sobre Jedutum

Nenhuma eloquência no mundo corresponde à metade do significado do silêncio paciente de um filho de Deus. "A minha alma espera somente em Deus." Trata-se de obra eminente da graça subjugar a vontade e os afetos a tal ponto que toda a mente se apresente diante de Deus como o mar diante do vento, pronto para ser levado a cada sopro de sua boca, mas livre de toda emoção interior causada pelo eu e de todo poder estranho à vontade divina. Devemos moldar-nos diante de Deus, mas mostrar-nos inflexíveis diante de qualquer outra força. "Dele vem a minha salvação." As boas pessoas, portanto, exercitarão um espírito paciente até que chegue o livramento: a fé pode ouvir os passos da salvação vindoura, porque ela aprendeu a guardar silêncio. Em nenhum grau nem medida nossa salvação vem até nós a partir de qualquer fonte inferior; que, então, possamos voltar nossos olhos somente para a fonte verdadeira, evitando, assim, o crime detestável de atribuir à criatura o que pertence somente ao Criador!

¹A minha alma espera somente em Deus; dele *vem* a minha salvação.

²Só ele *é* a minha rocha e a minha salvação; *é* a minha defesa; não serei grandemente abalado.

³Até quando maquinareis o *mal* contra um homem? Sereis mortos todos vós, *sereis* como uma parede encurvada *e* uma sebe prestes a cair.

⁴Eles somente consultam *como* o hão de derrubar da sua excelência; deleitam-se em mentiras; com a boca bendizem, mas nas suas entranhas maldizem. (Selá.)

⁵Ó minha alma, espera somente em Deus, porque dele *vem* a minha esperança.

⁶Só ele *é* a minha rocha e a minha salvação; *é* a minha defesa; não serei abalado.

⁷Em Deus *está* a minha salvação e a minha glória; a rocha da minha fortaleza, *e* o meu refúgio *estão* em Deus.

⁸Confiai nele, ó povo, em todos os tempos; derramai perante ele o vosso coração. Deus *é* o nosso refúgio. (Selá.)

⁹Certamente que os homens de classe baixa *são* vaidade, e os homens de ordem elevada são mentira; pesados em balanças, eles juntos *são mais leves* do que a vaidade.

¹⁰Não confieis na opressão, nem vos ensoberbeçais na rapina; se as vossas riquezas aumentam, não ponhais *nelas* o coração.

¹¹Deus falou uma vez; duas vezes ouvi isto: que o poder *pertence* a Deus.

¹²A ti também, Senhor, *pertence* a misericórdia; pois retribuirás a cada um segundo a sua obra.

NOTAS

SALMO 63

DAVI ANELA PELA PRESENÇA DE DEUS

Salmo de Davi quando estava no deserto de Judá

"A minha carne te deseja muito." Quando o deserto desencadeou cansaço, aflição e sede em Davi, sua carne clamou em uma só voz com o desejo de sua alma. "Em uma terra seca e cansada, onde não há água." Um lugar árido e um coração exausto tornam a presença de Deus ainda mais desejável. Se não há nada debaixo do céu, nem nada dentro do coração que traga alento, temos de buscar a multidão das misericórdias divinas para suprir todas as nossas necessidades. Como é frequente ver os crentes passarem pela experiência dessa "terra seca e cansada", em que as alegrias espirituais são coisas esquecidas. E quão verdadeiro é o testemunho deles de que a única necessidade verdadeira em meio a essa terra é a presença próxima de seu Deus! A ausência de confortos externos pode ser encarada com serenidade quando caminhamos com Deus, e nem mesmo a extrema abundância de todos esses confortos ajuda quando estamos afastados de sua presença. Sendo assim, clamemos pela presença divina. Que todos os desejos se juntem em um só! Quando buscamos primeiramente o reino de Deus, todas as coisas nos serão acrescentadas.

¹Ó Deus, tu *és* o meu Deus, de madrugada te buscarei; a minha alma tem sede de ti; a minha carne te deseja muito em uma terra seca e cansada, onde não há água;

²Para ver a tua força e a tua glória, como te vi no santuário.

³Porque a tua benignidade *é* melhor do que a vida, os meus lábios te louvarão.

⁴Assim eu te bendirei enquanto viver; em teu nome levantarei as minhas mãos.

⁵A minha alma se fartará, como de tutano e de gordura; e a minha boca *te* louvará com alegres lábios,

⁶Quando me lembrar de ti na minha cama, *e* meditar em ti nas vigílias da noite.

[7]Porque tu tens sido o meu auxílio; então, à sombra das tuas asas me regozijarei.

[8]A minha alma te segue de perto; a tua destra me sustenta.

[9]Mas aqueles *que* procuram a minha alma para *a* destruir, irão para as profundezas da terra.

[10]Cairão à espada; serão *uma* ração para as raposas.

[11]Mas o rei se regozijará em Deus; qualquer que por ele jurar se gloriará; porque se taparão as bocas dos que falam a mentira.

NOTAS

SALMO 64

DAVI SUPLICA A DEUS QUE GUARDE A SUA VIDA

Salmo de Davi para o músico-mor

As pessoas boas frequentemente ficam desanimadas e desanimam as outras, mas os filhos da escuridão são sábios em sua geração e mantêm uma atitude animada, e cada um tem uma palavra de incentivo para seu companheiro na vilania. Eles recorrem a tudo que pode fortalecer suas mãos a favor de seu objetivo comum; o coração deles se encontra totalmente envolvido em sua obra obscura. "Falam de armar laços secretamente." Em uma reflexão conjunta, eles verificam várias vezes todos os esquemas para criar algo exclusivo e engenhoso. Eles conhecem o benefício da cooperação e não medem esforços para cultivá-la; eles investem tudo o que sabem em uma inteligência comum, e ensinam seus novos métodos uns aos outros. "E dizem: 'Quem os verá'?" Eles disfarçam seus ataques de forma tão dissimulada que dificultam ao máximo a respectiva descoberta; suas armadilhas são tão bem mascaradas, e eles mesmos se escondem de forma tão habilidosa que acreditam que não serão descobertos. Assim eles pensam, mas se esquecem de que o olho que tudo vê e a mão que tudo descobre estão bem perto deles. Todas essas tramas logo acabam vindo à tona.

¹Ouve, ó Deus, a minha voz na minha oração; guarda a minha vida do temor do inimigo.

²Esconde-me do secreto conselho dos maus, e do tumulto dos que praticam a iniquidade.

³Que afiaram as suas línguas como espadas; *e* armaram *por* suas flechas palavras amargas,

⁴A fim de atirarem em lugar oculto ao *que é* íntegro; disparam sobre ele repentinamente, e não temem.

⁵Firmam-se em mau intento; falam de armar laços secretamente, e dizem: Quem os verá?

⁶Andam inquirindo malícias, inquirem tudo o que se pode inquirir; e ambos, o íntimo *pensamento* de cada um deles, e o coração, são profundos.

⁷Mas Deus atirará sobre eles uma seta, *e* de repente ficarão feridos.

⁸Assim eles farão com que as suas línguas tropecem contra si mesmos; todos aqueles que os virem, fugirão.

⁹E todos os homens temerão, e anunciarão a obra de Deus; e considerarão prudentemente os feitos dele.

¹⁰O justo se alegrará no SENHOR, e confiará nele, e todos os retos de coração se gloriarão.

NOTAS

SALMO 65

DAVI LOUVA A DEUS

Salmo e cântico de Davi para o músico-mor

"**P**revalecem as iniquidades contra mim." Se não fosse pela graça de Deus, nossos pecados prevaleceriam contra nós no tribunal da justiça divina, no tribunal da consciência e na batalha da vida. Quão infelizes são aqueles que ignoram esses inimigos, e mais tristes ainda são aqueles que os consideram seus amigos! Aqueles que conhecem seu poder mortal e fogem para se refugiar naquele que perdoa a iniquidade seguem melhor instrução. "Porém tu limpas as nossas transgressões." *Trazes perdão a todas elas, porque providenciaste uma propiciação abrangente, um propiciatório que cobre todas as transgressões da tua lei.* Observe a palavra "nossas" — a fé daquele que se arrepende, que antes falava por si mesmo em primeira pessoa, agora abrange todos os fiéis de Sião. Ele está tão persuadido da grandiosidade do amor que perdoa que leva todos os santos a cantarem essa bênção. Quanto consolo há no fato de as iniquidades que prevalecem contra nós não prevalecerem contra Deus! Elas nos afastariam dele, mas o Senhor as dispersa para longe de nós e de si mesmo. Elas são muito fortes para nós, mas não para nosso Redentor, que é poderoso, sim, e poderoso para salvar!

¹A ti, ó Deus, espera o louvor em Sião, e a ti se pagará o voto.

²Ó tu que ouves as orações, a ti virá toda a carne.

³Prevalecem as iniquidades contra mim; *porém* tu limpas as nossas transgressões.

⁴Bem-aventurado *aquele a quem* tu escolhes, e fazes chegar *a ti, para que* habite em teus átrios; nós seremos fartos da bondade da tua casa *e* do teu santo templo.

⁵Com coisas tremendas em justiça nos responderás, ó Deus da nossa salvação; tu és a esperança de todas as extremidades da terra, e daqueles que estão longe sobre o mar.

⁶O que pela sua força consolida os montes, cingido de fortaleza;

⁷O que aplaca o ruído dos mares, o ruído das suas ondas, e o tumulto dos povos.

⁸E os que habitam nos fins *da terra* temem os teus sinais; tu fazes alegres as saídas da manhã e da tarde.

⁹Tu visitas a terra, e a refrescas; tu a enriqueces grandemente com o rio de Deus, *que está* cheio de água; tu lhe preparas o trigo, quando assim a tens preparada.

¹⁰Enches *de água* os seus sulcos; tu lhe aplanas as leivas; tu a amoleces com a muita chuva; abençoas as suas novidades.

¹¹Coroas o ano com a tua bondade, e as tuas veredas destilam gordura.

¹²Destilam *sobre* os pastos do deserto, e os outeiros os cingem de alegria.

¹³Os campos se vestem de rebanhos, e os vales se cobrem de trigo; eles se regozijam e cantam.

NOTAS

SALMO 66

CÂNTICO DE LOUVOR A DEUS PELAS SUAS GRANDES OBRAS

Cântico e salmo para o músico-mor

Já que o louvor está pronto para se espalhar, deve ser sonoro; os sons de exultação estimulam a alma e proporcionam um transbordar sagrado de ação de graças. "Celebrai com júbilo a Deus, todas as terras." Aqueles que compõem louvores para a congregação devem verificar se sua postura é alegre; não basta que a celebração seja sonora, ela deve ser alegre. Deus deve ser louvado com a voz, e o coração deve juntar-se nesse louvor em celebração santa. Louvor de todas as nações deve ser prestado ao Senhor. Como será feliz o dia em que nenhum clamor será oferecido a deuses estranhos, mas toda a terra adorará ao Senhor. As nações pagãs, que, até então, não conhecem Jeová, em uma só voz permitirão que toda a terra se alegre diante de Deus. Os idiomas das nações são diferentes, mas o louvor será um só, dirigido ao único Deus. Nosso lema deve ser dar honra a Deus, e honrá-lo deve ser nosso tema enquanto cantamos. A glorificação a Deus não é nada mais que restituir a ele o que lhe é de direito. Dar glória a Deus acaba dignificando a nós mesmos, e, se há alguma virtude em nós, ela deve ser atribuída a Deus, porque tudo isso vem dele.

¹Celebrai com júbilo a Deus, todas as terras.

²Cantai a glória do seu nome; dai glória ao seu louvor.

³Dizei a Deus: Quão tremendo *és tu nas* tuas obras! Pela grandeza do teu poder se submeterão a ti os teus inimigos.

⁴Todos *os moradores* da terra te adorarão e te cantarão; cantarão o teu nome. (Selá.)

⁵Vinde, e vede as obras de Deus: *é* tremendo nos *seus* feitos para com os filhos dos homens.

⁶Converteu o mar em *terra* seca; passaram o rio a pé; ali nos alegramos nele.

[7]Ele domina eternamente pelo seu poder; os seus olhos estão sobre as nações; não se exaltem os rebeldes. (Selá.)

[8]Bendizei, povos, ao nosso Deus, e fazei ouvir a voz do seu louvor,

[9]Ao que sustenta com vida a nossa alma, e não consente que sejam abalados os nossos pés.

[10]Pois tu, ó Deus, nos provaste; tu nos afinaste como se afina a prata.

[11]Tu nos puseste na rede; afligiste os nossos lombos,

[12]Fizeste com que os homens cavalgassem sobre as nossas cabeças; passamos pelo fogo e pela água; mas nos trouxeste a *um* lugar espaçoso.

[13]Entrarei em tua casa com holocaustos; pagar-te-ei *os* meus votos,

[14]Os quais pronunciaram os meus lábios, e falou a minha boca, quando estava na angústia.

[15]Oferecer-te-ei holocaustos gordurosos com incenso de carneiros; oferecerei novilhos com cabritos. (Selá.)

[16]Vinde, e ouvi, todos os que temeis a Deus, e eu contarei o que ele tem feito à minha alma.

[17]A ele clamei com a minha boca, e ele foi exaltado pela minha língua.

[18]Se eu atender à iniquidade no meu coração, o Senhor não *me* ouvirá;

[19]*Mas,* na verdade, Deus *me* ouviu; atendeu à voz da minha oração.

[20]Bendito *seja* Deus, que não rejeitou a minha oração, nem *desviou* de mim a sua misericórdia.

Notas

SALMO 67

O REINO DE DEUS ABRANGE TODA A TERRA

Salmo e cântico para o músico-mor, sobre Neginote

"**A** legrem-se e regozijem-se as nações." Quando os homens conhecem o caminho de Deus e contemplam a salvação que ele provê, isso traz a seus corações extrema alegria. Nada gera uma alegria tão rápida, certeira e duradoura quanto a salvação de Deus. As nações nunca se alegrarão até seguirem a liderança do grande Pastor; elas podem mudar seus regimes de governo, da monarquia para a república, e da república para comunas, mas continuarão na miséria até que se prostrem diante do Senhor de toda a humanidade. Que palavra doce "regozijar-se cantando"! Alguns cantam por arte, outros para se apresentar, outros por simples dever, tantos outros para se divertir, mas cantar com o coração para dar vazão a uma alegria que transborda corresponde à verdadeira essência do cantar. Nações inteiras assim farão quando Jesus reinar sobre elas no poder de sua graça. Já ouvimos centenas e até milhares cantarem em uníssono, mas como será ouvir nações inteiras levantando sua voz, como o som de muitas águas e altas trovoadas?

¹Deus tenha misericórdia de nós e nos abençoe; *e* faça resplandecer o seu rosto sobre nós. (Selá.)

²Para que se conheça na terra o teu caminho, *e* entre todas as nações a tua salvação.

³Louvem-te *a ti,* ó Deus, os povos; louvem-te os povos todos.

⁴Alegrem-se e regozijem-se as nações, pois julgarás os povos *com* equidade, e governarás as nações sobre a terra. (Selá.)

⁵Louvem-te *a ti,* ó Deus, os povos; louvem-te os povos todos.

⁶*Então* a terra dará o seu fruto; e Deus, o nosso Deus, nos abençoará.

[7]Deus nos abençoará, e todas as extremidades da terra o temerão.

NOTAS

SALMO 68
CÂNTICO DE LOUVOR E AÇÃO DE GRAÇAS A DEUS COMO NOSSO SENHOR

Salmo e cântico de Davi para o músico-mor

"Cantai a Deus, cantai louvores ao seu nome." Dentro do compasso e da melodia, com ordem e cuidado, celebrem o caráter e os feitos de Deus, o Deus fiel ao seu povo. Façam isso várias vezes e permitam que o louvor, com firmeza de coração, seja totalmente dirigido a ele. Não cantem por ostentação, mas por devoção; não para serem ouvidos pelos homens, mas para que o próprio Deus ouça. Não cantem para a congregação, mas para Deus. "Louvai aquele que vai montado sobre os céus, pois o seu nome é SENHOR [YAH]." Lembrem-se de seu grande, incompreensível e terrível nome, reflitam sobre sua autoexistência e sobre seu domínio absoluto, e elevem sua adoração ao máximo possível de reverência. O céu o contempla montando sobre as nuvens da tempestade, e a terra o vê marchando pelas planícies com sua majestade. O hebraico parece dizer: "Construam uma estrada para ele que desfile pelo deserto", em referência à peregrinação das tribos no deserto. O nome hebraico traduzido por SENHOR [no inglês, YAH] consiste em uma abreviação do nome Jeová [Yahweh]; não se trata de um diminutivo desse nome, mas de uma intensificação, contendo em si a essência desse título tão sublime. Essa abreviação aparece na versão King James apenas neste salmo, salvo na composição de outras palavras, como *Aleluia*.

[1]Levante-se Deus, e sejam dissipados os seus inimigos; fugirão de diante dele os que o odeiam.

[2]Como se impele a fumaça, *assim* tu *os* impeles; *assim* como a cera se derrete diante do fogo, *assim* pereçam os ímpios diante de Deus.

[3]Mas alegrem-se os justos, e se regozijem na presença de Deus, e folguem de alegria.

⁴Cantai a Deus, cantai louvores ao seu nome; louvai aquele que vai montado sobre os céus, pois o seu nome é Senhor, e exultai diante dele.

⁵Pai de órfãos e juiz de viúvas *é* Deus, no seu lugar santo.

⁶Deus faz que o solitário viva em família; liberta aqueles que estão presos em grilhões; mas os rebeldes habitam em *terra* seca.

⁷Ó Deus, quando saías diante do teu povo, quando caminhavas pelo deserto, (Selá.)

⁸A terra abalava-se, e os céus destilavam perante a face de Deus; *até* o próprio Sinai foi *comovido* na presença de Deus, do Deus de Israel.

⁹Tu, ó Deus, mandaste a chuva em abundância, confortaste a tua herança, quando estava cansada.

¹⁰Nela habitava o teu rebanho; tu, ó Deus, fizeste provisão da tua bondade para o pobre.

¹¹O Senhor deu a palavra; grande *era* o exército dos que anunciavam as boas novas.

¹²Reis de exércitos fugiram à pressa; e aquela que ficava em casa repartia os despojos.

¹³Ainda que vos tenhais deitado entre redis, *contudo sereis como* as asas *de uma* pomba, cobertas de prata, e as suas penas, de ouro amarelo.

¹⁴Quando o Onipotente ali espalhou os reis, foi como a neve em Salmon.

¹⁵O monte de Deus *é como* o monte de Basã, *um* monte elevado *como* o monte de Basã.

¹⁶Por que saltais, ó montes elevados? *Este é o* monte *que* Deus desejou para a sua habitação, e o Senhor habitará *nele* eternamente.

¹⁷Os carros de Deus *são* vinte milhares, milhares de milhares. O Senhor *está* entre eles, *como em* Sinai, no *lugar* santo.

¹⁸Tu subiste ao alto, levaste cativo o cativeiro, recebeste dons para os homens, e até *para* os rebeldes, para que o Senhor Deus habitasse *entre eles*.

¹⁹Bendito *seja* o Senhor, que de dia em dia nos carrega de *benefícios;* o Deus *que é* a nossa salvação. (Selá.)

²⁰O nosso Deus *é* o Deus da salvação; e a Deus, o Senhor, *pertencem* os livramentos da morte.

²¹Mas Deus ferirá gravemente a cabeça de seus inimigos *e* o crânio cabeludo do que anda em suas culpas.

[22]Disse o Senhor: Eu os farei voltar de Basã, farei voltar *o meu povo* das profundezas do mar;

[23]Para que o teu pé mergulhe no sangue de *teus* inimigos, e no mesmo a língua dos teus cães.

[24]Ó Deus, eles têm visto os teus caminhos; os caminhos do meu Deus, meu Rei, no santuário.

[25]Os cantores iam adiante, os tocadores de instrumentos atrás; entre eles as donzelas tocando adufes.

[26]Celebrai a Deus nas congregações; ao Senhor, desde a fonte de Israel.

[27]Ali *está* o pequeno Benjamim, que domina sobre eles, os príncipes de Judá *com* o seu ajuntamento, os príncipes de Zebulom e os príncipes de Naftali.

[28]O teu Deus ordenou a tua força; fortalece, ó Deus, o que *já* fizeste para nós.

[29]Por amor do teu templo em Jerusalém, os reis te trarão presentes.

[30]Repreende *asperamente* as feras dos canaviais, a multidão dos touros, com os novilhos dos povos, *até que cada um* se submeta com peças de prata; dissipa os povos *que* desejam a guerra.

[31]Príncipes virão do Egito; a Etiópia cedo estenderá para Deus as suas mãos.

[32]Reinos da terra, cantai a Deus, cantai louvores ao Senhor. (Selá.)

[33]Àquele que vai montado sobre os céus dos céus, *que existiam* desde a antiguidade; eis que envia a sua voz, *dá* um brado veemente.

[34]Atribuí a Deus fortaleza; a sua excelência *está* sobre Israel e a sua fortaleza *nas mais* altas nuvens.

[35]Ó Deus, *tu és* tremendo desde os teus santuários; o Deus de Israel *é* o que dá força e poder ao seu povo. Bendito *seja* Deus!

NOTAS

SALMO 69
OS SOFRIMENTOS DE DAVI

Salmo de Davi para o músico-mor, sobre Shoshanim

"**E**stou cansado de clamar; a minha garganta se secou." É digno de lamento nossa tendência de gastar mais a voz conversando sobre frivolidades com as pessoas do que clamando a Deus, mas, mesmo assim, nossa natureza pecaminosa exige mais oração do que precisou a perfeita humanidade de Jesus. Suas orações deveriam constranger-nos a louvar. As súplicas de nosso Senhor eram temperadas com fogo e ardiam de agonia, razão pela qual debilitaram seu corpo e o fizeram "um homem cansado e cheio de sofrimento". Davi, por sua vez, diz: "os meus olhos desfalecem esperando o meu Deus". Nada mais Davi queria em sua aflição mais extrema; apenas seu Deus — e isso seria tudo para ele. Muitos de nós sabemos o que significa vigiar e esperar, e conhecemos o ardor nos olhos quando a espera é prolongada. Mas, em tudo isso, Jesus nos excede; nenhum ardor foi maior do que o avistado por ele, nenhum cansaço visível em nosso olhar foi uma causa tão profunda quanto a que ele defendeu. Nenhum pintor teve a capacidade de retratar os olhos do Redentor; suas penas falharam em retratar todas as características desse rosto tão belo, mas que se achava tão ferido. E a maioria falha na tentativa de retratar seus olhos, que eram como fontes de lágrimas. Jesus sabia vigiar e orar, e quer que aprendamos a fazer isso.

¹Livra-me, ó Deus, pois as águas entraram até à *minha* alma.

²Atolei-me em profundo lamaçal, onde *se* não *pode estar em* pé; entrei na profundeza das águas, onde a corrente me leva.

³Estou cansado de clamar; a minha garganta se secou; os meus olhos desfalecem esperando o meu Deus.

⁴Aqueles que me odeiam sem causa são mais do que os cabelos da minha cabeça; aqueles que procuram destruir-me,

sendo injustamente meus inimigos, são poderosos; então restituí o que não furtei.

⁵Tu, ó Deus, bem conheces a minha estultice; e os meus pecados não te são encobertos.

⁶Não sejam envergonhados por minha causa aqueles que esperam em ti, ó Senhor, DEUS dos Exércitos; não sejam confundidos por minha causa aqueles que te buscam, *ó* Deus de Israel.

⁷Porque por amor de ti tenho suportado afrontas; a confusão cobriu o meu rosto.

⁸Tenho-me tornado um estranho para com meus irmãos, e um desconhecido para com os filhos de minha mãe.

⁹Pois o zelo da tua casa me devorou, e as afrontas dos que te afrontam caíram sobre mim.

¹⁰Quando chorei, e *castiguei* com jejum a minha alma, isto se me tornou em afrontas.

¹¹Pus por vestido um saco, e me fiz um provérbio para eles.

¹²Aqueles que se assentam à porta falam contra mim; e fui o cântico dos bebedores de bebida forte.

¹³Eu, porém, *faço* a minha oração a ti, SENHOR, *num* tempo aceitável; ó Deus, ouve-me segundo a grandeza da tua misericórdia, segundo a verdade da tua salvação.

¹⁴Tira-me do lamaçal, e não me deixes atolar; seja eu livre dos que me odeiam, e das profundezas das águas.

¹⁵Não me leve a corrente das águas, e não me absorva ao profundo, nem o poço feche a sua boca sobre mim.

¹⁶Ouve-me, SENHOR, pois boa *é* a tua misericórdia. Olha para mim segundo a tua muitíssima piedade.

¹⁷E não escondas o teu rosto do teu servo, porque estou angustiado; ouve-me depressa.

¹⁸Aproxima-te da minha alma, *e* resgata-a; livra-me por causa dos meus inimigos.

¹⁹Bem tens conhecido a minha afronta, e a minha vergonha, e a minha confusão; diante de ti *estão* todos os meus adversários.

²⁰Afrontas me quebrantaram o coração, e estou fraquíssimo; esperei *por alguém* que tivesse compaixão, mas não *houve* nenhum; e por consoladores, mas não os achei.

²¹Deram-me fel por mantimento, e na minha sede me deram a beber vinagre.

²²Torne-se-lhes a sua mesa diante deles em laço, e a prosperidade em armadilha.

²³Escureçam-se-lhes os seus olhos, para que não vejam, e faze com que os seus lombos tremam constantemente.

²⁴Derrama sobre eles a tua indignação, e prenda-os o ardor da tua ira.

²⁵Fique desolado o seu palácio; e não haja quem habite nas suas tendas.

²⁶Pois perseguem àquele a quem feriste, e conversam sobre a dor daqueles a quem chagaste.

²⁷Acrescenta iniquidade à iniquidade deles, e não entrem na tua justiça.

²⁸Sejam riscados do livro dos vivos, e não sejam inscritos com os justos.

²⁹Eu, porém, *sou* pobre e estou triste; ponha-me a tua salvação, ó Deus, num alto retiro.

³⁰Louvarei o nome de Deus com *um* cântico, e engrandecê-lo-ei com ação de graças.

³¹*Isto* será mais agradável ao SENHOR do que boi, ou bezerro que tem chifres e unhas.

³²Os mansos verão *isto,* e se agradarão; o vosso coração viverá, pois que buscais a Deus.

³³Porque o SENHOR ouve os necessitados, e não despreza os seus cativos.

³⁴Louvem-no os céus e a terra, os mares e tudo quanto neles se move.

³⁵Porque Deus salvará a Sião, e edificará as cidades de Judá; para que habitem ali e a possuam.

³⁶E herdá-la-á a semente de seus servos, e os que amam o seu nome habitarão nela.

NOTAS

SALMO 70

DAVI SUPLICA A DEUS QUE SE APRESSE EM LIVRÁ-LO

Salmo de Davi para o músico-mor, para lembrança

" **F** olguem e alegrem-se em ti todos os que te buscam." Todos os verdadeiros adoradores, mesmo que se encontrem entre as fileiras mais humildes dos que frequentam os locais de culto, terão motivo para se alegrar. Ainda que a busca tenha início na escuridão, trará consigo a luz. "E aqueles que amam a tua salvação digam continuamente: Engrandecido seja Deus." Aqueles que provaram a graça divina e que, por essa razão, têm compromisso com ela constituem-se em um povo mais avançado, e eles não apenas sentirão alegria, mas também a proclamarão a todos com constância santa e perseverança, convidando as pessoas a glorificarem a Deus. "Eu, porém, estou aflito e necessitado." Essa súplica parece ser o argumento favorito do santo que passa pela provação; evidentemente, nossa pobreza constitui-se em nossa riqueza, e é em sua fraqueza que reside sua força. Que possamos aprender este mistério! "Apressa-te por mim, ó Deus. Tu és o meu auxílio e o meu libertador; Senhor, não te detenhas." És meu auxílio nas dificuldades e aquele que me livra de todas elas. Encontramos aqui o nome de Jeová em vez das palavras "meu Deus". Todos os nomes de Deus servem-nos de garantia, porque cada um deles reflete sua própria beleza e majestade, e nós temos de reverenciar cada um deles usando-os de forma adequada.

¹Apressa-te, ó Deus, em me livrar; Senhor, *apressa-te* em ajudar-me.

²Fiquem envergonhados e confundidos os que procuram a minha alma; voltem para trás e confundam-se os que me desejam mal.

³Virem as costas como recompensa da sua vergonha os que dizem: Ah! Ah!

⁴Folguem e alegrem-se em ti todos os que te buscam; e aqueles que amam a tua salvação digam continuamente: Engrandecido seja Deus.

⁵Eu, porém, *estou* aflito e necessitado; apressa-te por mim, ó Deus. Tu *és* o meu auxílio e o meu libertador; SENHOR, não te detenhas.

NOTAS

SALMO 71
DAVI CONFIA EM DEUS

"**D**este um mandamento que me salva." A natureza é incumbida de tratar os servos de Deus com ternura, a providência recebe a ordem de fazer com que tudo coopere para seu bem e as forças do mundo invisível são consagradas como suas guardiãs. Davi deu ordem a todas as suas tropas para que poupassem o jovem Absalão, mas ele tombou. O mandamento de Deus é constituído de uma virtude bem mais elevada, porque exige obediência e assegura seu cumprimento. A destruição não é capaz de nos aniquilar, nem a fome pode consumir-nos: rimos dessas duas coisas enquanto nos vemos sob a proteção do mandato de Deus. Nenhuma pedra do campo é capaz de nos derrubar enquanto os anjos nos apoiam com suas mãos, nem mesmo os animais do campo podem devorar-nos enquanto o Deus de Davi nos livra de sua ferocidade ou o Deus de Daniel lhes impõe temor a nosso respeito. "Pois tu és a minha rocha e a minha fortaleza." Em Deus, temos toda a segurança que a natureza, que molda as rochas, e a arte, que constrói as fortalezas, podem proporcionar. Ele é o pleno preservador de seu povo. A imutabilidade é retratada pela rocha e a onipotência pela fortaleza.

¹Em ti, Senhor, confio; nunca seja eu confundido.

²Livra-me na tua justiça, e faze-me escapar; inclina os teus ouvidos para mim, e salva-me.

³Sê tu a minha habitação forte, à qual possa recorrer continuamente. Deste um mandamento que me salva, pois tu *és* a minha rocha e a minha fortaleza.

⁴Livra-me, meu Deus, das mãos do ímpio, das mãos do homem injusto e cruel.

⁵Pois tu *és* a minha esperança, Senhor Deus; *tu és* a minha confiança desde a minha mocidade.

⁶Por ti tenho sido sustentado desde o ventre; tu *és* aquele que me tiraste das entranhas de minha mãe; o meu louvor *será* para ti constantemente.

⁷Sou como um prodígio para muitos, mas tu *és* o meu refúgio forte.

⁸Encha-se a minha boca do teu louvor e da tua glória todo o dia.

⁹Não me rejeites no tempo da velhice; não me desampares, quando se for acabando a minha força.

¹⁰Porque os meus inimigos falam contra mim, e os que espiam a minha alma consultam juntos,

¹¹Dizendo: Deus o desamparou; persegui-*o* e tomai-o, pois não *há* quem *o* livre.

¹²Ó Deus, não te alongues de mim; meu Deus, apressa-te em ajudar-me.

¹³Sejam confundidos e consumidos os que são adversários da minha alma; cubram-se de opróbrio e de confusão aqueles que procuram o meu mal.

¹⁴Mas eu esperarei continuamente, e te louvarei cada vez mais.

¹⁵A minha boca manifestará *a* tua justiça e a tua salvação todo o dia, pois não conheço o número delas.

¹⁶Sairei na força do Senhor Deus, farei menção da tua justiça, e só dela.

¹⁷Ensinaste-me, ó Deus, desde a minha mocidade; e até aqui tenho anunciado as tuas maravilhas.

¹⁸Agora também, quando estou velho e de cabelos brancos, não me desampares, ó Deus, até que tenha anunciado a tua força a *esta* geração, e o teu poder a todos os vindouros.

¹⁹Também a tua justiça, ó Deus, *está* muito alta, pois fizeste grandes coisas. Ó Deus, quem é semelhante a ti?

²⁰*Tu,* que me tens feito ver muitos males e angústias, me darás ainda a vida, e me tirarás dos abismos da terra.

²¹Aumentarás a minha grandeza, e de novo me consolarás.

²²Também eu te louvarei com o saltério, *bem como* à tua verdade, ó meu Deus; cantarei com harpa a ti, ó Santo de Israel.

²³Os meus lábios exultarão quando eu te cantar, assim como a minha alma, que tu remiste.

²⁴A minha língua falará da tua justiça todo o dia; pois estão confundidos e envergonhados aqueles que procuram o meu mal.

SALMO 72
O REINO DE SALOMÃO PREFIGURA O DO MESSIAS

Salmo para Salomão

"**E**le julgará ao teu povo com justiça." Quão grande consolo é sentir que ninguém pode ser injustiçado no reino de Cristo: Ele se assenta sobre o grande trono branco, imaculado, sem ato de injustiça ou erro de julgamento. As reputações estão suficientemente seguras com ele. "E aos teus pobres com juízo." A verdadeira sabedoria se manifesta em todas as decisões do Rei de Sião. Nem sempre compreendemos o que ele faz, mas suas decisões sempre estão corretas. A parcialidade tem sido demonstrada pelos homens grandes e ricos com uma frequência maior do que desejamos, mas o Rei da última e da melhor das monarquias pratica uma justiça imparcial, para a alegria dos pobres e dos desprezados. Nessa passagem, os pobres são mencionados ao lado do Rei. A soberania de Deus consiste em um tema prazeroso para os pobres de espírito; eles amam ver o Senhor sendo engrandecido e não veem problema algum em seu exercício das prerrogativas de sua coroa. É a riqueza fictícia, que se esforça para ocultar a verdadeira pobreza, que faz com que as pessoas questionem o Senhor que reina. O senso profundo da necessidade espiritual, contudo, prepara o coração de modo fiel a adorar o Rei Redentor.

¹Ó Deus, dá ao rei os teus juízos, e a tua justiça ao filho do rei.

²Ele julgará ao teu povo com justiça, e aos teus pobres com juízo.

³Os montes trarão paz ao povo, e os outeiros, justiça.

⁴Julgará os aflitos do povo, salvará os filhos do necessitado, e quebrantará o opressor.

⁵Temer-te-ão enquanto durarem o sol e a lua, de geração em geração.

⁶Ele descerá como chuva sobre a erva ceifada, como os chuveiros que umedecem a terra.

⁷Nos seus dias florescerá o justo, e abundância de paz haverá enquanto durar a lua.

⁸Dominará de mar a mar, e desde o rio até às extremidades da terra.

⁹Aqueles que habitam no deserto se inclinarão ante ele, e os seus inimigos lamberão o pó.

¹⁰Os reis de Társis e das ilhas trarão presentes; os reis de Sabá e de Seba oferecerão dons.

¹¹E todos os reis se prostrarão perante ele; todas as nações o servirão.

¹²Porque ele livrará ao necessitado quando clamar, como também ao aflito e ao que não tem quem o ajude.

¹³Compadecer-se-á do pobre e do aflito, e salvará as almas dos necessitados.

¹⁴Libertará as suas almas do engano e da violência, e precioso será o seu sangue aos olhos dele.

¹⁵E viverá, e se lhe dará do ouro de Sabá; e continuamente se fará por ele oração; e todos os dias o bendirão.

¹⁶Haverá um punhado de trigo na terra sobre as cabeças dos montes; o seu fruto se moverá como o Líbano, e *os* da cidade florescerão como a erva da terra.

¹⁷O seu nome permanecerá eternamente; o seu nome se irá propagando de pais a filhos enquanto o sol *durar,* e *os homens* serão abençoados nele; todas as nações lhe chamarão bem-aventurado.

¹⁸Bendito *seja* o SENHOR Deus, o Deus de Israel, que só ele faz maravilhas.

¹⁹E bendito *seja* para sempre o seu nome glorioso; e encha-se toda a terra da sua glória. Amém e Amém.

²⁰*Aqui* acabam as orações de Davi, filho de Jessé.

NOTAS

LIVRO 3
Salmos 73-89

SALMO 73
A PROSPERIDADE DOS ÍMPIOS

Salmo de Asafe

O Senhor é bom para seus santos, mas e "quanto a mim", será que sou um deles? Será que posso esperar alguma participação em sua graça? Sim, eu participo dela, mas minha postura foi indigna, bem diferente do comportamento de alguém que seja verdadeiramente puro de coração, diz Asafe. "Os meus pés quase que se desviaram." Os erros da mente e do coração acabam influenciando o comportamento. Há um vínculo bem estreito entre o coração e os pés. O salmista mal conseguia ficar de pé, sua justiça estava se esvaindo e seus joelhos estavam arqueando como uma parede desmoronando. Quando os homens duvidam da justiça de Deus, sua própria integridade começa a fraquejar. "Pouco faltou para que escorregassem os meus passos." Asafe não conseguia prosseguir no bom caminho — seus pés escorregavam como quem anda sobre uma camada de gelo. Ele se mostrava indolente em relação a todas as ações práticas e corria o risco de pecar e cair em desgraça. Temos de tomar muito cuidado com o mundo interior, já que exerce efeito poderoso sobre o caráter exterior. Como não poderia deixar de ser, trata-se de uma confissão bem clara e simples.

¹Verdadeiramente bom é Deus para com Israel, para com os limpos de coração.
²Quanto a mim, os meus pés quase que se desviaram; pouco faltou para que escorregassem os meus passos.
³Pois eu tinha inveja dos néscios, quando via a prosperidade dos ímpios.
⁴Porque não *há* apertos na sua morte, mas firme *está* a sua força.
⁵Não se acham em trabalhos *como outros* homens, nem são afligidos como *outros* homens.

⁶Por isso a soberba os cerca como um colar; vestem-se de violência *como* de adorno.

⁷Os olhos deles estão inchados de gordura; eles têm mais do que o coração podia desejar.

⁸São corrompidos e tratam maliciosamente de opressão; falam arrogantemente.

⁹Põem as suas bocas contra os céus, e as suas línguas andam pela terra.

¹⁰Por isso o povo dele volta aqui, e águas de *copo* cheio se lhes espremem.

¹¹E eles dizem: Como *o* sabe Deus? Há conhecimento no Altíssimo?

¹²Eis que estes *são* ímpios, e prosperam no mundo; aumentam *em* riquezas.

¹³Na verdade que em vão tenho purificado o meu coração; e lavei as minhas mãos na inocência.

¹⁴Pois todo o dia tenho sido afligido, e castigado cada manhã.

¹⁵Se eu dissesse: Falarei assim; eis que ofenderia a geração de teus filhos.

¹⁶Quando pensava em entender isto, *foi* para mim muito doloroso;

¹⁷Até que entrei no santuário de Deus; *então* entendi eu o fim deles.

¹⁸Certamente tu os puseste em lugares escorregadios; tu os lanças em destruição.

¹⁹Como caem na desolação, quase num momento! Ficam totalmente consumidos de terrores.

²⁰Como um sonho, quando se acorda, *assim,* ó Senhor, quando acordares, desprezarás a aparência deles.

²¹Assim o meu coração se azedou, e sinto picadas nas minhas entranhas.

²²Assim me embruteci, e nada sabia; fiquei *como* um animal perante ti.

²³Todavia *estou* de contínuo contigo; tu *me* sustentaste pela minha mão direita.

²⁴Guiar-me-ás com o teu conselho, e depois me receberás na glória.

²⁵Quem tenho eu no céu *senão a ti?* E na terra não há quem eu deseje além de ti.

[26] A minha carne e o meu coração desfalecem; *mas* Deus *é* a fortaleza do meu coração, e a minha porção para sempre.

[27] Pois eis que os que se alongam de ti, perecerão; tu tens destruído todos aqueles que se desviam de ti.

[28] Mas para mim, bom *é* aproximar-me de Deus; pus a minha confiança no Senhor DEUS, para anunciar todas as tuas obras.

NOTAS

SALMO 74
A ASSOLAÇÃO DO SANTUÁRIO

Masquil de Asafe

"Já não há profeta." Os ministros enviados por Deus são tão necessários aos santos quanto o pão de cada dia, e é motivo de grande tristeza quando uma congregação não conta com um pastor fiel. É algo temeroso que, com todos os ministros que agora existem, ainda haja escassez de pessoas cujo coração e cuja língua sejam tocados pelo fogo celestial. "Nem há entre nós alguém que saiba até quando isto durará." Se alguém pudesse prever um final para tal situação, esse mal seria suportado com alguma resignação, mas, quando não se consegue enxergar alívio, nem se prever escape, a aflição assume uma aparência desesperadora, tornando-se avassaladora. Bendito seja Deus: ele não abandonou sua igreja nos dias de hoje, de modo que ela ficasse tão desprovida de palavras de encorajamento; oremos para que isso nunca aconteça. O desprezo à Palavra é bastante comum, e pode muito bem provocar o Senhor para que se afaste de nós; que sua longanimidade suporte essa tensão e que sua misericórdia nos proporcione acesso à palavra da vida.

¹Ó Deus, por que *nos* rejeitaste para sempre? *Por que* se acende a tua ira contra as ovelhas do teu pasto?

²Lembra-te da tua congregação, *que* compraste desde a antiguidade; da vara da tua herança, *que* remiste; deste monte Sião, em que habitaste.

³Levanta os teus pés para as perpétuas assolações, para tudo *o* que o inimigo tem feito *de* mal no santuário.

⁴Os teus inimigos bramam no meio dos teus lugares santos; põem *neles* as suas insígnias *por* sinais.

⁵*Um homem* se tornava famoso, conforme houvesse levantado machados, contra a espessura do arvoredo.

⁶Mas agora toda obra entalhada de uma vez quebram com machados e martelos.

⁷Lançaram fogo no teu santuário; profanaram, derruban-do-a até ao chão, a morada do teu nome.

⁸Disseram nos seus corações: Despojemo-los de uma vez. Queimaram todos os lugares santos de Deus na terra.

⁹Já não vemos os nossos sinais, já não *há* profeta, nem *há* entre nós alguém que saiba até quando *isto durará*.

¹⁰Até quando, ó Deus, *nos* afrontará o adversário? Blasfe-mará o inimigo o teu nome para sempre?

¹¹Por que retiras a tua mão, a saber, a tua destra? Tira-*a* de dentro do teu seio.

¹²Todavia Deus *é* o meu Rei desde a antiguidade, operan-do a salvação no meio da terra.

¹³Tu dividiste o mar pela tua força; quebrantaste as cabe-ças das baleias nas águas.

¹⁴Fizeste em pedaços as cabeças do leviatã, *e* o deste por mantimento aos habitantes do deserto.

¹⁵Fendeste a fonte e o ribeiro; secaste os rios impetuosos.

¹⁶Teu *é* o dia e tua *é* a noite; preparaste a luz e o sol.

¹⁷Estabeleceste todos os limites da terra; verão e inver-no tu os formaste.

¹⁸Lembra-te disto: *que* o inimigo afrontou ao SENHOR e *que* um povo louco blasfemou o teu nome.

¹⁹Não entregues às feras a alma da tua rola; não te esque-ças para sempre da vida dos teus aflitos.

²⁰Atende a tua aliança; pois os lugares tenebrosos da ter-ra estão cheios de moradas de crueldade.

²¹Oh, não volte envergonhado o oprimido; louvem o teu nome o aflito e o necessitado.

²²Levanta-te, ó Deus, pleiteia a tua própria causa; lembra-te da afronta que o louco te faz cada dia.

²³Não te esqueças dos gritos dos teus inimigos; o tumulto daqueles que se levantam contra ti aumenta continuamente.

NOTAS

SALMO 75

O PROFETA LOUVA A DEUS

Para o músico-mor, Al-Tachete. Salmo e cântico de Asafe

"Não levanteis a vossa fronte altiva." A mensagem de Deus logo humilha os que se exaltam. Quem dera aprouvesse a Deus que todas as pessoas orgulhosas obedecessem a esta palavra que foi dirigida a elas, porque, se não o fizerem, ele tomará providências eficazes para garantir essa obediência. Depois disso, a aflição virá sobre essas pessoas como que despedaçando sua honra e atirando sua glória na lama para sempre. "Nem faleis com cerviz dura." A audácia diante de Deus nada mais é que loucura. O queixo erguido do orgulhoso insolente certamente provoca Deus a usar seu machado. Aqueles que vivem de nariz empinado acabarão sendo erguidos a uma altura ainda maior, do mesmo modo que Hamã foi levantado na forca que ele mesmo preparara para o homem justo. Silêncio, pessoa arrogante e insensata! Guarda o silêncio ou Deus lhe dará a resposta. Quem és tu para te rebelares com arrogância contra as leis do teu Criador e questionar a verdade dele? Começa a te acalmar, pessoa de palavras altivas, ou a vingança te silenciará, deixando-te perplexo por toda a eternidade.

[1]A ti, ó Deus, glorificamos, *a ti* damos louvor, pois o teu nome *está* perto, as tuas maravilhas o declaram.

[2]Quando eu ocupar o lugar determinado, julgarei retamente.

[3]A terra e todos os seus moradores estão dissolvidos, mas eu fortaleci as suas colunas. (Selá.)

[4]Disse eu aos loucos: Não enlouqueçais, e aos ímpios: Não levanteis a fronte;

[5]Não levanteis a vossa fronte altiva, *nem* faleis com cerviz dura.

[6]Porque nem do oriente, nem do ocidente, nem do deserto *vem* a exaltação.

⁷Mas Deus *é* o Juiz: a um abate, e a outro exalta.

⁸Porque na mão do SENHOR *há um* cálice cujo vinho é tinto; está cheio de mistura; e dá a beber dele; mas as escórias dele todos os ímpios da terra *as* sorverão e beberão.

⁹E eu *o* declararei para sempre; cantarei louvores ao Deus de Jacó.

¹⁰E quebrarei todas as forças dos ímpios, *mas* as forças dos justos serão exaltadas.

NOTAS

SALMO 76
A MAJESTADE E O PODER DE DEUS

*Salmo e cântico de Asafe, para o
músico-mor, sobre Neginote*

"À tua repreensão." Bastou proferir uma palavra, não houve necessidade de nenhum golpe. "Ó Deus de Jacó." Deus do povo que luta, que, do mesmo modo que seus antepassados, venceu o inimigo; Deus da aliança e Deus da promessa, tu tens pelejado por tua nação eleita devido ao teu caráter gracioso. "Carros e cavalos são lançados num sono profundo." Eles nem relincham, nem agitam mais seus guizos; cessaram o trote dos cavalos e o barulho dos carros; a cavalaria não faz mais ruído algum. Os israelitas sempre cultivaram um medo especial com relação a cavalos e aos carruagens com lâminas; por essa razão, o silêncio repentino de toda a força do inimigo nesse particular foi motivo de especial alegria. Os cavalos estavam estendidos no chão e as carruagens estavam paradas, como se todo o acampamento houvesse adormecido. É desse modo que o Senhor pode fazer com que os inimigos da igreja caiam em um sono de justiça, numa amostra do que será a segunda morte. E ele pode fazer isso quando eles se encontram no apogeu do poder e imaginam estar quase apagando as memórias de seu povo.

¹Conhecido *é* Deus em Judá; grande *é* o seu nome em Israel.

²E em Salém está o seu tabernáculo, e a sua morada em Sião.

³Ali quebrou as flechas do arco; o escudo, e a espada, e a guerra. (Selá.)

⁴Tu *és* mais ilustre *e* glorioso do que os montes de caça.

⁵Os que são ousados de coração são despojados; dormiram o seu sono; e nenhum dos homens de força achou as próprias mãos.

⁶À tua repreensão, ó Deus de Jacó, carros e cavalos são lançados num sono profundo.

⁷Tu, tu *és* temível; e quem subsistirá à tua vista, uma vez que te irares?

⁸Desde os céus fizeste ouvir o teu juízo; a terra tremeu e se aquietou,

⁹Quando Deus se levantou para *fazer* juízo, para livrar a todos os mansos da terra. (Selá.)

¹⁰Certamente a cólera do homem redundará em teu louvor; o restante da cólera tu o restringirás.

¹¹Fazei votos, e pagai ao SENHOR vosso Deus; tragam presentes, os que estão em redor dele, àquele que é temível.

¹²Ele ceifará o espírito dos príncipes; *é* tremendo para com os reis da terra.

Notas

SALMO 77
O ESTADO INTERNO DO SALMISTA

Salmo de Asafe, para o músico-mor, por Jedutum

"A minha mão se estendeu de noite, e não cessava." Alguns de nós sabemos como é, tanto no aspecto espiritual como no aspecto físico, ser levado a usar tais palavras: o silêncio da noite não nos dá descanso, nossa cama se torna uma tortura, nosso corpo fica atormentado e nosso espírito, cheio de angústia. "A minha alma recusava ser consolada." Asafe descartava alguns tipos de conforto por serem muito fracos para o seu caso, outros como falsos, outros ainda como profanos, mas, principalmente, por tirarem seu foco, chegando até mesmo a recusar motivos de consolo que poderiam acalmá-lo. A exemplo do homem doente que rejeita até mesmo o alimento mais nutritivo, assim agiu o salmista. É impossível confortar pessoas que se recusam a receber consolo. É possível levá-las às fontes da promessa, mas quem poderá fazê-las beber, se elas mesmas não quiserem? Muitas filhas do desânimo rejeitaram o cálice do contentamento e muitos filhos da tristeza se agarraram aos seus grilhões. Há momentos em que vemos as boas notícias com suspeita e não conseguimos nos acalmar, mesmo quando a verdade feliz mostra-se tão clara diante de nós quanto a estrada do Rei.

¹Clamei a Deus *com* a minha voz, a Deus *levantei* a minha voz, e ele inclinou para mim os ouvidos.

²No dia da minha angústia busquei ao Senhor; a minha mão se estendeu de noite, e não cessava; a minha alma recusava ser consolada.

³Lembrava-me de Deus, e me perturbei; queixava-me, e o meu espírito desfalecia. (Selá.)

⁴Sustentaste os meus olhos acordados; estou tão perturbado que não posso falar.

⁵Considerava os dias da antiguidade, os anos dos tempos antigos.

⁶De noite chamei à lembrança o meu cântico; meditei em meu coração, e o meu espírito esquadrinhou.

⁷Rejeitará o Senhor para sempre e não tornará a ser favorável?

⁸Cessou para sempre a sua benignidade? Acabou-se *já* a promessa de geração em geração?

⁹Esqueceu-se Deus de ter misericórdia? Ou encerrou ele as suas misericórdias na sua ira? (Selá.)

¹⁰E eu disse: Isto é enfermidade minha; *mas eu me lembrarei* dos anos da destra do Altíssimo.

¹¹Eu me lembrarei das obras do Senhor; certamente que eu me lembrarei das tuas maravilhas da antiguidade.

¹²Meditarei também em todas as tuas obras, e falarei dos teus feitos.

¹³O teu caminho, ó Deus, *está* no santuário. Quem *é* Deus *tão* grande como o *nosso* Deus?

¹⁴Tu *és* o Deus que fazes maravilhas; tu fizeste notória a tua força entre os povos.

¹⁵Com o *teu* braço remiste o teu povo, os filhos de Jacó e de José. (Selá.)

¹⁶As águas te viram, ó Deus, as águas te viram, *e* tremeram; os abismos também se abalaram.

¹⁷As nuvens lançaram água, os céus deram um som; as tuas flechas correram de uma para outra parte.

¹⁸A voz do teu trovão estava no céu; os relâmpagos iluminaram o mundo; a terra se abalou e tremeu.

¹⁹O teu caminho *é* no mar, e as tuas veredas nas águas grandes, e os teus passos não são conhecidos.

²⁰Guiaste o teu povo, como a um rebanho, pela mão de Moisés e de Arão.

Notas

SALMO 78
A IRA E A MISERICÓRDIA DE DEUS

Masquil de Asafe

"**E**scutai a minha lei, povo meu." Quando Deus dá voz à sua verdade e envia seus mensageiros treinados para declarar sua Palavra com poder, o mínimo que podemos fazer é dar-lhes ouvidos e prestar-lhes obediência do fundo de nossos corações. Será que Deus falará e seus filhos se recusarão a ouvi-lo? O ensino do Senhor tem força de lei; submetamos nossos ouvidos e nosso coração a ele. "Inclinai os vossos ouvidos às palavras da minha boca." A frase implica prestar atenção sincera, abandonar a altivez, inclinando-se para absorver todas as sílabas possíveis. Nos dias atuais, nós, como leitores dos registros sagrados, temos o dever de estudá-los com profundidade, investigando o significado dos textos e nos esforçando para pôr em prática seus ensinamentos. Do mesmo modo que o oficial do exército começa seu exercício com a palavra "Atenção!", todo soldado treinado de Cristo é chamado a dar ouvidos ao que o Senhor diz. As pessoas já costumam emprestar seus ouvidos à música, então por que não prestar mais atenção ainda às notas harmoniosas do evangelho? As pessoas se maravilham diante da presença de um bom orador; será que não deveriam ter mais fascínio ainda pela eloquência do céu?

1Escutai a minha lei, povo meu; inclinai os vossos ouvidos às palavras da minha boca.

2Abrirei a minha boca *numa* parábola; falarei enigmas da antiguidade.

3Os quais temos ouvido e sabido, e nossos pais no-los têm contado.

4Não os encobriremos aos seus filhos, mostrando à geração futura os louvores do Senhor, assim como a sua força e as maravilhas que fez.

⁵Porque ele estabeleceu *um* testemunho em Jacó, e pôs *uma* lei em Israel, a qual deu aos nossos pais para que a fizessem conhecer a seus filhos;

⁶Para que a geração vindoura *a* soubesse, os filhos *que* nascessem, *os quais* se levantassem e *a* contassem a seus filhos;

⁷Para que pusessem em Deus a sua esperança, e se não esquecessem das obras de Deus, mas guardassem os seus mandamentos.

⁸E não fossem como seus pais, geração obstinada e rebelde, geração *que* não regeu o seu coração, e cujo espírito não foi fiel a Deus.

⁹Os filhos de Efraim, armados e trazendo arcos, viraram *as costas* no dia da peleja.

¹⁰Não guardaram a aliança de Deus, e recusaram andar na sua lei;

¹¹E esqueceram-se das suas obras e das maravilhas que lhes fizera ver.

¹²Maravilhas que ele fez à vista de seus pais na terra do Egito, *no* campo de Zoã.

¹³Dividiu o mar, e os fez passar por ele; fez com que as águas parassem como num montão.

¹⁴De dia os guiou por uma nuvem, e toda a noite por uma luz de fogo.

¹⁵Fendeu as penhas no deserto; e deu-*lhes de* beber como de grandes abismos.

¹⁶Fez sair fontes da rocha, e fez correr as águas como rios.

¹⁷E *ainda* prosseguiram em pecar contra ele, provocando ao Altíssimo na solidão.

¹⁸E tentaram a Deus nos seus corações, pedindo carne para o seu apetite.

¹⁹E falaram contra Deus, e disseram: *Acaso* pode Deus preparar-*nos* uma mesa no deserto?

²⁰Eis que feriu a penha, e águas correram *dela:* rebentaram ribeiros em abundância. Poderá também dar-*nos* pão, ou preparar carne para o seu povo?

²¹Portanto o Senhor *os* ouviu, e se indignou; e acendeu *um* fogo contra Jacó, e furor também subiu contra Israel;

²²Porquanto não creram em Deus, nem confiaram na sua salvação;

²³Ainda que mandara às altas nuvens, e abriu as portas dos céus,

²⁴E chovera sobre eles o maná para comerem, e lhes dera do trigo do céu.

²⁵O homem comeu o pão dos anjos; ele lhes mandou comida a fartar.

²⁶Fez soprar o vento do oriente nos céus, e o trouxe do sul com a sua força.

²⁷E choveu sobre eles carne como pó, e aves de asas como a areia do mar.

²⁸E *as* fez cair no meio do seu arraial, ao redor de suas habitações.

²⁹Então comeram e se fartaram bem; pois lhes cumpriu o seu desejo.

³⁰Não refrearam o seu apetite. Ainda lhes *estava* a comida na boca,

³¹Quando a ira de Deus desceu sobre eles, e matou os mais robustos deles, e feriu os escolhidos de Israel.

³²Com tudo isto ainda pecaram, e não deram crédito às suas maravilhas.

³³Por isso consumiu os seus dias na vaidade e os seus anos na angústia.

³⁴Quando os matava, então o procuravam; e voltavam, e de madrugada buscavam a Deus.

³⁵E se lembravam de que Deus era a sua rocha, e o Deus Altíssimo o seu Redentor.

³⁶Todavia lisonjeavam-no com a boca, e com a língua lhe mentiam.

³⁷Porque o seu coração não *era* reto para com ele, nem foram fiéis na sua aliança.

³⁸Ele, porém, que é misericordioso, perdoou a *sua* iniquidade; e não *os* destruiu, antes muitas vezes desviou *deles* o seu furor, e não despertou toda a sua ira.

³⁹Porque se lembrou de que *eram de* carne, vento que passa e não volta.

⁴⁰Quantas vezes o provocaram no deserto, e o entristeceram na solidão!

⁴¹Voltaram atrás, e tentaram a Deus, e limitaram o Santo de Israel.

⁴²Não se lembraram da sua mão, *nem* do dia em que os livrou do adversário;

⁴³Como operou os seus sinais no Egito, e as suas maravilhas no campo de Zoã;

⁴⁴E converteu os seus rios em sangue, e as suas correntes, para que não pudessem beber.

⁴⁵Enviou entre eles enxames de moscas que os consumiram, e rãs que os destruíram.

⁴⁶Deu também ao pulgão a sua novidade, e o seu trabalho aos gafanhotos.

⁴⁷Destruiu as suas vinhas com saraiva, e os seus sicômoros com pedrisco.

⁴⁸Também entregou o seu gado à saraiva, e os seus rebanhos aos coriscos.

⁴⁹Lançou sobre eles o ardor da sua ira, furor, indignação, e angústia, mandando maus anjos *contra eles*.

⁵⁰Preparou caminho à sua ira; não poupou as suas almas da morte, mas entregou à pestilência as suas vidas.

⁵¹E feriu a todo primogênito no Egito, primícias da *sua* força nas tendas de Cão.

⁵²Mas fez *com* que o seu povo saísse como ovelhas, e os guiou pelo deserto como *um* rebanho.

⁵³E os guiou com segurança, que não temeram; mas o mar cobriu os seus inimigos.

⁵⁴E os trouxe até ao termo do seu santuário, até este monte que a sua destra adquiriu.

⁵⁵E expulsou os gentios de diante deles, e lhes dividiu uma herança por linha, e fez habitar em suas tendas as tribos de Israel.

⁵⁶Contudo tentaram e provocaram o Deus Altíssimo, e não guardaram os seus testemunhos.

⁵⁷Mas retiraram-se para trás, e portaram-se infielmente como seus pais; viraram-se como *um* arco enganoso.

⁵⁸Pois o provocaram à ira com os seus altos, e moveram o seu zelo com as suas imagens de escultura.

⁵⁹Deus ouviu *isto* e se indignou; e aborreceu a Israel sobremodo.

⁶⁰Por isso desamparou o tabernáculo em Siló, a tenda *que* estabeleceu entre os homens.

⁶¹E deu a sua força ao cativeiro, e a sua glória à mão do inimigo.

⁶²E entregou o seu povo à espada, e se enfureceu contra a sua herança.

⁶³O fogo consumiu os seus jovens, e as suas moças não foram dadas em casamento.

⁶⁴Os seus sacerdotes caíram à espada, e as suas viúvas não fizeram lamentação.

⁶⁵Então o Senhor despertou, como quem acaba de dormir, como um valente que se alegra com o vinho.

⁶⁶E feriu os seus adversários por detrás, e pô-los em perpétuo desprezo.

⁶⁷Além disto, recusou o tabernáculo de José, e não elegeu a tribo de Efraim.

⁶⁸Antes elegeu a tribo de Judá; o monte Sião, que ele amava.

⁶⁹E edificou o seu santuário como altos *palácios,* como a terra, que fundou para sempre.

⁷⁰Também elegeu a Davi seu servo, e o tirou dos apriscos das ovelhas;

⁷¹E o tirou do cuidado das *que se acharam* prenhes; para apascentar a Jacó, seu povo, e a Israel, sua herança.

⁷²Assim os apascentou, segundo a integridade do seu coração, e os guiou pela perícia de suas mãos.

NOTAS

SALMO 79
A ASSOLAÇÃO DE JERUSALÉM

Salmo de Asafe

Todas as pessoas têm razão para pedir um gesto de esquecimento de seus pecados anteriores, e toda nação deve fazer destas palavras uma oração contínua: "Venham ao nosso encontro depressa as tuas misericórdias, pois já estamos muito abatidos." *Apressa-te para nos resgatar, porque a nossa nação está correndo a passos largos para a destruição; nossas fileiras estão diminuindo e nossa condição é deplorável.* Observe como a tristeza penitente se concentra nos atributos mais ternos e dirige suas súplicas às misericórdias de Deus; veja também como reconhece seu próprio sofrimento, e não sua própria bondade, como motivo para a demonstração de misericórdia. Que as almas que se acham abatidas encontrem palavras para clamar em sua condição lamentável! O que pode apelar tanto à misericórdia quanto a mais pura aflição? A versão peculiar do livro de orações é de uma expressão que comove: "Não te lembres das nossas iniquidades passadas." Essa súplica expressa claramente a vida de um pecador. Passamos por momentos em que essa oração parece ser mais adequada ao nosso coração abatido do que qualquer outra que a mente humana possa criar.

¹Ó Deus, os gentios vieram à tua herança; contaminaram o teu santo templo; reduziram Jerusalém a montões de pedras.

²Deram os corpos mortos dos teus servos por comida às aves dos céus, e a carne dos teus santos às feras da terra.

³Derramaram o sangue deles como a água ao redor de Jerusalém, e não houve *quem* os enterrasse.

⁴Somos feitos opróbrio para nossos vizinhos, escárnio e zombaria para os que *estão* à roda de nós.

⁵Até quando, SENHOR? *Acaso* te indignarás para sempre? Arderá o teu zelo como fogo?

⁶Derrama o teu furor sobre os gentios que não te conhecem, e sobre os reinos que não invocam o teu nome.

⁷Porque devoraram a Jacó, e assolaram as suas moradas.

⁸Não te lembres das nossas iniquidades passadas; venham ao nosso encontro depressa as tuas misericórdias, pois já estamos muito abatidos.

⁹Ajuda-nos, ó Deus da nossa salvação, pela glória do teu nome; e livra-nos, e perdoa os nossos pecados por amor do teu nome.

¹⁰Por que diriam os gentios: Onde está o seu Deus? Seja ele conhecido entre os gentios, à nossa vista, *pela* vingança do sangue dos teus servos, que *foi* derramado.

¹¹Venha perante a tua face o gemido dos presos; segundo a grandeza do teu braço preserva aqueles que estão sentenciados à morte.

¹²E torna aos nossos vizinhos, no seu regaço, sete vezes tanto da sua injúria com a qual te injuriaram, Senhor.

¹³Assim nós, teu povo e ovelhas de teu pasto, te louvaremos eternamente; de geração em geração cantaremos os teus louvores.

NOTAS

SALMO 80

O PROFETA SUPLICA A DEUS
QUE LIVRE A SUA VINHA

Para o músico-mor. Sobre Shoshanim Edute. Salmo de Asafe

srael habitava nos cumes das montanhas, cultivando cada alqueire de terra. A nação se multiplicou e ficou tão grande que os outros povos sentiram sua influência. "Os montes foram cobertos da sua sombra, e os seus ramos se fizeram como os cedros de Deus." A própria nação ficou tão grande que até suas tribos se encheram de força e passaram a ser contadas entre os poderosos. Uma leitura mais correta descreve os cedros como cobertos de vinhas, e nós sabemos que, em muitas terras, as vinhas sobem pelas árvores, chegando até mesmo a encobri-las. O que dizer, então, dessa vinha que vai subindo pelos cedros de Deus e chega ao seu topo! Trata-se de uma comparação nobre com o povo de Israel em seus melhores dias. Na época de Salomão, a pequena terra de Israel ocupava posição elevada entre as nações. Houve épocas em que a igreja de Deus também foi eminentemente notável, e seu poder se fazia sentir de longe e de perto.

¹Tu, *que és* pastor de Israel, dá ouvidos; tu, que guias a José como a *um* rebanho; tu, que te assentas *entre* os querubins, resplandece.

²Perante Efraim, Benjamim e Manassés, desperta o teu poder, e vem salvar-nos.

³Faze-nos voltar, ó Deus, e faze resplandecer o teu rosto, e seremos salvos.

⁴Ó SENHOR Deus dos Exércitos, até quando te indignarás contra a oração do teu povo?

⁵Tu os sustentas com pão de lágrimas, e lhes dás a beber lágrimas com abundância.

⁶Tu nos pões em contendas com os nossos vizinhos, e os nossos inimigos zombam *de nós* entre si.

⁷Faze-nos voltar, ó Deus dos Exércitos, e faze resplandecer o teu rosto, e seremos salvos.

⁸Trouxeste uma vinha do Egito; lançaste fora os gentios, e a plantaste.

⁹Preparaste-lhe *lugar*, e fizeste com que ela deitasse raízes, e encheu a terra.

¹⁰Os montes foram cobertos da sua sombra, e os seus ramos se fizeram *como os* cedros de Deus.

¹¹Ela estendeu a sua ramagem até ao mar, e os seus ramos até ao rio.

¹²Por que quebraste então os seus valados, de modo que todos os que passam por ela a vindimam?

¹³O javali da selva a devasta, e as feras do campo a devoram.

¹⁴Oh! Deus dos Exércitos, volta-te, nós te rogamos, atende dos céus, e vê, e visita esta vide;

¹⁵E a videira que a tua destra plantou, e o ramo que fortificaste para ti.

¹⁶*Está* queimada pelo fogo, *está* cortada; pereceu pela repreensão da tua face.

¹⁷Seja a tua mão sobre o homem da tua destra, sobre o filho do homem, que fortificaste para ti.

¹⁸Assim nós não te viraremos as costas; guarda-nos em vida, e invocaremos o teu nome.

¹⁹Faze-nos voltar, SENHOR Deus dos Exércitos; faze resplandecer o teu rosto, e seremos salvos.

NOTAS

SALMO 81

DEUS REPREENDE A ISRAEL POR SUA INGRATIDÃO

Salmo de Asafe para o músico-mor, sobre Gitite

"Clamaste na angústia, e te livrei." Deus ouviu os clamores de seu povo no Egito e no mar Vermelho — isso deveria tê-los aproximado dele. Já que Deus não nos abandona nos momentos de necessidade, não devemos deixá-lo em momento algum. Quando nosso coração nos afasta de Deus, nossas orações respondidas nos enchem de *vergonha*. "Respondi-te no lugar oculto dos trovões." Do meio da nuvem, o Senhor enviou sua tempestade sobre os inimigos de seus escolhidos. Essa nuvem era seu pavilhão secreto, e ele armazenou suas armas de guerra em seu interior, seus dardos de relâmpago e sua trombeta de trovão. Ele veio desse pavilhão e desbaratou o inimigo para que seus eleitos pudessem estar em segurança. O Deus que havia sido adorado por sua bondade em um dia foi insultado no dia seguinte, quando o povo sentiu sede e pontadas de fome por um momento. A história de Israel também é nossa própria história, só que em outro formato. Deus nos ouve, protege, livra, mas frequentemente nossa incredulidade nos leva a responder a ele com desconfiança, murmuração e rebelião miseráveis. Grande é nosso pecado; grande é a misericórdia de nosso Deus: que façamos uma pausa para refletir um pouco sobre esses dois fatos!

¹Exultai a Deus, nossa fortaleza; jubilai ao Deus de Jacó.

²Tomai um salmo, e trazei junto o tamborim, a harpa suave e o saltério.

³Tocai a trombeta na lua nova, no tempo apontado da nossa solenidade.

⁴Porque *isto era* um estatuto para Israel, *e* uma lei do Deus de Jacó.

⁵Ordenou-o em José por testemunho, quando saíra pela terra do Egito, *onde* ouvi uma língua *que* não entendia.

⁶Tirei de seus ombros a carga; as suas mãos foram livres dos cestos.

⁷Clamaste na angústia, e te livrei; respondi-te no lugar oculto dos trovões; provei-te nas águas de Meribá. (Selá.)

⁸Ouve-me, povo meu, e eu te atestarei: Ah, Israel, se me ouvires!

⁹Não haverá entre ti deus alheio, nem te prostrarás ante um deus estranho.

¹⁰Eu *sou* o SENHOR teu Deus, que te tirei da terra do Egito; abre bem a tua boca, e ta encherei.

¹¹Mas o meu povo não quis ouvir a minha voz, e Israel não me quis.

¹²Portanto eu os entreguei aos desejos dos seus corações, *e* andaram nos seus *próprios* conselhos.

¹³Oh! Se o meu povo me tivesse ouvido! Se Israel andasse nos meus caminhos!

¹⁴Em breve abateria os seus inimigos, e viraria a minha mão contra os seus adversários.

¹⁵Os que odeiam ao SENHOR ter-se-lhe-iam sujeitado, e o seu tempo seria eterno.

¹⁶E o sustentaria com o trigo mais fino, e o fartaria com o mel saído da rocha.

NOTAS

SALMO 82

DEUS REPREENDE OS JUÍZES POR SUAS INJUSTIÇAS

Salmo de Asafe

"**D**eus está na congregação dos poderosos." Ele é o Supervisor que, de seu ponto estratégico, vê tudo que está sendo feito pelos poderosos na terra. Ele os observa enquanto se assentam, e está pronto para lidar com eles quando pervertem o juízo. Os juízes serão julgados, e os magistrados serão cobrados com base na justiça. Essas pessoas nos dias de hoje fariam bem em se lembrar disso. Alguns precisam memorizar este salmo. Suas decisões severas e seus juízos estranhos são feitos na presença daquele que certamente os visitará por todo procedimento inadequado, porque ele não faz acepção de pessoas e é o defensor do pobre e do necessitado. Uma autoridade mais elevada criticará a decisão das sessões frívolas, e até mesmo as decisões dos juízes mais imparciais serão revisadas pelo tribunal superior do céu. "Julga no meio dos deuses." Para os outros homens, eles são deuses, mas o Senhor é o Deus desses oficiais. Ele lhes empresta seu título, e essa é a autoridade da qual eles são investidos como juízes, mas eles precisam tomar cuidado para que não exerçam um uso inadequado do poder que lhes foi confiado, pois estão em constante audiência diante do Juiz dos juízes.

¹Deus está na congregação dos poderosos; julga no meio dos deuses.

²Até quando julgareis injustamente, e aceitareis as pessoas dos ímpios? (Selá.)

³Fazei justiça ao pobre e ao órfão; justificai o aflito e o necessitado.

⁴Livrai o pobre e o necessitado; tirai-os das mãos dos ímpios.

⁵Eles não conhecem, nem entendem; andam em trevas; todos os fundamentos da terra vacilam.

⁶Eu disse: Vós *sois* deuses, e todos vós filhos do Altíssimo.
⁷Todavia morrereis como homens, e caireis como qualquer dos príncipes.
⁸Levanta-te, ó Deus, julga a terra, pois tu possuis todas as nações.

Notas

SALMO 83

O SALMISTA SUPLICA A DEUS QUE O LIVRE

Cântico e salmo de Asafe

"Faze-lhes como aos midianitas." A fé tem prazer em se basear nos precedentes e citá-los diante do Senhor. No presente caso, Asafe encontrou precedentes muito bons, porque, em ambas as situações, as nações eram muito iguais e o flagelo dos israelitas era bem parecido. Mas Midiã pereceu, e o salmista confiava que, naquela época, os inimigos de Israel seriam derrubados pela mão do Senhor. "Como a Sísera, como a Jabim na ribeira de Quisom." Os exércitos foram debelados pela enchente repentina e pereceram por completo, um segundo exemplo da retaliação divina sobre a confederação dos inimigos de Israel. Quando é da vontade de Deus, um ribeiro pode ser tão mortal quanto o mar. Quisom foi tão terrível para Jabim quanto o mar Vermelho foi terrível para Faraó. Quão facilmente Deus pode ferir os inimigos de seu povo! Ó Deus de Gideão e de Baraque, será que o Senhor não pode vingar novamente sua herança de seus inimigos sedentos de sangue?

¹Ó Deus, não estejas em silêncio; não te cales, nem te aquietes, ó Deus,

²Porque eis que teus inimigos fazem tumulto, e os que te odeiam levantaram a cabeça.

³Tomaram astuto conselho contra o teu povo, e consultaram contra os teus escondidos.

⁴Disseram: Vinde, e desarraiguemo-los para que não *sejam* nação, nem haja mais memória do nome de Israel.

⁵Porque consultaram juntos e unânimes; eles se unem contra ti:

⁶As tendas de Edom, e dos ismaelitas, de Moabe, e dos agarenos,

⁷De Gebal, e de Amom, e de Amaleque, a Filístia, com os moradores de Tiro;

⁸Também a Assíria se ajuntou com eles; foram ajudar aos filhos de Ló. (Selá.)

⁹Faze-lhes como aos midianitas; como *a* Sísera, como a Jabim na ribeira de Quisom;

¹⁰*Os quais* pereceram em Endor; tornaram-se como estrume para a terra.

¹¹Faze aos seus nobres como *a* Orebe, e como *a* Zeebe; e a todos os seus príncipes, como *a* Zebá e como *a* Zalmuna,

¹²Que disseram: Tomemos para nós as casas de Deus em possessão.

¹³Deus meu, faze-os como um tufão, como a aresta diante do vento.

¹⁴Como o fogo que queima um bosque, e como a chama que incendeia as montanhas,

¹⁵Assim os persegue com a tua tempestade, e os assombra com o teu redemoinho.

¹⁶Encham-se de vergonha as suas faces, para que busquem o teu nome, Senhor.

¹⁷Confundam-se e assombrem-se perpetuamente; envergonhem-se, e pereçam,

¹⁸Para que saibam que tu, cujo nome é Senhor, *és* o Altíssimo sobre toda a terra.

NOTAS

SALMO 84

A FELICIDADE DAQUELE QUE HABITA
NO SANTUÁRIO DE DEUS

Para o músico-mor sobre Gitite.
Salmo para os filhos de Coré

Voltar às áreas dedicadas à adoração santa era o anseio da alma do salmista. Os verdadeiros súditos amam estar na corte de seu rei. "O meu coração e a minha carne clamam pelo Deus vivo." Os filhos de Coré desejavam o próprio Deus — o único Deus vivo e verdadeiro. Esse anseio invadia todo o seu ser. Até mesmo o corpo terreno frio se aquecia com a ação intensa de seu espírito fervoroso. De fato, é bem raro que a carne se incline na direção certa, mas, na questão dos cultos no dia de descanso, nossos corpos cansados às vezes socorrem nossas almas ansiosas, porque, assim como a carne deseja descanso físico, a alma aspira por repouso espiritual. Os salmistas declararam que não podiam ficar calados em seus anseios e começaram a clamar por Deus e por sua casa; eles choraram, suspiraram e rogaram por esse privilégio. Algumas pessoas precisam ser empurradas para a igreja, mas os filhos de Coré tinham o profundo desejo de estar no templo. Eles não precisavam que algum sino tocasse na torre da igreja para convidá-los; eles carregavam o sino no próprio peito. O apetite pelas coisas sagradas é um chamado bem mais perfeito para o culto do que um carrilhão completo.

¹Quão amáveis *são* os teus tabernáculos, SENHOR dos Exércitos!

²A minha alma está desejosa, e desfalece pelos átrios do SENHOR; o meu coração e a minha carne clamam pelo Deus vivo.

³Até o pardal encontrou casa, e a andorinha ninho para si, onde ponha seus filhos, até *mesmo* nos teus altares, SENHOR dos Exércitos, Rei meu e Deus meu.

[4]Bem-aventurados os que habitam em tua casa; louvar-te-ão continuamente. (Selá.)

[5]Bem-aventurado o homem cuja força está em ti, em cujo coração *estão* os caminhos *aplanados*.

[6]*Que,* passando pelo vale de Baca, faz dele uma fonte; a chuva também enche os tanques.

[7]Vão indo de força em força; *cada um deles* em Sião aparece perante Deus.

[8]SENHOR Deus dos Exércitos, escuta a minha oração; inclina os ouvidos, ó Deus de Jacó! (Selá.)

[9]Olha, ó Deus, escudo nosso, e contempla o rosto do teu ungido.

[10]Porque vale mais um dia nos teus átrios do que mil. Preferiria estar à porta da casa do meu Deus, a habitar nas tendas dos ímpios.

[11]Porque o SENHOR Deus *é um* sol e escudo; o SENHOR dará graça e glória; não retirará bem *algum* aos que andam na retidão.

[12]SENHOR dos Exércitos, bem-aventurado o homem que em ti põe a sua confiança.

NOTAS

SALMO 85

O SALMISTA PEDE O LIVRAMENTO DAS AFLIÇÕES PRESENTES

Salmo para o músico-mor, entre os filhos de Coré

"Torna-nos a trazer, ó Deus da nossa salvação, e faze cessar a tua ira de sobre nós." Não se trata do fato de que Deus precise aplacar sua ira tanto quanto precisamos dar as costas ao nosso pecado: esse é o âmago de toda a questão. Nossas tribulações frequentemente surgem de nossos próprios pecados — elas não se afastarão enquanto continuarmos a pecar. Nós temos de abandonar nossos pecados, mas somente Deus pode converter-nos. O Deus Salvador tem de fazer essa obra, que consiste em uma parte importante da nossa salvação. A conversão é a alvorada da salvação. Direcionar um coração de volta para Deus é tão difícil quanto fazer o mundo girar em seu eixo. Mas, quando as pessoas aprendem a orar por conversão, há esperança para elas: aqueles que recorrem à oração estão começando a abandonar o pecado. É uma visão abençoada contemplar todo um povo se voltando para seu Deus. Que o Senhor possa enviar sua graça sobre nossa terra, de modo a levar à conversão, e que possamos viver para presenciar as pessoas retornando ao culto amoroso a Deus, assim como as pombas retornam ao seu ninho.

¹Abençoaste, Senhor, a tua terra; fizeste voltar o cativeiro de Jacó.

²Perdoaste a iniquidade do teu povo; cobriste todos os seus pecados. (Selá.)

³Fizeste cessar toda a tua indignação; desviaste-te do ardor da tua ira.

⁴Torna-nos a trazer, ó Deus da nossa salvação, e faze cessar a tua ira de sobre nós.

⁵*Acaso* estarás sempre irado contra nós? Estenderás a tua ira a todas as gerações?

⁶Não tornarás a vivificar-nos, para que o teu povo se alegre em ti?

⁷Mostra-nos, Senhor, a tua misericórdia, e concede-nos a tua salvação.

⁸Escutarei o que Deus, o Senhor, falar; porque falará de paz ao seu povo, e aos santos, para que não voltem à loucura.

⁹Certamente que a salvação *está* perto daqueles que o temem, para que a glória habite na nossa terra.

¹⁰A misericórdia e a verdade se encontraram; a justiça e a paz se beijaram.

¹¹A verdade brotará da terra, e a justiça olhará desde os céus.

¹²Também o Senhor dará o *que é* bom, e a nossa terra dará o seu fruto.

¹³A justiça irá adiante dele, e nos porá no caminho das suas pisadas.

Notas

SALMO 86

DAVI IMPLORA ARDENTEMENTE O SOCORRO DE DEUS

Oração de Davi

"**Ó** Deus meu, salva o teu servo, que em ti confia." Para que os leitores não achassem que Davi acreditava em sua própria santidade, ele declarou imediatamente sua confiança no Senhor. Ele rogou por sua salvação não como alguém que era santo no sentido de ser perfeito, mas, sim, como alguém necessitado dos elementos da salvação propriamente ditos. Como é bom quando se combinam as palavras "ó Deus meu" com as palavras "teu servo", e como é doce a esperança de que possamos ser salvos com base nisso, já que o nosso Deus está longe de ser como o mestre amalequita, que deixou que seu servo pobre e doente perecesse! Observe como o pequeno "eu sou" de Davi (ou, melhor dizendo, a palavra "eu" repetida sem o verbo "sou") apela para o grande Eu Sou com aquela ousadia sagrada motivada pela necessidade que quebra os muros de pedra e auxiliada pela fé que remove montanhas.

¹Inclina, Senhor, os teus ouvidos, *e* ouve-me, porque *estou* necessitado e aflito.

²Guarda a minha alma, pois sou santo: ó Deus meu, salva o teu servo, que em ti confia.

³Tem misericórdia de mim, ó Senhor, pois a ti clamo todo o dia.

⁴Alegra a alma do teu servo, pois a ti, Senhor, levanto a minha alma.

⁵Pois tu, Senhor, *és* bom, e pronto a perdoar, e abundante em benignidade para todos os que te invocam.

⁶Dá ouvidos, Senhor, à minha oração e atende à voz das minhas súplicas.

⁷No dia da minha angústia clamo a ti, porquanto me respondes.

[8]Entre os deuses não há semelhante a ti, Senhor, nem *há* obras como as tuas.

[9]Todas as nações que fizeste virão e se prostrarão perante a tua face, Senhor, e glorificarão o teu nome.

[10]Porque tu *és* grande e fazes maravilhas; só tu *és* Deus.

[11]Ensina-me, Senhor, o teu caminho, *e* andarei na tua verdade; une o meu coração ao temor do teu nome.

[12]Louvar-te-ei, Senhor Deus meu, com todo o meu coração, e glorificarei o teu nome para sempre.

[13]Pois grande *é* a tua misericórdia para comigo; e livraste a minha alma do inferno mais profundo.

[14]Ó Deus, os soberbos se levantaram contra mim, e as assembleias dos tiranos procuraram a minha alma, e não te puseram perante os seus olhos.

[15]Porém tu, Senhor, *és* um Deus cheio de compaixão, e piedoso, sofredor, e grande em benignidade e em verdade.

[16]Volta-te para mim, e tem misericórdia de mim; dá a tua fortaleza ao teu servo, e salva ao filho da tua serva.

[17]Mostra-me um sinal para bem, para que *o* vejam aqueles que me odeiam, e se confundam; porque tu, Senhor, me ajudaste e me consolaste.

NOTAS

SALMO 87
DEUS TEM O MAIOR PRAZER EM SIÃO

Salmo e cântico para os filhos de Coré

"Coisas gloriosas se dizem de ti, ó cidade de Deus." Isso é verdade a respeito de Jerusalém. A história dessa cidade, que é a história da nação da qual ela é a capital, encontra-se repleta de incidentes gloriosos, e seu uso (ou fim) como a habitação do Deus verdadeiro e como o local para sua adoração foi, acima de tudo, glorioso. Ensinos gloriosos foram realizados em suas ruas e presenciados na casa de Deus. Profecias gloriosas foram preditas sobre Jerusalém, e eram circunstâncias mais gloriosas ainda. O mesmo acontece de forma mais sublime com relação à igreja: sua base reside na graça, mas seus pináculos reluzem com glória. As pessoas podem gloriar-se nela sem serem orgulhosas — ela possui um brilho insuperável em sua fronte. Quaisquer coisas gloriosas que os santos possam dizer sobre a igreja em seus elogios não superarão aquilo que os profetas predisseram, nem o que os anjos cantaram ou o que o próprio Deus declarou. Felizes são as línguas que se ocupam de tão excelente assunto: podemos encontrá-las perto de nossas lareiras, em nossos locais de comércio e em todos os lugares em que as pessoas costumam reunir-se.

¹O seu fundamento *está* nos montes santos.

²O SENHOR ama as portas de Sião, mais do que todas as habitações de Jacó.

³Coisas gloriosas se dizem de ti, ó cidade de Deus. (Selá.)

⁴Farei menção de Raabe e de Babilônia àqueles que me conhecem; eis que da Filístia, e de Tiro, e da Etiópia, se dirá: Este *homem* nasceu ali.

⁵E de Sião se dirá: Este e aquele homem nasceram ali; e o mesmo Altíssimo a estabelecerá.

⁶O SENHOR contará na descrição dos povos *que* este *homem* nasceu ali. (Selá.)

⁷Assim os cantores como os tocadores de instrumentos *estarão lá;* todas as minhas fontes estão em ti.

NOTAS

SALMO 88

O SALMISTA QUEIXA-SE DAS SUAS GRANDES DESGRAÇAS

Cântico e salmo para os filhos de Coré e para o músico--mor sobre Maalate Leanote; Masquil de Hemã, ezraíta

O salmista se comparou com "os feridos de morte que jazem na sepultura, dos quais te não lembras mais". Aqueles que estão com a saúde perfeita e cheios de ânimo acham normal colocar nas pessoas de expressão doentia o rótulo pálido da melancolia, mas o mal é tão real quanto uma ferida aberta, e bem mais difícil de aguentar, já que se encontra bem naquela parte da alma que, na visão dos inexperientes, parece consistir em uma simples questão de imaginação caprichosa e doentia. Leitor, nunca zombe das pessoas nervosas e hipocondríacas; a dor delas é real. Embora boa parte do mal resida na imaginação, ele está longe de ser imaginário. "E estão cortados da tua mão." O pobre Hemã sentia como se o próprio Deus o tivesse golpeado e o colocado entre os cadáveres daqueles que foram executados pela justiça divina. Ele lamentava que a mão do Senhor houvesse pesado contra ele e que se encontrava separado do grande Autor de sua vida. Essa é a essência do absinto. Os golpes humanos são insignificantes, mas as feridas de Deus são terríveis para um coração gracioso.

¹Senhor Deus da minha salvação, diante de ti tenho clamado de dia e de noite.

²Chegue a minha oração perante a tua face, inclina os teus ouvidos ao meu clamor;

³Porque a minha alma está cheia de angústia, e a minha vida se aproxima da sepultura.

⁴Estou contado com aqueles que descem ao abismo; estou como homem sem forças,

⁵Livre entre os mortos, como os feridos de morte que jazem na sepultura, dos quais te não lembras mais, e estão cortados da tua mão.

⁶Puseste-me no abismo mais profundo, em trevas e nas profundezas.

⁷Sobre mim pesa o teu furor; tu *me* afligiste com todas as tuas ondas. (Selá.)

⁸Alongaste de mim os meus conhecidos, puseste-me em extrema abominação para com eles. Estou fechado, e não posso sair.

⁹A minha vista desmaia por causa da aflição. SENHOR, tenho clamado a ti todo o dia, tenho estendido para ti as minhas mãos.

¹⁰Mostrarás, tu, maravilhas aos mortos, ou os mortos se levantarão e te louvarão? (Selá.)

¹¹Será anunciada a tua benignidade na sepultura, ou a tua fidelidade na perdição?

¹²Saber-se-ão as tuas maravilhas nas trevas, e a tua justiça na terra do esquecimento?

¹³Eu, porém, SENHOR, tenho clamado a ti, e de madrugada te esperará a minha oração.

¹⁴SENHOR, por que rejeitas a minha alma? Por que escondes de mim a tua face?

¹⁵*Estou* aflito, e prestes *tenho estado* a morrer desde a *minha* mocidade; *enquanto* sofro os teus terrores, estou perturbado.

¹⁶A tua ardente indignação sobre mim vai passando; os teus terrores me têm retalhado.

¹⁷Eles me rodeiam todo o dia como água; eles juntos me sitiam.

¹⁸Desviaste para longe de mim amigos e companheiros, *e* os meus conhecidos *estão* em trevas.

NOTAS

SALMO 89

A ALIANÇA DE DEUS COM DAVI É TRAZIDA À MEMÓRIA

Masquil de Etã, o ezraíta

"Fiz uma aliança com o meu escolhido, e jurei ao meu servo Davi." Davi era o eleito do Senhor, aquele com quem foi feita uma aliança que perpassava toda a sua descendência, até que ela recebesse seu cumprimento final e eterno no "Filho de Davi". A casa de Davi tem de se revestir de realeza: enquanto houvesse um cetro em Judá, a semente de Davi tinha de ser a única dinastia legítima. O grande "Rei dos Judeus" morreu com esse título sobre sua cabeça nos três idiomas conhecidos no mundo de sua época e, hoje, ele é considerado Rei por pessoas de todos os idiomas. O juramento que foi feito a Davi não foi quebrado, embora a coroa terrena não esteja sendo usada, pois, acerca dessa aliança específica, foi dito que seu reino duraria para sempre. Em Cristo Jesus, há uma aliança estabelecida com todos os escolhidos do Senhor. Estes, pela graça, são tornados servos e, depois, ordenados reis e sacerdotes por Cristo Jesus.

¹As benignidades do Senhor cantarei perpetuamente; com a minha boca manifestarei a tua fidelidade de geração em geração.

²Pois disse eu: A *tua* benignidade será edificada para sempre; tu confirmarás a tua fidelidade até nos céus, *dizendo:*

³Fiz uma aliança com o meu escolhido, e jurei ao meu servo Davi, *dizendo:*

⁴A tua semente estabelecerei para sempre, e edificarei o teu trono de geração em geração. (Selá.)

⁵E os céus louvarão as tuas maravilhas, ó Senhor, a tua fidelidade também na congregação dos santos.

⁶Pois quem no céu se pode igualar ao Senhor? *Quem* entre os filhos dos poderosos pode ser semelhante ao Senhor?

⁷Deus é muito formidável na assembleia dos santos, e para ser reverenciado por todos os que o cercam.

⁸Ó SENHOR Deus dos Exércitos, quem *é* poderoso como tu, SENHOR, com a tua fidelidade ao redor de ti?

⁹Tu dominas o ímpeto do mar; quando as suas ondas se levantam, tu as fazes aquietar.

¹⁰Tu quebraste a Raabe como se fora ferida de morte; espalhaste os teus inimigos com o teu braço forte.

¹¹Teus *são* os céus, e tua *é* a terra; o mundo e a sua plenitude tu os fundaste.

¹²O norte e o sul tu os criaste; Tabor e Hermom jubilam em teu nome.

¹³Tu tens um braço poderoso; forte é a tua mão, *e* alta está a tua destra.

¹⁴Justiça e juízo *são* a base do teu trono; misericórdia e verdade irão adiante do teu rosto.

¹⁵Bem-aventurado o povo que conhece o som alegre; andará, ó SENHOR, na luz da tua face.

¹⁶Em teu nome se alegrará todo o dia, e na tua justiça se exaltará.

¹⁷Pois tu *és* a glória da sua força; e no teu favor será exaltado o nosso poder.

¹⁸Porque o SENHOR *é* a nossa defesa, e o Santo de Israel o nosso Rei.

¹⁹Então falaste em visão ao teu santo, e disseste: Pus o socorro sobre *um que é* poderoso; exaltei a *um* eleito do povo.

²⁰Achei a Davi, meu servo; com santo óleo o ungi,

²¹Com o qual a minha mão ficará firme, e o meu braço o fortalecerá.

²²O inimigo não o importunará, nem o filho da perversidade o afligirá.

²³E eu derrubarei os seus inimigos perante a sua face, e ferirei aos que o odeiam.

²⁴E a minha fidelidade e a minha benignidade *estarão* com ele; e em meu nome será exaltado o seu poder.

²⁵Porei também a sua mão no mar, e a sua direita nos rios.

²⁶Ele me chamará, *dizendo:* Tu *és* meu pai, meu Deus, e a rocha da minha salvação.

²⁷Também o farei *meu* primogênito mais elevado do que os reis da terra.

²⁸A minha benignidade lhe conservarei eu para sempre, e a minha aliança lhe *será* firme,

²⁹E conservarei para sempre a sua semente, e o seu trono como os dias do céu.

³⁰Se os seus filhos deixarem a minha lei, e não andarem nos meus juízos,

³¹Se profanarem os meus preceitos, e não guardarem os meus mandamentos,

³²Então visitarei a sua transgressão com a vara, e a sua iniquidade com açoites.

³³Mas não retirarei totalmente dele a minha benignidade, nem faltarei à minha fidelidade.

³⁴Não quebrarei a minha aliança, não alterarei o que saiu dos meus lábios.

³⁵Uma vez jurei pela minha santidade *que* não mentirei a Davi.

³⁶A sua semente durará para sempre, e o seu trono, como o sol diante de mim.

³⁷Será estabelecido para sempre como a lua *e como* uma testemunha fiel no céu. (Selá.)

³⁸Mas tu rejeitaste e aborreceste; tu te indignaste contra o teu ungido.

³⁹Abominaste a aliança do teu servo; profanaste a sua coroa, *lançando-a* por terra.

⁴⁰Derrubaste todos os seus muros; arruinaste as suas fortificações.

⁴¹Todos os que passam pelo caminho o despojam; é um opróbrio para os seus vizinhos.

⁴²Exaltaste a destra dos seus adversários; fizeste com que todos os seus inimigos se regozijassem.

⁴³Também embotaste o fio da sua espada, e não o sustentaste na peleja.

⁴⁴Fizeste cessar a sua glória, e deitaste por terra o seu trono.

⁴⁵Abreviaste os dias da sua mocidade; cobriste-o de vergonha. (Selá.)

⁴⁶Até quando, Senhor? *Acaso* te esconderás para sempre? Arderá a tua ira como fogo?

⁴⁷Lembra-te de quão breves são os meus dias; por que crias em vão todos os filhos dos homens?

⁴⁸Que homem há, que viva, e não veja a morte? Livrará ele a sua alma do poder da sepultura? (Selá.)
⁴⁹Senhor, onde *estão* as tuas antigas benignidades *que* juraste a Davi pela tua verdade?
⁵⁰Lembra-te, Senhor, do opróbrio dos teus servos; *como* eu trago no meu peito o *opróbrio de* todos os povos poderosos,
⁵¹Com o qual, SENHOR, os teus inimigos têm difamado, com o qual têm difamado as pisadas do teu ungido.
⁵²Bendito *seja* o SENHOR para sempre. Amém, e Amém.

NOTAS

LIVRO 4
Salmos 90-106

SALMO 90

A FRAQUEZA DO HOMEM E A PROVIDÊNCIA DE DEUS

Oração de Moisés, homem de Deus

"Tu os levas como uma corrente de água." Do mesmo modo que uma torrente corre pelo leito do rio e carrega tudo que se acha diante dela, o Senhor leva, por meio da morte, as gerações que se sucedem. Da mesma forma que o furacão varre as nuvens do céu, o tempo leva os filhos dos homens. "São como um sono." Diante de Deus, as pessoas podem parecer tão irreais quanto os sonhos da noite, os fantasmas do sono. Não somente os planos e os esquemas dos homens se parecem com o sono; nós mesmos nos assemelhamos a esse cenário. Shakespeare disse: "Somos feitos da mesma matéria que nossos sonhos". "De manhã são como a erva que cresce." Do mesmo modo que a erva fica verde pela manhã e se transforma em feno à noite, as pessoas passam da saúde à decomposição em poucas horas. Não somos cedros nem carvalhos, mas tão somente erva pobre, que é vigorosa na primavera, mas não chega nem mesmo a durar ao longo de todo o verão. O que há sobre a terra que seja mais frágil que nós?

¹Senhor, tu tens sido o nosso refúgio, de geração em geração.

²Antes que os montes nascessem, ou que tu formasses a terra e o mundo, mesmo de eternidade a eternidade, tu *és* Deus.

³Tu reduzes o homem à destruição; e dizes: Tornai-vos, filhos dos homens.

⁴Porque mil anos *são* aos teus olhos como o dia de ontem que passou, e como a vigília da noite.

⁵Tu os levas como *uma* corrente de água; são *como um* sono; de manhã *são* como a erva *que* cresce.

⁶De madrugada floresce e cresce; à tarde corta-se e seca.

[7]Pois somos consumidos pela tua ira, e pelo teu furor somos angustiados.

[8]Diante de ti puseste as nossas iniquidades, os nossos *pecados* ocultos, à luz do teu rosto.

[9]Pois todos os nossos dias vão passando na tua indignação; passamos os nossos anos como um conto que se conta.

[10]Os dias da nossa vida chegam a setenta anos, e se alguns, pela sua robustez, chegam a oitenta anos, o orgulho deles *é* canseira e enfado, pois cedo se corta e vamos voando.

[11]Quem conhece o poder da tua ira? Segundo és tremendo, *assim é o* teu furor.

[12]Ensina-nos a contar os nossos dias, de tal maneira que alcancemos corações sábios.

[13]Volta-te para nós, SENHOR; até quando? Aplaca-te para com os teus servos.

[14]Farta-nos de madrugada com a tua benignidade, para que nos regozijemos, e nos alegremos todos os nossos dias.

[15]Alegra-nos pelos dias *em que* nos afligiste, *e* pelos anos *em que* vimos o mal.

[16]Apareça a tua obra aos teus servos, e a tua glória sobre seus filhos.

[17]E seja sobre nós a formosura do SENHOR nosso Deus, e confirma sobre nós a obra das nossas mãos; sim, confirma a obra das nossas mãos.

NOTAS

SALMO 91

A SEGURANÇA DAQUELE QUE SE ACOLHE EM DEUS

Aqueles que, pela riqueza da graça, obtêm comunhão incomum e contínua com Deus, de modo a permanecer em Cristo e Cristo neles, tornam-se detentores de benefícios raros e especiais — benefícios com os quais aqueles que permanecem de longe e entristecem o Espírito Santo de Deus não podem contar. No lugar secreto, entram apenas aqueles que conhecem o amor de Deus em Cristo Jesus; e, somente para as pessoas que ali habitam, o viver é Cristo. Para elas, o véu está rasgado, o propiciatório está revelado, os querubins da tampa do propiciatório se manifestam e a glória terrível do Altíssimo se faz presente com todo o seu resplendor. As pessoas que são como Simeão têm o Espírito Santo dentro de si e, do mesmo modo que Ana, não saem do templo; elas são cortesãs do grande Rei, o povo valente que vigia em volta do leito de Salomão, as almas virgens que seguem o Cordeiro aonde quer que ele vá. Já que se constituem na fina flor dos eleitos, andarão com seu Senhor de branco, porque são pessoas dignas. Já que estão assentadas na câmara da presença augusta onde reluz a luz mística da *Shekinah*, elas sabem o que é ser ressuscitado juntamente com Cristo e o que significa estar assentado nos lugares celestiais com Cristo; a respeito delas, portanto, diz-se verdadeiramente que seu colóquio se passa no céu.

¹Aquele que habita no esconderijo do Altíssimo, à sombra do Onipotente descansará.

²Direi do SENHOR: *Ele é* o meu Deus, o meu refúgio, a minha fortaleza, e nele confiarei.

³Porque ele te livrará do laço do passarinheiro, *e* da peste perniciosa.

⁴Ele te cobrirá com as suas penas, e debaixo das suas asas te confiarás; a sua verdade *será o teu* escudo e broquel.

⁵Não terás medo do terror de noite *nem* da seta que voa de dia,

⁶*Nem* da peste *que* anda na escuridão, *nem* da mortandade *que* assola ao meio-dia.

⁷Mil cairão ao teu lado, e dez mil à tua direita, *mas* não chegará a ti.

⁸Somente com os teus olhos contemplarás, e verás a recompensa dos ímpios.

⁹Porque tu, ó SENHOR, és o meu refúgio. No Altíssimo fizeste a tua habitação.

¹⁰Nenhum mal te sucederá, nem praga *alguma* chegará à tua tenda.

¹¹Porque aos seus anjos dará ordem a teu respeito, para te guardarem em todos os teus caminhos.

¹²Eles te sustentarão nas suas mãos, para que não tropeces com o teu pé em pedra alguma.

¹³Pisarás sobre o leão e a cobra; calcarás aos pés o leão jovem e a serpente.

¹⁴Porquanto tão encarecidamente me amou, também eu o livrarei; pô-lo-ei em retiro alto, porque conheceu o meu nome.

¹⁵Ele me invocará, e eu lhe responderei; *estarei* com ele na angústia; dela o retirarei, e o glorificarei.

¹⁶Fartá-lo-ei com longura de dias, e lhe mostrarei a minha salvação.

NOTAS

SALMO 92
O SALMISTA EXORTA A LOUVAR A DEUS

Salmo e cântico para o sábado

"**P**ara de manhã anunciar a tua benignidade." Há frescor e charme inigualáveis nos louvores que ocorrem ao romper da manhã; o dia torna-se mais belo tão logo nasce, e o próprio Deus parece fazer a distribuição do maná diário nesse instante, que tem um sabor mais doce se for coletado antes que o sol esquente. Parece mais adequado que, já que nosso coração e nossa harpa ficaram silenciosos durante as sombras da noite, estejamos ávidos para assumir nosso lugar entre o coral dos eleitos que entoam hinos sem cessar ao Deus eterno. "E todas as noites a tua fidelidade." Nunca é tarde para louvar a Deus, e o final do dia não pode esgotar nossa gratidão. Quando a natureza parece estar em silenciosa contemplação para adorar o Criador, não fica bem os filhos de Deus deixarem de se expressar em ação de graças. A noite é um momento retrospectivo: a memória se ocupa das experiências do dia, já que o tema adequado para a canção é a fidelidade divina, da qual esse novo dia trouxe ainda mais evidências. Quando a escuridão paira sobre todas as coisas, então recai sobre as pessoas sábias um espírito amigável e meditativo, tornando-se mais propício que elas possam ter uma visão bem mais expandida a respeito da verdade e da bondade de Jeová.

¹Bom *é* louvar ao Senhor, e cantar louvores ao teu nome, ó Altíssimo;

²Para de manhã anunciar a tua benignidade, e todas as noites a tua fidelidade;

³Sobre *um* instrumento de dez cordas, e sobre o saltério; sobre a harpa com som solene.

⁴Pois tu, Senhor, me alegraste pelos teus feitos; exultarei nas obras das tuas mãos.

⁵Quão grandes são, Senhor, as tuas obras! Mui profundos *são* os teus pensamentos.

⁶O homem brutal não conhece, nem o louco entende isto.
⁷Quando o ímpio crescer como a erva, e quando florescerem todos os que praticam a iniquidade, *é* que serão destruídos perpetuamente.
⁸Mas tu, SENHOR, *és* o Altíssimo para sempre.
⁹Pois eis que os teus inimigos, SENHOR, eis que os teus inimigos perecerão; serão dispersos todos os que praticam a iniquidade.
¹⁰Porém tu exaltarás o meu poder, como *o* do boi selvagem. Serei ungido com óleo fresco.
¹¹Os meus olhos verão *o meu desejo* sobre os meus inimigos, *e* os meus ouvidos ouvirão *o meu desejo* acerca dos malfeitores que se levantam contra mim.
¹²O justo florescerá como a palmeira; crescerá como o cedro no Líbano.
¹³Os que estão plantados na casa do SENHOR florescerão nos átrios do nosso Deus.
¹⁴Na velhice ainda darão frutos; serão viçosos e vigorosos,
¹⁵Para anunciar que o SENHOR é reto. *Ele é* a minha rocha e nele não *há* injustiça.

NOTAS

SALMO 93

O PODER E A MAJESTADE DO REINO DE DEUS

"O SENHOR... está vestido de majestade." Que o Senhor se manifeste na igreja em nosso tempo em majestade e poder notórios, salvando pecadores, corrigindo erros e honrando seu próprio nome. Que neste dia o Filho do Homem se levante em seu trono sublime e glorioso para ser reverenciado na grande congregação e admirado por todos aqueles que nele creem. "O SENHOR se revestiu e cingiu de poder." Do mesmo modo que as pessoas se preparam para correr ou para trabalhar, o Senhor se manifesta aos olhos de seu povo pronto para agir, revestido de sua onipotência. A força sempre habita no Senhor Jeová, mas, com frequência, ele esconde seu poder até o momento em que, ao ouvir o clamor de seus filhos, reveste-se de força, assume o trono e defende os seus. Deve ser motivo constante da oração a ser praticada em nossa época que o reino do Senhor seja visível e que seu poder se manifeste na igreja e em nome dela. "Venha o teu reino" — que essa seja nossa oração diária! Que nosso louvor diário expresse o desejo de que o Senhor Jesus reine de modo efetivo.

¹O SENHOR reina; está vestido de majestade. O SENHOR se revestiu e cingiu de poder; o mundo também está firmado, *e* não poderá vacilar.

²O teu trono *está* firme desde então; tu *és* desde a eternidade.

³Os rios levantam, ó SENHOR, os rios levantam o seu ruído, os rios levantam as suas ondas.

⁴*Mas* o SENHOR nas alturas *é* mais poderoso do que o ruído das grandes águas *e do que* as grandes ondas do mar.

⁵Mui fiéis são os teus testemunhos; a santidade convém à tua casa, SENHOR, para sempre.

NOTAS

_____

_____

_____

_____

_____

_____

_____

_____

_____

_____

_____

_____

_____

_____

_____

_____

_____

_____

_____

_____

_____

_____

_____

_____

_____

_____

_____

_____

SALMO 94
APELAÇÃO À JUSTIÇA DE DEUS
CONTRA OS MALFEITORES

Será que o erro governará para sempre? Será que a escravidão, a roubalheira e a tirania nunca terão fim? "SENHOR, até quando os ímpios saltarão de prazer?" Já que certamente existe um Deus justo no céu, que é Todo-Poderoso, mais cedo ou mais tarde haverá um fim da proliferação do mal. Em algum momento, a inocência encontrará quem a defenda. A expressão "até quando" nesta passagem consiste em uma súplica amarga de todos os justos em todas as épocas, além de expressar o espanto causado pelo grande enigma da providência: a existência e a predominância do mal. O som "até quando?" é muito parecido com um uivo, como se fosse um dos mais tristes de todos os enunciados em que a miséria se lamenta. Em vários momentos, essa súplica amarga tem sido ouvida nas masmorras da Inquisição, no pelourinho da escravidão e nas prisões da opressão. No momento certo, Deus enviará sua resposta, mas ainda não será o fim cabal.

¹Ó SENHOR Deus, a quem a vingança pertence, ó Deus, a quem a vingança pertence, mostra-te resplandecente.

²Exalta-te, tu, que és juiz da terra; dá a paga aos soberbos.

³Até quando os ímpios, SENHOR, até quando os ímpios saltarão de prazer?

⁴*Até quando* proferirão, e falarão coisas duras, *e* se gloriarão todos os que praticam a iniquidade?

⁵Reduzem a pedaços o teu povo, ó SENHOR, e afligem a tua herança.

⁶Matam a viúva e o estrangeiro, e ao órfão tiram a vida.

⁷Contudo dizem: O SENHOR não *o* verá; nem *para isso* atenderá o Deus de Jacó.

⁸Atendei, ó brutais dentre o povo; e vós, loucos, quando sereis sábios?

⁹Aquele que fez o ouvido não ouvirá? E o que formou o olho, não verá?

[10]Aquele que repreende os gentios *não* castigará? E o que ensina ao homem o conhecimento, *não saberá?*

[11]O SENHOR conhece os pensamentos do homem, que são vaidade.

[12]Bem-aventurado *é* o homem a quem tu castigas, ó SENHOR, e a quem ensinas a tua lei;

[13]Para lhe dares descanso dos dias maus, até que se abra a cova para o ímpio.

[14]Pois o SENHOR não rejeitará o seu povo, nem desamparará a sua herança.

[15]Mas o juízo voltará à retidão, e segui-lo-ão todos os retos de coração.

[16]Quem será por mim contra os malfeitores? Quem se porá por mim contra os que praticam a iniquidade?

[17]Se o SENHOR não tivera ido em meu auxílio, a minha alma quase que teria ficado no silêncio.

[18]Quando eu disse: O meu pé vacila; a tua benignidade, SENHOR, me susteve.

[19]Na multidão dos meus pensamentos dentro de mim, as tuas consolações recrearam a minha alma.

[20]Porventura o trono de iniquidade te acompanha, o qual forja o mal por uma lei?

[21]Eles se ajuntam contra a alma do justo, e condenam o sangue inocente.

[22]Mas o SENHOR *é* a minha defesa; e o meu Deus é a rocha do meu refúgio.

[23]E trará sobre eles a sua própria iniquidade; e os destruirá na sua própria malícia; o SENHOR nosso Deus os destruirá.

NOTAS

SALMO 95

O SALMISTA CONVIDA A LOUVAR O SENHOR

E le é o Deus dos vales e das montanhas, das cavernas e dos lugares altos. "Nas suas mãos estão as profundezas da terra." Muito abaixo dos lugares em que os mineiros chegam com suas brocas, e em um local bem mais profundo, onde habitam os oceanos secretos e se encontram as fontes das águas, e ainda mais profundo que o abismo desconhecido onde as chamas e o fogo central gigantesco ardem, o poder de Jeová se faz sentir, e todas as coisas estão debaixo do domínio de sua mão. Assim como os príncipes seguram o globo simbólico em suas mãos, o Senhor segura de fato o mundo. Quando Israel bebeu da fonte cristalina que saiu das águas profundas da rocha que foi ferida, as pessoas souberam que os lugares profundos da terra estão nas mãos de Deus. "E as alturas dos montes são suas." Quando o Sinai fumegava em sua totalidade, as tribos compreenderam que Jeová era o Deus tanto das montanhas como dos vales. Em todos os lugares e em todas as épocas, isto é verdade: O Senhor reina sobre os lugares altos da terra, e é único em majestade.

¹Vinde, cantemos ao Senhor; jubilemos à rocha da nossa salvação.

²Apresentemo-nos ante a sua face com louvores, e celebremo-lo com salmos.

³Porque o Senhor *é* Deus grande, e Rei grande sobre todos os deuses.

⁴Nas suas mãos *estão* as profundezas da terra, e as alturas dos montes *são* suas.

⁵Seu é o mar, e ele o fez, e as suas mãos formaram a terra seca.

⁶Ó, vinde, adoremos e prostremo-nos; ajoelhemos diante do Senhor que nos criou.

⁷Porque ele *é* o nosso Deus, e nós povo do seu pasto e ovelhas da sua mão. Se hoje ouvirdes a sua voz,

⁸Não endureçais os vossos corações, *assim* como na provocação *e* como *no* dia da tentação no deserto;

⁹Quando vossos pais me tentaram, me provaram, e viram a minha obra.

¹⁰Quarenta anos estive desgostado com *esta* geração, e disse: É *um* povo que erra de coração, e não tem conhecido os meus caminhos.

¹¹A quem jurei na minha ira que não entrarão no meu repouso.

NOTAS

SALMO 96

CONVITE A TODA A TERRA PARA LOUVAR E TEMER AO SENHOR

"Cantai ao Senhor, toda a terra." Os ânimos nacionalistas estão mortos; um judeu convida os gentios a adorarem e se junta a eles para que toda a terra eleve um salmo em comum, em uma só voz e um só coração, a Jeová, que a visitou com sua salvação. Nenhum canto da terra discorda disso. Nenhuma raça ou povo se faz de surdo. Jeová fez toda a terra, e toda a terra tem de cantar para ele. Do mesmo modo que o sol brilha sobre todas as terras, todas as terras se deleitam no sol da justiça. *E pluribus unum*, de muitos surge uma única canção. As linguagens multiformes dos filhos de Adão, que foram espalhadas em Babel, serão reunidas na mesma canção, quando os povos forem congregados em Sião. E não apenas as pessoas, mas a própria terra louvará seu Criador. Submetida à vaidade por algum tempo, em virtude de uma necessidade lamentável, a própria criação será libertada da escravidão da corrupção e trazida à liberdade gloriosa dos filhos de Deus. Mar e floresta, campo e as muitas águas, todos se alegrarão diante do Senhor.

¹Cantai ao Senhor *um* cântico novo, cantai ao Senhor toda a terra.

²Cantai ao Senhor, bendizei o seu nome; anunciai a sua salvação de dia em dia.

³Anunciai entre as nações a sua glória; entre todos os povos as suas maravilhas.

⁴Porque grande *é* o Senhor, e mui digno de louvor, mais temível do que todos os deuses.

⁵Porque todos os deuses dos povos *são* ídolos, mas o Senhor fez os céus.

⁶Glória e majestade *estão* ante a sua face, força e formosura no seu santuário.

⁷Dai ao Senhor, ó famílias dos povos, dai ao Senhor glória e força.

[8]Dai ao SENHOR a glória *devida ao seu* nome; trazei oferenda, e entrai nos seus átrios.

[9]Adorai ao SENHOR na beleza da santidade; tremei diante dele toda a terra.

[10]Dizei entre os gentios *que* o SENHOR reina. O mundo também se firmará para que se não abale; julgará os povos com retidão.

[11]Alegrem-se os céus, e regozije-se a terra; brame o mar e a sua plenitude.

[12]Alegre-se o campo com tudo o que *há* nele; então se regozijarão todas as árvores do bosque,

[13]Ante a face do SENHOR, porque vem, porque vem a julgar a terra; julgará o mundo com justiça e os povos com a sua verdade.

NOTAS

SALMO 97
A MAJESTADE DO REINO DE DEUS

A sabedoria encobre seu rosto e adora a misericórdia que esconde o propósito divino; a insensatez se precipita e perece, primeiro por ter sido cegada, depois por ter sido consumida pelo brilho da glória. "Justiça e juízo são a base do seu trono." É nesse lugar que ele habita, sem jamais afastar-se da justiça e do juízo severo, pois seu trono está calcado na rocha da santidade eterna. A justiça é seu atributo imutável, e o juízo marca cada uma de suas atividades. Embora não consigamos enxergar nem compreender seu agir, temos certeza de que ele não fará nada de errado contra nós nem contra suas criaturas. Acaso esse já não é motivo suficiente para nos alegrarmos nele e o adorarmos? A soberania divina nunca é autoritária. Jeová é um autocrata, mas não um déspota. O poder absoluto está seguro nas mãos daquele que não pode errar nem agir de modo injusto. Quando o rolo dos decretos e os livros da divina providência forem abertos, nenhum olho encontrará palavra alguma que precise ser riscada, não haverá nenhuma sílaba de erro, nenhuma linha de injustiça, tampouco qualquer letra de profanação. Somente acerca do Senhor de todas as criaturas é possível dizer tal coisa.

¹O Senhor reina; regozije-se a terra; alegrem-se as muitas ilhas.

²Nuvens e escuridão *estão* ao redor dele; justiça e juízo são a base do seu trono.

³Um fogo vai adiante dele, e abrasa os seus inimigos em redor.

⁴Os seus relâmpagos iluminam o mundo; a terra viu e tremeu.

⁵Os montes derretem como cera na presença do Senhor, na presença do Senhor de toda a terra.

⁶Os céus anunciam a sua justiça, e todos os povos veem a sua glória.

⁷Confundidos sejam todos os que servem imagens de escultura, que se gloriam de ídolos; prostrai-vos diante dele todos os deuses.

⁸Sião ouviu e se alegrou; e as filhas de Judá se alegraram por causa da tua justiça, ó SENHOR.

⁹Pois tu, SENHOR, *és* o mais alto sobre toda a terra; tu és muito mais exaltado do que todos os deuses.

¹⁰Vós, que amais ao SENHOR, odiai o mal. Ele guarda as almas dos seus santos; ele os livra das mãos dos ímpios.

¹¹A luz semeia-se para o justo, e a alegria para os retos de coração.

¹²Alegrai-vos, ó justos, no SENHOR, e dai louvores à memória da sua santidade.

NOTAS

SALMO 98

EXORTAÇÃO A LOUVAR O SENHOR

Salmo

A misericórdia que dura para sempre e a fidelidade que não consegue esquecer nenhuma promessa asseguram à semente escolhida a salvação assegurada de longa data pelo pacto da graça. "Todas as extremidades da terra viram a salvação do nosso Deus." A graça não foi concedida apenas à semente de Abraão segundo a carne, mas aos eleitos de todas as nações. Portanto, que toda a igreja de Deus cante a ele um cântico novo. Não foi uma bênção pequena nem um milagre insignificante que o evangelho tenha sido divulgado por todas as terras em tão pouco tempo, com um sucesso tão singular e com tantos resultados duradouros. O Pentecostes merece um novo cântico, assim como a Paixão de Cristo e a ressurreição; que nossos corações se lembrem de tudo isso com alegria! O "nosso Deus", que é bendito para sempre, é honrado continuamente por aqueles que antes se curvavam diante de ídolos surdos; sua salvação não apenas foi ouvida, mas também vista entre todos os povos; e não apenas foi explicada, mas também experimentada por eles. Seu Filho é o verdadeiro Redentor de uma multidão de pessoas que vieram de todas as nações.

¹Cantai ao Senhor um cântico novo, porque fez maravilhas; a sua destra e o seu braço santo lhe alcançaram a salvação.

²O Senhor fez notória a sua salvação, manifestou a sua justiça perante os olhos dos gentios.

³Lembrou-se da sua benignidade e da sua verdade para com a casa de Israel; todas as extremidades da terra viram a salvação do nosso Deus.

⁴Exultai no Senhor toda a terra; exclamai e alegrai-vos de prazer, e cantai louvores.

⁵Cantai louvores ao Senhor com a harpa; com a harpa e a voz do canto.

⁶Com trombetas e som de cornetas, exultai perante a face do SENHOR, do Rei.

⁷Brame o mar e a sua plenitude; o mundo, e os que nele habitam.

⁸Os rios batam as palmas; regozijem-se também as montanhas,

⁹Perante a face do SENHOR, porque vem a julgar a terra; com justiça julgará *o* mundo, e o povo com equidade.

NOTAS

SALMO 99

EXORTAÇÃO A ADORAR A DEUS NO SEU SANTO MONTE

"Louvem o teu nome, grande e tremendo." Em seu aspecto mais atemorizador, o Senhor ainda deve ser louvado. Muitos declaram admirar os raios mais suaves do sol da justiça, mas queimam de rebelião diante de seu brilho mais flamejante. Isso não deve ser assim. Estamos destinados a louvar um Deus tremendo e a adorar aquele que lança o ímpio no inferno. Acaso Israel não louvou aquele que "derrubou a Faraó com o seu exército no mar Vermelho; porque a sua benignidade dura para sempre"? (Salmos 136:15). Esse Vingador terrível deve ser louvado da mesma forma que o amável Redentor. A simpatia do ser humano com o pecado rebela-se contra essa atitude; ela pede um Deus cuja pena sufoque a justiça. Esses seguidores bem-instruídos de Jeová o louvam em todos os aspectos de seu caráter, sejam terríveis ou cheios de ternura. A graça que flui do propiciatório só pode operar em nós quando temos esse admirável estado de espírito. "Pois é santo." Nele, não há falta ou defeito, excesso ou deficiência, erro ou iniquidade. Ele é inteiramente excelente, e por esse motivo é chamado de santo. Em suas palavras, em seus pensamentos, em seus gestos e em suas revelações, bem como em si mesmo, ele é a própria perfeição. Oh, vamos adorar e nos prostrar diante dele!

¹O SENHOR reina; tremam os povos. Ele está assentado *entre* os querubins; comova-se a terra.

²O SENHOR *é* grande em Sião, e mais alto do que todos os povos.

³Louvem o teu nome, grande e tremendo, *pois* é santo.

⁴Também o poder do Rei ama o juízo; tu firmas a equidade, fazes juízo e justiça em Jacó.

⁵Exaltai ao SENHOR nosso Deus, e prostrai-vos diante do escabelo de seus pés, *pois é* santo.

⁶Moisés e Arão, entre os seus sacerdotes, e Samuel entre os que invocam o seu nome, clamavam ao SENHOR, e Ele lhes respondia.

⁷Na coluna de nuvem lhes falava; eles guardaram os seus testemunhos, e os estatutos *que* lhes dera.

⁸Tu os escutaste, SENHOR nosso Deus: tu foste um Deus que lhes perdoaste, ainda que tomaste vingança dos seus feitos.

⁹Exaltai ao SENHOR nosso Deus e adorai-o no seu monte santo, pois o SENHOR nosso Deus *é* santo.

NOTAS

SALMO 100

EXORTAÇÃO A EXALTAR O SENHOR

Salmo de louvor

A qualidade de louvor que é inspirada por este salmo, que é de alegria e contentamento, é a mais adequada a nós como um argumento a partir da bondade de Deus. "Eterna é a sua misericórdia." Deus não é mera justiça, frio e austero; ele é possuidor de uma compaixão profunda e não deseja a morte do ímpio. Sua misericórdia é ainda mais claramente manifestada para com seu povo; ela pertence ao seu povo desde os tempos eternos, e assim será para todo o sempre. A misericórdia eterna consiste em um tema glorioso para um cântico sagrado. "E a sua verdade dura de geração em geração." Deus não é inconstante, daquele tipo que promete e, em seguida, esquece. Ele fez uma aliança com seu povo e nunca a revogará nem alterará qualquer das palavras que saíram de seus lábios. Do mesmo modo que nossos anciãos constataram sua fidelidade, nossos filhos e os que virão depois deles também a constatarão. Um Deus inconstante seria um terror para o justo — ele nunca contaria com uma âncora segura para sua fé e, em meio a um mundo em constante mudança, seria carregado de um lado para o outro com um medo perpétuo de naufragar. Nosso coração salta de alegria quando nos prostramos diante daquele que nunca quebrou nenhuma de suas promessas nem alterou seu propósito.

¹Celebrai com júbilo ao SENHOR, todas as terras.

²Servi ao SENHOR com alegria; e entrai diante dele com canto.

³Sabei que o SENHOR *é* Deus; foi ele que nos fez, e não nós a nós mesmos; *somos* povo seu e ovelhas do seu pasto.

⁴Entrai pelas portas dele com gratidão, *e* em seus átrios com louvor; louvai-o, e bendizei o seu nome.

⁵Porque o SENHOR *é* bom, e eterna a sua misericórdia; e a sua verdade dura de geração em geração.

NOTAS

SALMO 101

DAVI PROMETE A DEUS ANDAR PERANTE ELE

Salmo de Davi

"**N**ão porei coisa má diante dos meus olhos." *Se outras pessoas trouxerem coisas más diante de mim, eu me afastarei delas; não as olharei com prazer.* O salmista é bem radical em sua decisão; ele recusa a forma mais sutil, mais dissimulada e mais costumeira do mal — o mal de qualquer tipo. Esse mal não permanecerá em seu coração, muito menos diante de seus olhos, porque tudo o que fascina o olho é capaz de entrar no coração, do mesmo modo que o fruto proibido primeiramente agradou aos olhos de Eva, para, depois, prevalecer sobre sua mente e suas mãos. "Odeio a obra daqueles que se desviam." Ele lutava veementemente contra isso e não via essa questão com indiferença, mas com ódio e desprezo plenos. O ódio contra o pecado é uma boa sentinela para a porta da virtude. Existem pessoas nas cortes que andam em um caminho bem tortuoso, abandonando a estrada da integridade; elas supõem que, por meio de atalhos, curvas e reviravoltas, muitas vezes devem realizar um trabalho para seus mestres que as pessoas simples e honestas não são capazes de executar. Entretanto, Davi não gostaria de empregar, nem de perto, tais subterfúgios; ele não oferecia propina e odiava as práticas de pessoas que se desviavam da justiça.

[1]Cantarei a misericórdia e o juízo; a ti, SENHOR, cantarei.
[2]Portar-me-ei com inteligência no caminho reto. Quando virás a mim? Andarei em minha casa com um coração sincero.
[3]Não porei coisa má diante dos meus olhos. Odeio a obra daqueles que se desviam; não se *me* pegará a mim.
[4]Um coração perverso se apartará de mim; não conhecerei o *homem* mau.
[5]Aquele que murmura do seu próximo às escondidas, eu o destruirei; aquele que tem olhar altivo e coração soberbo, não suportarei.

⁶Os meus olhos *estarão* sobre os fiéis da terra, para que se assentem comigo; o que anda *num* caminho reto, esse me servirá.

⁷O que usa de engano não ficará dentro da minha casa; o que fala mentiras não estará firme perante os meus olhos.

⁸Pela manhã destruirei todos os ímpios da terra, para desarraigar da cidade do Senhor todos os que praticam a iniquidade.

Notas

SALMO 102

O SALMISTA RECORRE A DEUS PARA QUE RESTABELEÇA O SEU POVO

Oração do aflito, vendo-se desfalecido, e derramando a sua queixa perante a face do Senhor

"Isto se escreverá para a geração futura." O salmista aqui quer dizer que a reconstrução de Jerusalém seria um fato na história pelo qual o Senhor seria louvado de geração em geração. Os reavivamentos na religião não são apenas causa de grande alegria naqueles que estão diretamente envolvidos; eles também trazem encorajamento e prazer para o povo de Deus, mesmo decorrido muito tempo. São verdadeiros incentivos perpétuos para a adoração por meio da igreja de Deus. Este versículo nos ensina que devemos voltar um olho para a posteridade e nos esforçar de modo especial para perpetuar a memória do amor de Deus por sua igreja e pelos pobres, para que, quando os jovens crescerem, saibam que o Senhor Deus de seus pais é bom e cheio de compaixão. O louvor a Deus deve ser o grande alvo de tudo o que fazemos, e garantir que ele receba um tributo de glória, tanto no presente como no futuro, é o objetivo mais nobre dos seres inteligentes.

¹SENHOR, ouve a minha oração, e chegue a ti o meu clamor.

²Não escondas de mim o teu rosto no dia da minha angústia, inclina para mim os teus ouvidos; no dia *em* que eu clamar, ouve-me depressa.

³Porque os meus dias se consomem como a fumaça, e os meus ossos ardem como lenha.

⁴O meu coração está ferido e seco como a erva, por isso me esqueço de comer o meu pão.

⁵Por causa da voz do meu gemido os meus ossos se apegam à minha pele.

⁶Sou semelhante ao pelicano no deserto; sou como um mocho nas solidões.

⁷Vigio, sou como o pardal solitário no telhado.

[8]Os meus inimigos me afrontam todo o dia; os que se enfurecem contra mim têm jurado contra mim.

[9]Pois tenho comido cinza como pão, e misturado com lágrimas a minha bebida,

[10]Por causa da tua ira e da tua indignação, pois tu me levantaste e me arremessaste.

[11]Os meus dias *são* como a sombra que declina, e como a erva me vou secando.

[12]Mas tu, SENHOR, permanecerás para sempre, a tua memória de geração em geração.

[13]Tu te levantarás *e* terás piedade de Sião; pois o tempo de te compadeceres dela, o tempo determinado, já chegou.

[14]Porque os teus servos têm prazer nas suas pedras, e se compadecem do seu pó.

[15]Então os gentios temerão o nome do SENHOR, e todos os reis da terra a tua glória.

[16]Quando o SENHOR edificar a Sião, aparecerá na sua glória.

[17]Ele atenderá à oração do desamparado, e não desprezará a sua oração.

[18]Isto se escreverá para a geração futura; e o povo que se criar louvará ao SENHOR.

[19]Pois olhou desde o alto do seu santuário, desde os céus o SENHOR contemplou a terra,

[20]Para ouvir o gemido dos presos, para soltar os sentenciados à morte;

[21]Para anunciarem o nome do SENHOR em Sião, e o seu louvor em Jerusalém,

[22]Quando os povos se ajuntarem, e os reinos, para servirem ao SENHOR.

[23]Abateu a minha força no caminho; abreviou os meus dias.

[24]Dizia eu: Meu Deus, não me leves no meio dos meus dias, os teus anos são por todas as gerações.

[25]Desde a antiguidade fundaste a terra, e os céus *são* obra das tuas mãos.

[26]Eles perecerão, mas tu permanecerás; todos eles se envelhecerão como *um* vestido; como roupa os mudarás, e ficarão mudados.

[27]Porém tu *és* o mesmo, e os teus anos nunca terão fim.

[28]Os filhos dos teus servos continuarão, e a sua semente ficará firmada perante ti.

SALMO 103

CONVITE A LOUVAR A DEUS PELA SUA GRAÇA

Salmo de Davi

"Bendize, ó minha alma, ao SENHOR." Jeová é digno de ser louvado por nós no estilo mais sublime de adoração que está contido no verbo *bendizer* — "Todas as tuas obras te louvarão, ó SENHOR, e os teus santos te bendirão" (Salmos 145:10). Nossa própria vida e nosso ser essencial devem ser absorvidos por esse culto alegre, e todos devemos despertar nossos próprios corações a manter esse compromisso. Que os outros se omitam nesse compromisso, se assim quiserem! Que os outros murmurem, mas a ti cabe *bendizer*! Que os outros bendigam a si mesmos e a seus ídolos, mas teu dever é bendizer *ao Senhor*! Que os outros façam o uso que bem entenderem de sua língua, mas, quanto a mim, eu clamarei: "Bendize, ó minha alma, ao SENHOR". Muitas são nossas faculdades, emoções e capacidades, mas foi o próprio Deus quem nos deu todas elas, e elas devem unir-se em um só coro para seu louvor. Louvores superficiais, mal elaborados e insensatos não são aquilo que devemos apresentar ao nosso amado Senhor.

¹Bendize, ó minha alma, ao SENHOR, e tudo o que há em mim *bendiga* o seu santo nome.

²Bendize, ó minha alma, ao SENHOR, e não te esqueças de nenhum de seus benefícios.

³Ele é o que perdoa todas as tuas iniquidades, que sara todas as tuas enfermidades,

⁴Que redime a tua vida da perdição; que te coroa de benignidade e de misericórdia,

⁵Que farta a tua boca de bens, *de sorte que* a tua mocidade se renova como a *da* águia.

⁶O SENHOR faz justiça e juízo a todos os oprimidos.

⁷Fez conhecidos os seus caminhos a Moisés, e os seus feitos aos filhos de Israel.

[8] Misericordioso e piedoso *é* o Senhor; longânimo e grande em benignidade.

[9] Não reprovará perpetuamente, nem para sempre reterá *a sua ira.*

[10] Não nos tratou segundo os nossos pecados, nem nos recompensou segundo as nossas iniquidades.

[11] Pois *assim* como o céu está elevado acima da terra, *assim* é grande a sua misericórdia para com os que o temem.

[12] *Assim* como está longe o oriente do ocidente, assim afasta de nós as nossas transgressões.

[13] *Assim* como um pai se compadece de *seus* filhos, *assim* o Senhor se compadece daqueles que o temem.

[14] Pois ele conhece a nossa estrutura; lembra-se de que *somos* pó.

[15] *Quanto* ao homem, os seus dias *são* como a erva, como a flor do campo assim floresce.

[16] Passando por ela o vento, *logo* se vai, e o seu lugar não será mais conhecido.

[17] Mas a misericórdia do Senhor é desde a eternidade e até a eternidade sobre aqueles que o temem, e a sua justiça sobre os filhos dos filhos;

[18] Sobre aqueles que guardam a sua aliança, e sobre os que se lembram dos seus mandamentos para os cumprir.

[19] O Senhor tem estabelecido o seu trono nos céus, e o seu reino domina sobre tudo.

[20] Bendizei ao Senhor, *todos* os seus anjos, *vós* que excedeis em força, que guardais os seus mandamentos, obedecendo à voz da sua palavra.

[21] Bendizei ao Senhor, todos os seus exércitos, vós ministros seus, que executais a sua vontade.

[22] Bendizei ao Senhor, todas as suas obras, em todos os lugares do seu domínio; bendize, ó minha alma, ao Senhor.

Notas

SALMO 104
A GLORIA DE DEUS É MANIFESTADA NA CRIAÇÃO

"Estás vestido de glória e de majestade." O Senhor é visto em suas obras como digno de honra por sua habilidade, sua bondade, e como alguém que está reivindicando sua majestade, pois ele moldou todas as coisas em sua soberania, fazendo o que bem lhe apraz sem pedir permissão do homem. Só pode ser cego aquele que não percebe que a natureza é obra de um rei. Trata-se de pinceladas solenes da mente exigente de Deus, toques terríveis de seus atributos mais austeros, linhas amplas de mistério insondável e nuances profundas de poder extraordinário. Isso faz com que o retrato da criação se torne um problema de solução impossível, exceto pelo reconhecimento de que aquele que a desenhou não presta contas do que fez, mas governa todas as coisas segundo o beneplácito de sua vontade. Sua majestade, contudo, é sempre demonstrada para refletir honra sobre todo o seu caráter; ele faz o que quer, mas ele só quer aquilo que é três vezes santo, tal como ele é. Os próprios mantos do Espírito invisível nos ensinam isso, e cabe a nós reconhecer isso com adoração humilde.

[1]Bendize, ó minha alma, ao SENHOR! SENHOR Deus meu, tu és magnificentíssimo; estás vestido de glória e de majestade.

[2]Ele se cobre de luz como de um vestido, estende os céus como uma cortina.

[3]Põe nas águas as vigas das suas câmaras; faz das nuvens o seu carro, anda sobre as asas do vento.

[4]Faz dos seus anjos espíritos, dos seus ministros um fogo abrasador.

[5]Lançou os fundamentos da terra; *ela* não vacilará em tempo algum.

[6]Tu a cobriste com o abismo, como com um vestido; as águas estavam sobre os montes.

[7]À tua repreensão fugiram; à voz do teu trovão se apressaram.

[8]Subiram aos montes, desceram aos vales, até ao lugar que para elas fundaste.

[9]Termo lhes puseste, que não ultrapassarão, para que não tornem mais a cobrir a terra.

[10]Tu, que fazes sair as fontes nos vales, *as quais* correm entre os montes.

[11]Dão de beber a todo o animal do campo; os jumentos monteses matam a sua sede.

[12]Junto delas as aves do céu terão a sua habitação, cantando entre os ramos.

[13]Ele rega os montes desde as suas câmaras; a terra farta-se do fruto das suas obras.

[14]Faz crescer a erva para o gado, e a verdura para o serviço do homem, para fazer sair da terra o pão,

[15]E o vinho *que* alegra o coração do homem, e o azeite *que* faz reluzir o *seu* rosto, e o pão *que* fortalece o coração do homem.

[16]As árvores do SENHOR fartam-se de *seiva,* os cedros do Líbano que ele plantou,

[17]Onde as aves se aninham; *quanto* à cegonha, a sua casa é nas faias.

[18]Os altos montes *são* para as cabras monteses, *e* os rochedos *são refúgio* para os coelhos.

[19]Designou a lua para as estações; o sol conhece o seu ocaso.

[20]Ordenas a escuridão, e faz-se noite, na qual saem todos os animais da selva.

[21]Os leõezinhos bramam pela presa, e de Deus buscam o seu sustento.

[22]Nasce o sol *e logo* se acolhem, e se deitam nos seus covis.

[23]*Então* sai o homem à sua obra e ao seu trabalho, até à tarde.

[24]Ó SENHOR, quão variadas são as tuas obras! Todas as coisas fizeste com sabedoria; cheia está a terra das tuas riquezas.

[25]*Assim é* este mar grande e muito espaçoso, onde *há* seres sem número, animais pequenos e grandes.

[26]Ali andam os navios; *e* o leviatã que formaste para nele folgar.

[27]Todos esperam de ti, que lhes dês o seu sustento em tempo oportuno.

²⁸Dando-lho tu, *eles* o recolhem; abres a tua mão, *e* se enchem de bens.

²⁹Escondes o teu rosto, e ficam perturbados; se lhes tiras o fôlego, morrem, e voltam para o seu pó.

³⁰Envias o teu Espírito, e são criados, e *assim* renovas a face da terra.

³¹A glória do SENHOR durará para sempre; o SENHOR se alegrará nas suas obras.

³²Olhando ele para a terra, ela treme; tocando nos montes, *logo* fumegam.

³³Cantarei ao SENHOR enquanto eu viver; cantarei louvores ao meu Deus, enquanto eu tiver existência.

³⁴A minha meditação acerca dele será suave; eu me alegrarei no SENHOR.

³⁵Desapareçam da terra os pecadores, e os ímpios não sejam mais. Bendize, ó minha alma, ao SENHOR. Louvai ao SENHOR.

NOTAS

SALMO 105

O CUIDADO DE DEUS PELA SUA ALIANÇA COM O POVO

Coloque-se debaixo da proteção do Senhor. Não o considere um Deus fraco, mas contemple sua onipotência e busque conhecer o poder de sua graça. Todos nós precisamos de força; que recorramos, então, àquele que é forte para nos prover dela! Precisamos de um poder infinito para nos levar em segurança ao nosso descanso eterno; que, então, olhemos para o Jeová Todo-Poderoso para isso. "Buscai a sua face continuamente." Buscai... buscai... buscai... Vemos três vezes essa palavra nos versículos 3 e 4, e, embora essas palavras sejam diferentes no hebraico, o sentido é o mesmo. A presença de Deus é algo abençoador a ser buscado, porque, se não fosse, ficaríamos desestimulados a fazer isso. Buscar a face do Senhor é desejar sua companhia, seu sorriso, seu favor, que é desfrutado de forma consciente. A ordem nessa busca importa: em primeiro lugar, nós o buscamos, depois, sua *força*, e, por fim, sua *face*; assim, passamos da reverência pessoal para o poder que nos é concedido e, depois, para o favor consciente. Essa busca não pode parar nunca — quanto mais conhecemos, mais devemos buscar conhecer. Ao encontrá-lo, temos de "incendiar nossa mente para buscá-lo cada vez mais". O Senhor busca adoradores espirituais e, em contrapartida, os adoradores espirituais o buscam; portanto, eles certamente o encontrarão face a face sem muita demora.

¹Louvai ao Senhor, *e* invocai o seu nome; fazei conhecidas as suas obras entre os povos.

²Cantai-lhe, cantai-lhe salmos; falai de todas as suas maravilhas.

³Gloriai-vos no seu santo nome; alegre-se o coração daqueles que buscam ao Senhor.

⁴Buscai ao Senhor e a sua força; buscai a sua face continuamente.

[5]Lembrai-vos das maravilhas que fez, dos seus prodígios e dos juízos da sua boca;

[6]Vós, semente de Abraão, seu servo, vós, filhos de Jacó, seus escolhidos.

[7]Ele *é* o Senhor nosso Deus; os seus juízos *estão* em toda a terra.

[8]Lembrou-se da sua aliança para sempre, da palavra *que* mandou a milhares de gerações.

[9]A qual *aliança* fez com Abraão, e o seu juramento a Isaque.

[10]E confirmou o mesmo a Jacó *por* lei, *e* a Israel *por* aliança eterna,

[11]Dizendo: A ti darei a terra de Canaã, a região da vossa herança.

[12]Quando eram poucos homens em número, sim, mui poucos, e estrangeiros nela;

[13]Quando andavam de nação em nação e de um reino para outro povo;

[14]Não permitiu a ninguém que os oprimisse, e por amor deles repreendeu a reis, *dizendo:*

[15]Não toqueis os meus ungidos, e não maltrateis os meus profetas.

[16]Chamou a fome sobre a terra, quebrantou todo o sustento do pão.

[17]Mandou perante eles um homem, José, *que* foi vendido por escravo;

[18]Cujos pés apertaram com grilhões; foi posto em ferros;

[19]Até ao tempo em que chegou a sua palavra; a palavra do Senhor o provou.

[20]Mandou o rei, e o fez soltar; o governador dos povos, e o soltou.

[21]Fê-lo senhor da sua casa, e governador de toda a sua fazenda;

[22]Para sujeitar os seus príncipes a seu gosto, e instruir os seus anciãos.

[23]Então Israel entrou no Egito, e Jacó peregrinou na terra de Cão.

[24]E aumentou o seu povo em grande maneira, e o fez mais poderoso do que os seus inimigos.

[25]Virou o coração deles para que odiassem o seu povo, para que tratassem astutamente aos seus servos.

²⁶Enviou Moisés, seu servo, *e* Arão, a quem escolhera.

²⁷Mostraram entre eles os seus sinais e prodígios, na terra de Cão.

²⁸Mandou trevas, e a fez escurecer; e não foram rebeldes à sua palavra.

²⁹Converteu as suas águas em sangue, e matou os seus peixes.

³⁰A sua terra produziu rãs em abundância, até nas câmaras dos seus reis.

³¹Falou ele, e vieram enxames de moscas *e* piolhos em todo o seu termo.

³²Converteu as suas chuvas em saraiva, *e* fogo abrasador na sua terra.

³³Feriu as suas vinhas e os seus figueirais, e quebrou as árvores dos seus termos.

³⁴Falou ele e vieram gafanhotos e pulgão sem número.

³⁵E comeram toda a erva da sua terra, e devoraram o fruto dos seus campos.

³⁶Feriu também a todos os primogênitos da sua terra, as primícias de todas as suas forças.

³⁷E tirou-os *para fora* com prata e ouro, e entre as suas tribos não houve um só fraco.

³⁸O Egito se alegrou quando eles saíram, porque o seu temor caíra sobre eles.

³⁹Estendeu uma nuvem por coberta, e um fogo para iluminar de noite.

⁴⁰Oraram, e ele fez vir codornizes, e os fartou de pão do céu.

⁴¹Abriu a penha, e dela correram águas; correram pelos lugares secos, *como* um rio.

⁴²Porque se lembrou da sua santa palavra, e de Abraão, seu servo.

⁴³E tirou dali o seu povo com alegria, *e* os seus escolhidos com regozijo.

⁴⁴E deu-lhes as terras dos gentios; e herdaram o trabalho dos povos;

⁴⁵Para que guardassem os seus preceitos, e observassem as suas leis. Louvai ao SENHOR.

NOTAS

_____

_____

_____

_____

_____

_____

_____

_____

_____

_____

_____

_____

_____

_____

_____

_____

_____

_____

_____

_____

_____

_____

_____

_____

SALMO 106
A REBELIÃO DE ISRAEL E A MISERICÓRDIA DE DEUS

Já que o Senhor é tão bom e tão digno de ser louvado, nossa felicidade reside em obedecer a ele. "Bem-aventurados os que guardam o juízo, o que pratica justiça em todos os tempos." Múltiplas são as bênçãos para aqueles que guardam o caminho da justiça, especialmente sobre aquele homem raro que, a todo tempo, busca seguir aquilo que é justo. Santidade é bem-aventurança. Por isso, infelizmente, a história que se segue contrasta com a felicidade que é expressa neste versículo, pois o caminho de Israel não era de juízo e justiça, mas de insensatez e iniquidade. O salmista, enquanto contemplava as perfeições de Deus, ficou impressionado com o sentimento de que os servos de tal Ser têm de ser bem-aventurados, e, quando ele olhava em volta e via como as tribos antigas prosperavam quando obedeciam, e como sofriam quando pecavam, ele tinha ainda mais certeza da verdade da conclusão à qual chegara. Ah, se pudéssemos ser livres de pecado! Assim não ficaríamos tristes! Não nos limitaríamos a ser justos, mas "guardaríamos o juízo"; não nos contentaríamos em agir de forma justa de vez em quando, mas "praticaríamos a justiça em todos os tempos".

¹Louvai ao Senhor. Louvai ao Senhor, porque ele é bom, porque a sua misericórdia *dura* para sempre.

²Quem pode contar as obras poderosas do Senhor? *Quem* anunciará os seus louvores?

³Bem-aventurados os que guardam o juízo, o que pratica justiça em todos os tempos.

⁴Lembra-te de mim, Senhor, segundo a *tua* boa vontade para com o teu povo; visita-me com a tua salvação.

⁵Para que eu veja os bens de teus escolhidos, para que eu me alegre com a alegria da tua nação, para que me glorie com a tua herança.

⁶Nós pecamos como os nossos pais, cometemos a iniquidade, andamos perversamente.

⁷Nossos pais não entenderam as tuas maravilhas no Egito; não se lembraram da multidão das tuas misericórdias; antes *o* provocaram no mar, *sim* no Mar Vermelho.

⁸Não obstante, ele os salvou por amor do seu nome, para fazer conhecido o seu poder.

⁹Repreendeu, também, o Mar Vermelho, e este se secou, e os fez caminhar pelos abismos como pelo deserto.

¹⁰E os livrou da mão daquele que os odiava, e os remiu da mão do inimigo.

¹¹E as águas cobriram os seus adversários; nem um *só* deles ficou.

¹²Então creram nas suas palavras, e cantaram os seus louvores.

¹³*Porém* cedo se esqueceram das suas obras; não esperaram o seu conselho.

¹⁴Mas deixaram-se levar à cobiça no deserto, e tentaram a Deus na solidão.

¹⁵E ele lhes cumpriu o seu desejo, mas enviou magreza às suas almas.

¹⁶E invejaram a Moisés no campo, e a Arão, o santo do Senhor.

¹⁷Abriu-se a terra, e engoliu a Datã, e cobriu o grupo de Abirão.

¹⁸E um fogo se acendeu no seu grupo; a chama abrasou os ímpios.

¹⁹Fizeram um bezerro em Horebe e adoraram a imagem fundida.

²⁰E converteram a sua glória na figura de um boi que come erva.

²¹Esqueceram-se de Deus, seu Salvador, que fizera grandezas no Egito,

²²Maravilhas na terra de Cão, coisas tremendas no Mar Vermelho.

²³Por isso disse que os destruiria, não houvesse Moisés, seu escolhido, ficado perante ele na brecha, para desviar a sua indignação, a fim de não *os* destruir.

²⁴Também desprezaram a terra aprazível; não creram na sua palavra.

²⁵Antes murmuraram nas suas tendas, *e* não deram ouvidos à voz do S_ENHOR_.

²⁶Por isso levantou a sua mão contra eles, para os derrubar no deserto;

²⁷Para derrubar também a sua semente entre as nações, e espalhá-los pelas terras.

²⁸Também se juntaram com Baal-Peor, e comeram os sacrifícios dos mortos.

²⁹Assim *o* provocaram à ira com as suas invenções; e a peste rebentou entre eles.

³⁰Então se levantou Fineias, e fez juízo, e cessou aquela peste.

³¹E isto lhe foi contado como justiça, de geração em geração, para sempre.

³²Indignaram-no também junto às águas da contenda, de sorte que sucedeu mal a Moisés, por causa deles;

³³Porque irritaram o seu espírito, de modo que falou imprudentemente com seus lábios.

³⁴Não destruíram os povos, como o S_ENHOR_ lhes dissera.

³⁵Antes se misturaram com os gentios, e aprenderam as suas obras.

³⁶E serviram aos seus ídolos, que vieram a ser-lhes um laço.

³⁷Demais *disto,* sacrificaram seus filhos e suas filhas aos demônios,

³⁸E derramaram sangue inocente, o sangue de seus filhos e de suas filhas que sacrificaram aos ídolos de Canaã; e a terra foi manchada com sangue.

³⁹Assim se contaminaram com as suas obras, e se corromperam com os seus feitos.

⁴⁰Então se acendeu a ira do S_ENHOR_ contra o seu povo, de modo que abominou a sua herança.

⁴¹E os entregou nas mãos dos gentios; e aqueles que os odiavam se assenhorearam deles.

⁴²E os seus inimigos os oprimiram, e foram humilhados debaixo das suas mãos.

⁴³Muitas vezes os livrou, mas *o* provocaram com o seu conselho, e foram abatidos pela sua iniquidade.

⁴⁴Contudo, atendeu à sua aflição, ouvindo o seu clamor.

⁴⁵E se lembrou da sua aliança, e se arrependeu segundo a multidão das suas misericórdias.

⁴⁶Assim, também fez com que deles tivessem misericórdia os que os levaram cativos.

⁴⁷Salva-nos, SENHOR nosso Deus, e congrega-nos dentre os gentios, para que louvemos o teu nome santo, e nos gloriemos no teu louvor.

⁴⁸Bendito *seja* o SENHOR Deus de Israel, de eternidade em eternidade, e todo o povo diga: Amém. Louvai ao SENHOR.

NOTAS

LIVRO 5
Salmos 107-150

SALMO 107

A BONDADE DE DEUS EM PROTEGER TODOS OS HOMENS

"Louvai ao SENHOR, porque ele é bom." Isso é tudo que podemos oferecer a ele, e o mínimo que podemos lhe apresentar; portanto, que tributemos diligentemente a ele ações de graças! O salmista é sincero em sua exortação, razão pela qual várias traduções utilizam a interjeição "Ó", com o propósito de intensificar suas palavras. Sejamos sempre completamente fervorosos nos louvores ao Senhor, tanto com nossos lábios como com nossas vidas, por ação de graças e por ação de vida. Jeová — e esse é o nome que o Senhor recebe aqui — não deve ser adorado com murmúrios e gritos, mas, sim, com gratidão, porque ele é bom. Além disso, essa ação de graças deve ser dada de coração, porque a bondade que ele manifesta não é comum. Ele é bom por natureza e em essência, e demonstra ser bom em todos os atos de sua eternidade. Não há ninguém que seja tão bom quanto ele, ninguém mesmo, mas ele é essencial, perpétua, superlativa e infinitamente bom. Nós somos os participantes perpétuos de sua bondade, portanto, devemos, acima de todas as suas criaturas, magnificar seu nome.

¹Louvai ao SENHOR, porque ele *é* bom, porque a sua benignidade *dura* para sempre.

²Digam-no os remidos do SENHOR, os que remiu da mão do inimigo,

³E *os que* congregou das terras do oriente *e* do ocidente, do norte e do sul.

⁴Andaram desgarrados pelo deserto, por caminhos solitários; não acharam cidade para habitarem.

⁵Famintos e sedentos, a sua alma neles desfalecia.

⁶E clamaram ao SENHOR na sua angústia, *e* os livrou das suas dificuldades.

⁷E os levou por caminho direito, para irem a *uma* cidade de habitação.

[8]Louvem ao S<small>ENHOR</small> *pela* sua bondade, e *pelas* suas maravilhas para com os filhos dos homens.

[9]Pois fartou a alma sedenta, e encheu de bens a alma faminta.

[10]Tal como a que se assenta nas trevas e sombra da morte, presa em aflição e em ferro;

[11]Porquanto se rebelaram contra as palavras de Deus, e desprezaram o conselho do Altíssimo.

[12]Portanto, lhes abateu o coração com trabalho; tropeçaram, e não *houve* quem *os* ajudasse.

[13]Então clamaram ao S<small>ENHOR</small> na sua angústia, *e* os livrou das suas dificuldades.

[14]Tirou-os das trevas e sombra da morte; e quebrou as suas prisões.

[15]Louvem ao S<small>ENHOR</small> *pela* sua bondade, e *pelas* suas maravilhas para com os filhos dos homens.

[16]Pois quebrou as portas de bronze, e despedaçou os ferrolhos de ferro.

[17]Os loucos, por causa da sua transgressão, e por causa das suas iniquidades, são aflitos.

[18]A sua alma aborreceu toda a comida, e chegaram até às portas da morte.

[19]Então clamaram ao S<small>ENHOR</small> na sua angústia, *e* ele os livrou das suas dificuldades.

[20]Enviou a sua palavra, e os sarou; e os livrou da sua destruição.

[21]Louvem ao S<small>ENHOR</small> *pela* sua bondade, e *pelas* suas maravilhas para com os filhos dos homens.

[22]E ofereçam os sacrifícios de louvor, e relatem as suas obras com regozijo.

[23]Os que descem ao mar em navios, mercando nas grandes águas,

[24]Esses veem as obras do S<small>ENHOR</small>, e as suas maravilhas no profundo.

[25]Pois ele manda, e se levanta o vento tempestuoso que eleva as suas ondas.

[26]Sobem aos céus; descem aos abismos, *e* a sua alma se derrete em angústias.

[27]Andam e cambaleiam como ébrios, e perderam todo o tino.

²⁸Então clamam ao SENHOR na sua angústia; e ele os livra das suas dificuldades.

²⁹Faz cessar a tormenta, e acalmam-se as suas ondas.

³⁰Então se alegram, porque se aquietaram; assim os leva ao seu porto desejado.

³¹Louvem ao SENHOR *pela* sua bondade, e *pelas* suas maravilhas para com os filhos dos homens.

³²Exaltem-no na congregação do povo, e glorifiquem-no na assembleia dos anciãos.

³³Ele converte os rios em um deserto, e as fontes em *terra* sedenta;

³⁴A terra frutífera em estéril, pela maldade dos que nela habitam.

³⁵Converte o deserto em lagoa, e a terra seca em fontes.

³⁶E faz habitar ali os famintos, para que edifiquem cidade para habitação;

³⁷E semeiam os campos e plantam vinhas, que produzem fruto abundante.

³⁸Também os abençoa, de modo que se multiplicam muito; e o seu gado não diminui.

³⁹Depois se diminuem e se abatem, pela opressão, e aflição e tristeza.

⁴⁰Derrama o desprezo sobre os príncipes, e os faz andar desgarrados pelo deserto, *onde* não há caminho.

⁴¹Porém livra ao necessitado da opressão, em um lugar alto, e multiplica as famílias como rebanhos.

⁴²Os retos *o* verão, e se alegrarão, e toda a iniquidade tapará a boca.

⁴³Quem *é* sábio observará estas *coisas,* e eles compreenderão as benignidades do SENHOR.

NOTAS

_____

_____

_____

_____

_____

_____

_____

_____

SALMO 108
DAVI LOUVA A DEUS POR SUAS PROMESSAS DE SOCORRO

Cântico e salmo de Davi

"Exalta-te sobre os céus, ó Deus, e a tua glória sobre toda a terra." Que teu louvor seja de acordo com a grandeza da tua misericórdia! Ah, se medíssemos nossa devoção desse modo, como cantaríamos com fervor! A terra, com todo o seu firmamento, seria uma orquestra pequena, e todas as habilidades da humanidade inteira seriam ínfimas para proferir o aleluia! Os anjos seriam chamados para nos ajudar, e eles certamente viriam. E, naquele dia, em que toda a terra será cheia dos louvores de Jeová, eles virão. Ansiamos pelo dia em que Deus será adorado por todos sem exceção, e sua glória no evangelho se fará conhecer em todos os lugares. Essa é verdadeiramente uma oração missionária. Davi não partilhava nenhuma das características exclusivistas dos judeus modernos, nem da estreiteza de entendimento de alguns cristãos nominais. Por Deus, que sua glória seja revelada em toda parte, suplicamos, porque ele desejou ver os céus e a terra cheios do louvor divino. Amém! Que assim seja!

¹Preparado está o meu coração, ó Deus; cantarei e darei louvores até com a minha glória.

²Despertai, saltério e harpa; eu *mesmo* despertarei ao romper da alva.

³Louvar-te-ei entre os povos, SENHOR, e a ti cantarei louvores entre as nações.

⁴Porque a tua benignidade se estende até aos céus, e a tua verdade *chega* até às mais altas nuvens.

⁵Exalta-te sobre os céus, ó Deus, e a tua glória sobre toda a terra.

⁶Para que sejam livres os teus amados, salva-*nos* com a tua destra, e ouve-nos.

[7]Deus falou na sua santidade; eu me regozijarei; repartirei a Siquém, e medirei o vale de Sucote.

[8]Meu *é* Gileade, meu é Manassés; e Efraim a força da minha cabeça, Judá o meu legislador.

[9]Moabe a minha bacia de lavar; sobre Edom lançarei o meu sapato, sobre a Filístia jubilarei.

[10]Quem me levará à cidade forte? Quem me guiará até Edom?

[11]*Porventura* não *serás tu,* ó Deus, *que* nos rejeitaste? E não sairás, ó Deus, com os nossos exércitos?

[12]Dá-nos auxílio para sair da angústia, porque vão é o socorro *da parte* do homem.

[13]Em Deus faremos proezas, pois ele calcará aos pés os nossos inimigos.

NOTAS

SALMO 109
DAVI ROGA A DEUS O CASTIGO DOS ÍMPIOS

Salmo de Davi para o músico-mor

"E me deram mal pelo bem, e ódio pelo meu amor." Não é tanto em favor de si mesmo que Davi fala, mas acima de tudo pelos caluniados e pelos oprimidos, dos quais ele sente ser representante e porta-voz. Ele pede por justiça e, na medida em que sua alma se encontra impactada por tão cruéis ofensas, ele faz um apelo solene, sem ceder um milímetro em sua súplica. Compadecer-se da maldade seria, de fato, uma maldade para com a humanidade; encobrir as pessoas astutas e ávidas por sangue seria uma crueldade com os oprimidos. Pelo contrário, amor, verdade e compaixão expõem suas feridas ao céu e imploram por vingança sobre os inimigos dos inocentes e oprimidos; aqueles que desvirtuam a bondade em crime e fazem da inocência motivo para dar vazão ao ódio não merecem piedade alguma da parte do grande Preservador da humanidade. Vingança é a prerrogativa de Deus, porque seria uma calamidade se o mal nunca fosse castigado. Assim, trata-se de uma bênção indizível que o Senhor visite o mal e o cruel por causa de suas obras, e há tempos e épocas em que uma pessoa boa tem o dever de orar por essa bênção. Quando o Juiz de toda a terra ameaça punir a crueldade tirânica e a traição dos enganadores, a virtude apresenta sua aprovação e seu consentimento.

¹Ó Deus do meu louvor, não te cales,

²Pois a boca do ímpio e a boca do enganador estão abertas contra mim. Têm falado contra mim com uma língua mentirosa.

³Eles me cercaram com palavras odiosas, e pelejaram contra mim sem causa.

⁴*Em recompensa* do meu amor são meus adversários; mas eu *faço* oração.

⁵E me deram mal pelo bem, e ódio pelo meu amor.

⁶Põe sobre ele um ímpio, e Satanás esteja à sua direita.

⁷Quando for julgado, saia condenado; e a sua oração se lhe torne em pecado.

⁸Sejam poucos os seus dias, *e* outro tome o seu ofício.

⁹Sejam órfãos os seus filhos, e viúva sua mulher.

¹⁰Sejam vagabundos e pedintes os seus filhos, e busquem *pão* fora dos seus lugares desolados.

¹¹Lance o credor mão de tudo quanto tenha, e despojem os estranhos o seu trabalho.

¹²Não haja ninguém que se compadeça dele, nem haja quem favoreça os seus órfãos.

¹³Desapareça a sua posteridade, o seu nome seja apagado na seguinte geração.

¹⁴Esteja na memória do Senhor a iniquidade de seus pais, e não se apague o pecado de sua mãe.

¹⁵Antes estejam sempre perante o Senhor, para que faça desaparecer a sua memória da terra.

¹⁶Porquanto não se lembrou de fazer misericórdia; antes perseguiu ao homem aflito e ao necessitado, para que pudesse até matar o quebrantado de coração.

¹⁷Visto que amou a maldição, ela lhe sobrevenha, e *assim* como não desejou a bênção, ela se afaste dele.

¹⁸Assim como se vestiu de maldição, como sua roupa, assim penetre ela nas suas entranhas, como água, e em seus ossos como azeite.

¹⁹Seja para ele como a roupa *que* o cobre, e como cinto que o cinja sempre.

²⁰*Seja* este o galardão dos meus contrários, da parte do Senhor, e dos que falam mal contra a minha alma.

²¹Mas tu, ó Deus o Senhor, trata comigo por amor do teu nome, porque a tua misericórdia *é* boa, livra-me,

²²Pois *estou* aflito e necessitado, e o meu coração está ferido dentro de mim.

²³Vou-me como a sombra que declina; sou sacudido como o gafanhoto.

²⁴De jejuar estão enfraquecidos os meus joelhos, e a minha carne emagrece.

²⁵E *ainda* lhes sou opróbrio; *quando* me contemplam, movem as cabeças.

²⁶Ajuda-me, ó Senhor meu Deus, salva-me segundo a tua misericórdia.

27Para que saibam que esta *é* a tua mão, *e que* tu, SENHOR, o fizeste.

28Amaldiçoem eles, mas abençoa tu; quando se levantarem fiquem confundidos; e alegre-se o teu servo.

29Vistam-se os meus adversários de vergonha, e cubram-se com a sua própria confusão como com *uma* capa.

30Louvarei grandemente ao SENHOR com a minha boca; louvá-lo-ei entre a multidão.

31Pois se porá à direita do pobre, para o livrar dos que condenam a sua alma.

NOTAS

SALMO 110
O REINO DO MESSIAS

Salmo de Davi

"**J**urou o Senhor." Nosso Senhor Jesus é um Rei-Sacerdote pelo juramento antigo de Jeová: "Cristo não se glorificou a si mesmo, para se fazer sumo sacerdote", mas foi ordenado de longa data e foi chamado por Deus Sumo-Sacerdote segundo a ordem de Melquisedeque (Hebreus 5:5). Certamente, é um motivo solene que leva o Deus eterno a fazer um juramento que fixa e define esse decreto para sempre. Entretanto, nesse caso, como se tencionasse tornar essa garantia mil vezes mais segura, acrescenta as seguintes palavras: "e não se arrependerá". Está decidido — e decidido para todo o sempre. Jesus foi declarado o sacerdote de seu povo. Ele continuará nessa condição até o fim, porque sua comissão é selada por um juramento inalterável da parte do imutável Jeová. Se seu sacerdócio pudesse ser revogado ou se sua autoridade pudesse ser removida, seria o fim de toda a esperança e de toda a vida do povo que ele ama. Entretanto, essa Rocha firme é a base de nossa segurança — o juramento de Deus firma nosso Senhor glorioso tanto em seu sacerdócio como em seu trono.

¹Disse o Senhor ao meu Senhor: Assenta-te à minha mão direita, até que ponha os teus inimigos *por* escabelo dos teus pés.

²O Senhor enviará o cetro da tua fortaleza desde Sião, *dizendo:* Domina no meio dos teus inimigos.

³O teu povo será mui voluntário no dia do teu poder; nos ornamentos de santidade, desde a madre da alva, tu tens o orvalho da tua mocidade.

⁴Jurou o Senhor, e não se arrependerá: tu *és* um sacerdote eterno, segundo a ordem de Melquisedeque.

⁵O Senhor, à tua direita, ferirá os reis no dia da sua ira.

⁶Julgará entre os gentios; tudo encherá de corpos mortos; ferirá os cabeças de muitos países.

⁷Beberá do ribeiro no caminho, por isso exaltará a cabeça.

NOTAS

SALMO 111

DEUS É LOUVADO POR AMOR DAS SUAS OBRAS MARAVILHOSAS

E m desígnio, em proporção, em número e em excelência, "grandes são (todas) as obras do SENHOR". Até mesmo as coisas pequenas de Deus são excelentes. Em alguns pontos de vista, cada uma das operações de seu poder, ou cada uma das obras de sua sabedoria, parecerá grande na visão do sábio de coração. "Procuradas por todos os que nelas tomam prazer." Aqueles que amam seu Criador se alegram na obra de suas mãos; eles percebem que há mais as ações de Deus do que aparentam na superfície, e, por essa razão, empenham suas mentes em estudá-las e compreendê-las. Porque essas obras são grandiosas, não podem ser vistas de imediato, mas devem ser observadas com atenção, e essa busca tem uma utilidade essencial para nós, no sentido de educar nossas faculdades e fortalecer nossa percepção espiritual gradativamente, a fim de suportar a luz da glória divina. Para nós, é bom que não consigamos ver todas as coisas de imediato, porque a busca de seus mistérios nos é tão útil quanto o conhecimento que conseguimos adquirir. A história de como o Senhor lida com seu povo consiste em um assunto especial para a meditação daqueles que temem ao Senhor, que encontram nessa narrativa um refúgio doce e uma fonte de prazer que nunca falha.

¹Louvai ao SENHOR. Louvarei ao SENHOR de todo o meu coração, na assembleia dos justos e na congregação.

²Grandes *são* as obras do SENHOR, procuradas por todos os que nelas tomam prazer.

³A sua obra tem glória e majestade, e a sua justiça permanece para sempre.

⁴Fez com que as suas maravilhas fossem lembradas; piedoso e misericordioso *é* o SENHOR.

⁵Deu mantimento aos que o temem; lembrar-se-á sempre da sua aliança.

⁶Anunciou ao seu povo o poder das suas obras, para lhe dar a herança dos gentios.

⁷As obras das suas mãos *são* verdade e juízo, seguros todos os seus mandamentos.

⁸Permanecem firmes para todo o sempre; e são feitos em verdade e retidão.

⁹Redenção enviou ao seu povo; ordenou a sua aliança para sempre; santo e tremendo *é* o seu nome.

¹⁰O temor do Senhor é o princípio da sabedoria; bom entendimento têm todos os que cumprem os seus mandamentos; o seu louvor permanece para sempre.

Notas

SALMO 112

A FELICIDADE DAQUELE QUE TEME A DEUS

"**B**em-aventurado o homem que teme ao SENHOR." Devemos bendizer a Deus por abençoar qualquer pessoa e, especialmente, por colocar o selo de sua aprovação sobre os piedosos. Seu favor com relação aos tementes a Deus demonstra seu caráter e desperta sentimentos graciosos nas outras pessoas — portanto, que ele seja louvado! "Que em seus mandamentos tem grande prazer." Os bem-aventurados não somente estudam os preceitos divinos e se esforçam para obedecer a eles, mas também se alegram neles. A santidade é sua felicidade, a devoção é seu prazer, a verdade é seu tesouro. Sabemos muito bem que os hipócritas se alegram com as doutrinas, mas nunca com os mandamentos. As pessoas ímpias podem obedecer aos mandamentos até certo ponto, motivadas pelo medo, mas somente uma pessoa graciosa os observará com prazer. A obediência alegre é a única obediência aceitável; aqueles que obedecem com relutância são desobedientes no coração, mas aqueles que se alegram com o mandamento são verdadeiramente leais. Se, pela graça divina, vemo-nos descritos nessas duas sentenças, que possamos dar todo o louvor a Deus, porque ele efetuou todas essas obras em nós e as disposições das quais elas surgem. Deixe que as pessoas que exaltam a própria justiça elogiem a si mesmas; àqueles, porém, que são justificados pela graça convém prestar todo o louvor a Deus.

¹Louvai ao SENHOR. Bem-aventurado o homem que teme ao SENHOR, *que* em seus mandamentos tem grande prazer.

²A sua semente será poderosa na terra; a geração dos retos será abençoada.

³Prosperidade e riquezas haverá na sua casa, e a sua justiça permanece para sempre.

⁴Aos justos nasce luz nas trevas; ele é piedoso, misericordioso e justo.

⁵O homem bom se compadece, e empresta; disporá as suas coisas com juízo;

⁶Porque nunca será abalado; o justo estará em memória eterna.

⁷Não temerá maus rumores; o seu coração está firme, confiando no Senhor.

⁸O seu coração está *bem* confirmado, ele não temerá, até que veja o seu desejo sobre os seus inimigos.

⁹Ele espalhou, deu aos necessitados; a sua justiça permanece para sempre, e a sua força se exaltará em glória.

¹⁰O ímpio o verá, e se entristecerá; rangerá os dentes, e se consumirá; o desejo dos ímpios perecerá.

NOTAS

SALMO 113

EXORTAÇÃO A LOUVAR A DEUS

"**S**eja bendito o nome do Senhor." Sempre que pensamos no Deus da Escritura, devemos bendizê-lo, e seu nome augusto nunca deve ser pronunciado sem se fazer acompanhar por uma reverência alegre. "Desde agora para sempre." Se nunca o louvamos antes, vamos começar agora. Já que a Páscoa ficava no início do ano, era adequado começar o novo ano bendizendo aquele que trouxe libertação ao seu povo. Cada uma das festas solenes tinha suas associações felizes e tem de ser vista como um novo ponto de partida para a adoração. Será que não existem razões para o leitor fazer do dia de hoje o início de um ano de louvor? Quando o Senhor diz: *Desde este dia vos abençoarei*, devemos responder: "Seja bendito o nome do Senhor desde agora para sempre". "E perpetuamente", eternamente. O salmista não contemplava que o louvor divino cessaria em algum momento no futuro, por mais remoto que fosse esse dia. Será que nossos corações cessarão de prestar louvor ao nome do Senhor? Acaso podemos imaginar um período no qual os louvores de Israel não cercarão mais o trono da divina Majestade? Impossível! Que ele seja engrandecido para sempre, da forma mais perpétua possível!

¹Louvai ao Senhor. Louvai, servos do Senhor, louvai o nome do Senhor.

²Seja bendito o nome do Senhor, desde agora para sempre.

³Desde o nascimento do sol até ao ocaso, *seja* louvado o nome do Senhor.

⁴Exaltado *está* o Senhor acima de todas as nações, *e* a sua glória sobre os céus.

⁵Quem *é* como o Senhor nosso Deus, que habita nas alturas?

⁶O qual se inclina, para ver *o que está* nos céus e na terra!

⁷Levanta o pobre do pó, *e do* monturo levanta o necessitado,

⁸Para o fazer assentar com os príncipes, mesmo com os príncipes do seu povo.

⁹Faz com que a mulher estéril habite em casa, e *seja* alegre mãe de filhos. Louvai ao SENHOR.

NOTAS

SALMO 114

EXORTAÇÃO A TEMER A DEUS

"Os montes saltaram como carneiros, e os outeiros como cordeiros." Na vinda do Senhor ao monte Sinai, os montes se abalaram, saltando de alegria na presença do Criador como carneiros ou, se preferirem, saindo de seus lugares, por temor diante da temível majestade de Jeová e fugindo como um rebanho de ovelhas assustadas. Os homens têm medo das montanhas, mas as montanhas estremecem diante do Senhor. As ovelhas e os carneiros se movimentam suavemente nos pastos, mas as montanhas, que costumamos chamar de eternas, mostraram a mesma disposição de se movimentar que as mais ativas das criaturas. Os carneiros, em sua força, e os cordeiros, em sua ação, não se movem mais do que as montanhas sólidas trepidaram enquanto Jeová marchava sobre elas. Inamovível, apenas o próprio Deus: as montanhas se abalarão, os montes se retirarão, mas a aliança de sua graça permanece firme para todo o sempre. Igualmente, as montanhas do pecado e os outeiros dos problemas se movem quando o Senhor age para levar seu povo para a Canaã eterna. Que nunca tenhamos medo, mas, em vez disso, deixemos a fé dizer à montanha: "Ergue-te, e precipita-te no mar", e isso acontecerá! (Mateus 21:21.)

[1]Quando Israel saiu do Egito, e a casa de Jacó de um povo de língua estranha,

[2]Judá foi seu santuário, *e* Israel seu domínio.

[3]O mar viu *isto,* e fugiu; o Jordão voltou para trás.

[4]Os montes saltaram como carneiros, *e* os outeiros como cordeiros.

[5]Que tiveste tu, ó mar, que fugiste, e tu, ó Jordão, que voltaste para trás?

[6]Montes, que saltastes como carneiros, e outeiros, como cordeiros?

[7]Treme, terra, na presença do Senhor, na presença do Deus de Jacó.

⁸O qual converteu o rochedo em lago de águas, e o seixo em fonte de água.

Notas

SALMO 115

A GLÓRIA DO SENHOR E A VAIDADE DOS ÍDOLOS

"Fez tudo o que lhe agradou." Até o presente momento, seus decretos se cumpriram, e seus propósitos eternos foram alcançados; ele nunca dormita nem fica alheio aos afazeres dos homens; ele age, operando de forma eficaz – ninguém é capaz de detê-lo, muito menos de impedir que ele faça alguma coisa. De um modo que contraria seus inimigos, o Senhor alcança tudo o que é de seu agrado sem dificuldade; mesmo quando seus adversários tinham surtos ou ataques de raiva, eles acabaram sendo conduzidos a cumprir seus desígnios, mesmo contra a própria vontade. Até mesmo o orgulhoso Faraó, em seu momento mais desafiador a Deus, não passava de barro na roda do oleiro, e o propósito e o desígnio de Deus a serem cumpridos nele foram completamente realizados. Podemos muito bem suportar ouvir a pergunta zombeteira "Onde está o seu Deus?", já que estamos absolutamente certos de que sua providência é inalterada, seu trono, inabalável, e seus propósitos, imutáveis. O que o Senhor fez, ele continuará fazendo. Seu conselho prevalecerá, e ele fará tudo o que lhe apraz. No final do grande drama da história humana, a onipotência de Deus, sua imutabilidade e sua fidelidade serão demandas totalmente obedecidas, para a confusão eterna de seus adversários.

¹Não a nós, SENHOR, não a nós, mas ao teu nome dá glória, por amor da tua benignidade e da tua verdade.

²Por que dirão os gentios: Onde *está* o seu Deus?

³Mas o nosso Deus *está* nos céus; fez tudo o que lhe agradou.

⁴Os ídolos deles *são* prata e ouro, obra das mãos dos homens.

⁵Têm boca, mas não falam; olhos têm, mas não veem.

⁶Têm ouvidos, mas não ouvem; narizes têm, mas não cheiram.

⁷Têm mãos, mas não apalpam; pés têm, mas não andam; nem som algum sai da sua garganta.

⁸A eles se tornem semelhantes os que os fazem, assim como todos os que neles confiam.

⁹Israel, confia no SENHOR; ele é o seu auxílio e o seu escudo.

¹⁰Casa de Arão, confia no SENHOR; ele é o seu auxílio e o seu escudo.

¹¹Vós, os que temeis ao SENHOR, confiai no SENHOR; ele é o seu auxílio e o seu escudo.

¹²O SENHOR se lembrou de nós; ele nos abençoará; abençoará a casa de Israel; abençoará a casa de Arão.

¹³Abençoará os que temem ao SENHOR, tanto pequenos como grandes.

¹⁴O SENHOR vos aumentará cada vez mais, *a vós* e *a* vossos filhos.

¹⁵Sois benditos do SENHOR, que fez os céus e a terra.

¹⁶Os céus são os céus do SENHOR; mas a terra a deu aos filhos dos homens.

¹⁷Os mortos não louvam ao SENHOR, nem os que descem ao silêncio.

¹⁸Mas nós bendiremos ao SENHOR, desde agora e para sempre. Louvai ao SENHOR.

NOTAS

SALMO 116
AMOR E GRATIDÃO A DEUS PELA SUA SALVAÇÃO

"Piedoso é o Senhor e justo." Quando Jeová ouve a oração, tanto sua graça como sua justiça são patentes. Trata-se de um grande favor o gesto de ele ouvir a oração de um pecador, ainda mais quando se sabe que o Senhor prometeu fazer isso. Ele não é injusto para se esquecer de sua promessa ou para ignorar os clamores de seu povo. A combinação de graça e justiça no tratamento de Deus para com seus servos somente pode ser explicada quando nos lembramos do sacrifício expiatório de nosso Senhor Jesus Cristo. Na cruz, percebemos quanto o Senhor é justo e gracioso. "Sim, o nosso Senhor é piedoso" ou compassivo, terno, cheio de empatia e de misericórdia. Nós, que o aceitamos como nosso Senhor, não temos dúvida de sua misericórdia, porque ele nunca teria sido nosso Deus se não tivesse usado de misericórdia para conosco. Veja como o atributo da justiça parece posicionar-se entre as duas qualidades de Deus que são as sentinelas do amor: piedoso, *justo* e misericordioso. A espada da justiça habita na bainha encrustada de joias que se chama graça.

¹Amo ao Senhor, porque ele ouviu a minha voz e a minha súplica.

²Porque inclinou a mim os seus ouvidos; portanto, o invocarei enquanto viver.

³Os cordéis da morte me cercaram, e angústias do inferno se apoderaram de mim; encontrei aperto e tristeza.

⁴Então invoquei o nome do Senhor, *dizendo:* Ó Senhor, livra a minha alma.

⁵Piedoso *é* o Senhor e justo; o nosso Deus tem misericórdia.

⁶O Senhor guarda aos símplices; fui abatido, mas ele me livrou.

⁷Volta, minha alma, para o teu repouso, pois o Senhor te fez bem.

[8]Porque tu livraste a minha alma da morte, os meus olhos das lágrimas, e os meus pés da queda.

[9]Andarei perante a face do SENHOR na terra dos viventes.

[10]Cri, por isso falei. Estive muito aflito.

[11]Dizia na minha pressa: Todos os homens são mentirosos.

[12]Que darei eu ao SENHOR, por todos os benefícios que me tem feito?

[13]Tomarei o cálice da salvação, e invocarei o nome do SENHOR.

[14]Pagarei os meus votos ao SENHOR, agora, na presença de todo o seu povo.

[15]Preciosa é à vista do SENHOR a morte dos seus santos.

[16]Ó SENHOR, deveras sou teu servo; sou teu servo, filho da tua serva; soltaste as minhas ataduras.

[17]Oferecer-te-ei sacrifícios de louvor, e invocarei o nome do SENHOR.

[18]Pagarei os meus votos ao SENHOR, na presença de todo o seu povo,

[19]Nos átrios da casa do SENHOR, no meio de ti, ó Jerusalém. Louvai ao SENHOR.

NOTAS

SALMO 117

DEUS É LOUVADO

"Louvai ao SENHOR todas as nações." Sabemos e acreditamos que nenhuma tribo humana deixará de ser representada no cântico universal que será oferecido ao Senhor por todos os homens. Os indivíduos já terão sido reunidos de todas as parentelas, povos e línguas pela pregação do evangelho e, calorosamente, se reunirão para engrandecer a graça que os alcançou e os levou a conhecer o Salvador. Eles não passam do pelotão avançado de um número incontável de pessoas que virão muito em breve para adorar aquele que é cheio de glória. "Louvai-o todos os povos." Feito isso uma vez, façam novamente, com um fervor cada vez maior, crescendo cada vez mais em reverência e zelo, com os quais exaltam o Todo-Poderoso. Não o louvem somente em um país com seus governantes, mas mobilizem o povo em uma verdadeira massa humana. A multidão de pessoas comuns bendirá o Senhor. Uma vez que esse mandamento seja dito duas vezes, ele é confirmado em sua certeza, e os gentios têm o dever de exaltar — e, de fato, exaltarão — Jeová. E todos eles o farão, sem exceção. Dentro da dispensação do evangelho, não adoramos um deus novo. Somente o Deus de Abraão é nosso Deus para todo o sempre; *o Deus de toda a terra*, assim ele será chamado.

[1]Louvai ao SENHOR todas as nações, louvai-o todos os povos.

[2]Porque a sua benignidade é grande para conosco, e a verdade do SENHOR dura para sempre. Louvai ao SENHOR.

NOTAS

_____

_____

_____

_____

SALMO 118

O SALMISTA LOUVA A DEUS PELA SUA MISERICÓRDIA

"**A** sua benignidade dura para sempre." A misericórdia consiste em uma parte considerável da bondade de Deus — e essa é a parte que mais nos importa, porque somos pecadores e precisamos da sua misericórdia. Os anjos podem dizer que o Senhor é bom, mas eles não precisam da misericórdia dele, razão pela qual não têm como experimentar prazer igual ao nosso. A criação inanimada declara que o Senhor é bom, mas não pode sentir sua misericórdia, porque ela não comete transgressão alguma. Porém, a humanidade, profundamente culpada e graciosamente perdoada, encara a misericórdia como o ponto focal ou o centro da bondade de Deus. A permanência da misericórdia de Deus se constitui em tema importante para os cânticos: a despeito de nossos pecados, de nossas tribulações, de nossos medos, "sua benignidade dura para sempre". As maiores alegrias deste mundo passarão, e até mesmo o próprio mundo envelhece e vai se deteriorando, mas não há mudança alguma na misericórdia de Deus. Ele foi fiel às promessas que fez aos nossos antepassados, é misericordioso para conosco e será gracioso para com nossos filhos e os filhos de nossos filhos. Devemos crer na misericórdia infindável — na misericórdia eterna. O Senhor Jesus Cristo, que é a grande encarnação da misericórdia de Deus, convida-nos, a cada lembrança dele, a render graças ao Senhor, pois "ele é bom".

¹Louvai ao Senhor, porque ele é bom, porque a sua benignidade dura para sempre.

²Diga agora Israel que a sua benignidade dura para sempre.

³Diga agora a casa de Arão que a sua benignidade dura para sempre.

⁴Digam agora os que temem ao Senhor que a sua benignidade dura para sempre.

⁵Invoquei o Senhor na angústia; o Senhor me ouviu, e me tirou para *um* lugar largo.

⁶O Senhor *está* comigo; não temerei o que me pode fazer o homem.

⁷O Senhor *está* comigo entre aqueles que me ajudam; por isso verei *cumprido o meu desejo* sobre os que me odeiam.

⁸*É* melhor confiar no Senhor do que confiar no homem.

⁹*É* melhor confiar no Senhor do que confiar nos príncipes.

¹⁰Todas as nações me cercaram, mas no nome do Senhor as despedaçarei.

¹¹Cercaram-me, e tornaram a cercar-me; mas no nome do Senhor eu as despedaçarei.

¹²Cercaram-me como abelhas; porém apagaram-se como o fogo de espinhos; pois no nome do Senhor as despedaçarei.

¹³Com força me impeliste para me fazeres cair, porém o Senhor me ajudou.

¹⁴O Senhor *é* a minha força e o meu cântico; e se fez a minha salvação.

¹⁵Nas tendas dos justos *há* voz de júbilo e de salvação; a destra do Senhor faz proezas.

¹⁶A destra do Senhor se exalta; a destra do Senhor faz proezas.

¹⁷Não morrerei, mas viverei; e contarei as obras do Senhor.

¹⁸O Senhor me castigou muito, mas não me entregou à morte.

¹⁹Abri-me as portas da justiça; entrarei por elas, *e* louvarei ao Senhor.

²⁰Esta *é* a porta do Senhor, pela qual os justos entrarão.

²¹Louvar-te-ei, pois me escutaste, e te fizeste a minha salvação.

²²A pedra *que* os edificadores rejeitaram tornou-se a cabeça da esquina.

²³Da parte do Senhor se fez isto; maravilhoso é aos nossos olhos.

²⁴Este *é* o dia que fez o Senhor; regozijemo-nos, e alegremo-nos nele.

²⁵Salva-*nos*, agora, te pedimos, ó Senhor; ó Senhor, te pedimos, prospera-*nos*.

²⁶Bendito aquele que vem em nome do Senhor; nós vos bendizemos desde a casa do Senhor.

[27]Deus é o Senhor que nos mostrou a luz; atai o sacrifício *da festa* com cordas, até às pontas do altar.

[28]*Tu és* o meu Deus, e eu te louvarei; *tu és* o meu Deus, e eu te exaltarei.

[29]Louvai ao Senhor, porque *ele é* bom; porque a sua benignidade dura para sempre.

Notas

SALMO 119
A EXCELÊNCIA DA LEI DO SENHOR

"Bem-aventurados os que guardam os seus testemunhos." Devemos guardar os testemunhos de Deus do mesmo modo que o vigia guarda a casa de seu chefe, o mordomo administra os bens de seu senhor e o pastor guarda o rebanho do seu empregador. Teremos de prestar contas, porque Deus nos confiou o evangelho, e ai de nós se formos infiéis a ele! Não podemos combater o bom combate ou terminar nossa jornada se não guardarmos a fé. Para que isso ocorra, o Senhor precisa nos guardar; somente aqueles que são guardados pelo poder de Deus para a salvação serão capazes de guardar seus testemunhos. Quanta bem-aventurança é evidenciada e testificada por meio de uma fé zelosa na Palavra de Deus e da contínua obediência a ela: Deus abençoou, está abençoando e sempre abençoará essas pessoas. Essa bem-aventurança percebida pelo salmista em outras pessoas, ele via em si mesmo, porque, no versículo 168, ele declara: "Tenho observado os teus preceitos, e os teus testemunhos"; e, nos versículos 51 a 56, ele atribui suas canções alegres e suas lembranças felizes a essa mesma obediência à lei, e confessa: "Isto fiz eu, porque guardei os teus mandamentos". As doutrinas que ensinamos a outras pessoas, devemos vivenciar em nós mesmos.

Álef

¹Bem-aventurados os retos em seus caminhos, que andam na lei do Senhor.

²Bem-aventurados os que guardam os seus testemunhos, *e que* o buscam com todo o coração.

³E não praticam iniquidade, mas andam nos seus caminhos.

⁴Tu ordenaste os teus mandamentos, para que diligentemente os observássemos.

⁵Quem dera *que* os meus caminhos fossem dirigidos a observar os teus mandamentos.

⁶Então não ficaria confundido, atentando eu para todos os teus mandamentos.

[7]Louvar-te-ei com retidão de coração quando tiver aprendido os teus justos juízos.

[8]Observarei os teus estatutos; não me desampares totalmente.

Bet

[9]Com que purificará o jovem o seu caminho? Observando-*o* conforme a tua palavra.

[10]Com todo o meu coração te busquei; não me deixes desviar dos teus mandamentos.

[11]Escondi a tua palavra no meu coração, para eu não pecar contra ti.

[12]Bendito *és* tu, ó SENHOR; ensina-me os teus estatutos.

[13]Com os meus lábios declarei todos os juízos da tua boca.

[14]Folguei tanto no caminho dos teus testemunhos, como em todas as riquezas.

[15]Meditarei nos teus preceitos, e terei respeito aos teus caminhos.

[16]Recrear-me-ei nos teus estatutos; não me esquecerei da tua palavra.

Guímel

[17]Faze bem ao teu servo, *para que* viva e observe a tua palavra.

[18]Abre tu os meus olhos, para que veja as maravilhas da tua lei.

[19]*Sou* peregrino na terra; não escondas de mim os teus mandamentos.

[20]A minha alma está quebrantada de desejar os teus juízos em todo o tempo.

[21]Tu repreendeste asperamente os soberbos *que são* amaldiçoados, que se desviam dos teus mandamentos.

[22]Tira de sobre mim o opróbrio e o desprezo, pois guardei os teus testemunhos.

[23]Príncipes também se assentaram, e falaram contra mim, mas o teu servo meditou nos teus estatutos.

[24]Também os teus testemunhos são o meu prazer *e* os meus conselheiros.

Dálet

[25]A minha alma está pegada ao pó; vivifica-me segundo a tua palavra.

[26]Eu *te* contei os meus caminhos, e tu me ouviste; ensina-me os teus estatutos.

[27]Faze-me entender o caminho dos teus preceitos; assim falarei das tuas maravilhas.

[28]A minha alma consome-se de tristeza; fortalece-me segundo a tua palavra.

[29]Desvia de mim o caminho da falsidade, e concede-me piedosamente a tua lei.

[30]Escolhi o caminho da verdade; propus-me seguir os teus juízos.

[31]Apego-me aos teus testemunhos; ó SENHOR, não me confundas.

[32]Correrei pelo caminho dos teus mandamentos, quando dilatares o meu coração.

He

[33]Ensina-me, ó SENHOR, o caminho dos teus estatutos, e guardá-lo-ei até o fim.

[34]Dá-me entendimento, e guardarei a tua lei, e observá-la-ei de todo o meu coração.

[35]Faze-me andar na vereda dos teus mandamentos, porque nela tenho prazer.

[36]Inclina o meu coração aos teus testemunhos, e não à cobiça.

[37]Desvia os meus olhos de contemplarem a vaidade, e vivifica-me no teu caminho.

[38]Confirma a tua palavra ao teu servo, que é *dedicado* ao teu temor.

[39]Desvia de mim o opróbrio que temo, pois os teus juízos *são* bons.

[40]Eis que tenho desejado os teus preceitos; vivifica-me na tua justiça.

Vav

[41]Venham sobre mim também as tuas misericórdias, ó SENHOR, *e* a tua salvação segundo a tua palavra.

[42]Assim terei o que responder ao que me afronta, pois confio na tua palavra.

[43]E não tires totalmente a palavra de verdade da minha boca, pois tenho esperado nos teus juízos.

[44]Assim observarei de contínuo a tua lei para sempre e eternamente.

[45]E andarei em liberdade; pois busco os teus preceitos.

[46]Também falarei dos teus testemunhos perante os reis, e não me envergonharei.

[47]E recrear-me-ei em teus mandamentos, que tenho amado.

[48]Também levantarei as minhas mãos para os teus mandamentos, que amei, e meditarei nos teus estatutos.

Záin

[49]Lembra-te da palavra dada ao teu servo, na qual me fizeste esperar.

[50]Isto *é* a minha consolação na minha aflição, porque a tua palavra me vivificou.

[51]Os soberbos zombaram grandemente de mim; *contudo* não me desviei da tua lei.

[52]Lembrei-me dos teus juízos antiquíssimos, ó Senhor, e *assim* me consolei.

[53]Grande indignação se apoderou de mim por causa dos ímpios que abandonam a tua lei.

[54]Os teus estatutos têm sido os meus cânticos na casa da minha peregrinação.

[55]Lembrei-me do teu nome, ó Senhor, de noite, e observei a tua lei.

[56]Isto fiz eu, porque guardei os teus mandamentos.

Het

[57]O Senhor *é* a minha porção; eu disse que observaria as tuas palavras.

[58]Roguei deveras o teu favor com todo o *meu* coração; tem piedade de mim, segundo a tua palavra.

[59]Considerei os meus caminhos, e voltei os meus pés para os teus testemunhos.

[60]Apressei-me, e não me detive, a observar os teus mandamentos.

[61]Bandos de ímpios me despojaram, *mas* eu não me esqueci da tua lei.

⁶²À meia-noite me levantarei para te louvar, pelos teus justos juízos.

⁶³Companheiro *sou* de todos os que te temem e dos que guardam os teus preceitos.

⁶⁴A terra, ó Senhor, está cheia da tua benignidade; ensina-me os teus estatutos.

Tet

⁶⁵Fizeste bem ao teu servo, Senhor, segundo a tua palavra.

⁶⁶Ensina-me bom juízo e conhecimento, pois cri nos teus mandamentos.

⁶⁷Antes de ser afligido andava errado; mas agora tenho guardado a tua palavra.

⁶⁸Tu *és* bom e fazes bem; ensina-me os teus estatutos.

⁶⁹Os soberbos forjaram mentiras contra mim; *mas* eu com todo o *meu* coração guardarei os teus preceitos.

⁷⁰Engrossa-se-lhes o coração como gordura, *mas* eu me recreio na tua lei.

⁷¹*Foi*-me bom ter sido afligido, para que aprendesse os teus estatutos.

⁷²Melhor *é* para mim a lei da tua boca do que milhares de ouro ou prata.

Iód

⁷³As tuas mãos me fizeram e me formaram; dá-me inteligência para entender os teus mandamentos.

⁷⁴Os que te temem alegraram-se quando me viram, porque tenho esperado na tua palavra.

⁷⁵Bem sei eu, ó Senhor, que os teus juízos *são* justos, e *que segundo* a tua fidelidade me afligiste.

⁷⁶Sirva pois a tua benignidade para me consolar, segundo a palavra *que deste* ao teu servo.

⁷⁷Venham sobre mim as tuas misericórdias, para que viva, pois a tua lei *é* a minha delícia.

⁷⁸Confundam-se os soberbos, pois me trataram de uma maneira perversa, sem causa; *mas* eu meditarei nos teus preceitos.

⁷⁹Voltem-se para mim os que te temem, e aqueles que têm conhecido os teus testemunhos.

⁸⁰Seja reto o meu coração nos teus estatutos, para que não seja confundido.

Cáf

⁸¹Desfalece a minha alma pela tua salvação, *mas* espero na tua palavra.

⁸²Os meus olhos desfalecem pela tua palavra; *entrementes* dizia: Quando me consolarás tu?

⁸³Pois estou como odre na fumaça; *contudo* não me esqueço dos teus estatutos.

⁸⁴Quantos *serão* os dias do teu servo? Quando *me* farás justiça contra os que me perseguem?

⁸⁵Os soberbos me cavaram covas, o que não *é* conforme a tua lei.

⁸⁶Todos os teus mandamentos *são* verdade. Com mentiras me perseguem; ajuda-me.

⁸⁷Quase que me têm consumido sobre a terra, mas eu não deixei os teus preceitos.

⁸⁸Vivifica-me segundo a tua benignidade; assim guardarei o testemunho da tua boca.

Lámed

⁸⁹Para sempre, ó SENHOR, a tua palavra permanece no céu.

⁹⁰A tua fidelidade *dura* de geração em geração; tu firmaste a terra, e ela permanece *firme*.

⁹¹Eles continuam até *ao dia* de hoje, segundo as tuas ordenações; porque todos são teus servos.

⁹²Se a tua lei não *fora* toda a minha recreação, *há muito* que pereceria na minha aflição.

⁹³Nunca me esquecerei dos teus preceitos; pois por eles me tens vivificado.

⁹⁴*Sou* teu, salva-me; pois tenho buscado os teus preceitos.

⁹⁵Os ímpios me esperam para me destruírem, *mas* eu considerarei os teus testemunhos.

⁹⁶Tenho visto fim a toda a perfeição, *mas* o teu mandamento *é* amplíssimo.

Mem

⁹⁷Oh! Quanto amo a tua lei! *É* a minha meditação em todo o dia.

⁹⁸Tu, pelos teus mandamentos, me fazes mais sábio do que os meus inimigos; pois *estão* sempre comigo.

⁹⁹Tenho mais entendimento do que todos os meus mestres, porque os teus testemunhos *são* a minha meditação.

[100]Entendo mais do que os antigos; porque guardo os teus preceitos.

[101]Desviei os meus pés de todo caminho mau, para guardar a tua palavra.

[102]Não me apartei dos teus juízos, pois tu me ensinaste.

[103]Oh! Quão doces são as tuas palavras ao meu paladar, *mais doces* do que o mel à minha boca.

[104]Pelos teus mandamentos alcancei entendimento; por isso odeio todo falso caminho.

Nun

[105]Lâmpada para os meus pés é tua palavra, e luz para o meu caminho.

[106]Jurei, e *o* cumprirei, que guardarei os teus justos juízos.

[107]Estou aflitíssimo; vivifica-me, ó Senhor, segundo a tua palavra.

[108]Aceita, eu te rogo, as oferendas voluntárias da minha boca, ó Senhor; ensina-me os teus juízos.

[109]A minha alma *está* de contínuo nas minhas mãos; todavia não me esqueço da tua lei.

[110]Os ímpios me armaram laço; contudo não me desviei dos teus preceitos.

[111]Os teus testemunhos tenho eu tomado por herança para sempre, pois *são* o gozo do meu coração.

[112]Inclinei o meu coração a guardar os teus estatutos, para sempre, até ao fim.

Sámech

[113]Odeio os pensamentos *vãos,* mas amo a tua lei.

[114]Tu *és* o meu refúgio e o meu escudo; espero na tua palavra.

[115]Apartai-vos de mim, malfeitores, pois guardarei os mandamentos do meu Deus.

[116]Sustenta-me conforme a tua palavra, para que viva, e não me deixes envergonhado da minha esperança.

[117]Sustenta-me, e serei salvo, e de contínuo terei respeito aos teus estatutos.

[118]Tu tens pisado aos pés todos os que se desviam dos teus estatutos, pois o engano deles *é* falsidade.

[119]Tu tiraste da terra todos os ímpios, *como* a escória, por isso amo os teus testemunhos.

[120] O meu corpo se arrepiou com temor de ti, e temi os teus juízos.

Aín

[121] Fiz juízo e justiça; não me entregues aos meus opressores.

[122] Fica por fiador do teu servo para o bem; não deixes que os soberbos me oprimam.

[123] Os meus olhos desfaleceram pela tua salvação e pela promessa da tua justiça.

[124] Usa com o teu servo segundo a tua benignidade, e ensina-me os teus estatutos.

[125] *Sou* teu servo; dá-me inteligência, para entender os teus testemunhos.

[126] *Já é* tempo de operares, ó Senhor, *pois* eles têm quebrantado a tua lei.

[127] Por isso amo os teus mandamentos mais do que o ouro, e *ainda* mais do que o ouro fino.

[128] Por isso estimo todos *os teus* preceitos acerca de tudo, como retos, *e* odeio toda falsa vereda.

Pe

[129] Maravilhosos *são* os teus testemunhos; portanto, a minha alma os guarda.

[130] A entrada das tuas palavras dá luz, dá entendimento aos símplices.

[131] Abri a minha boca, e respirei, pois que desejei os teus mandamentos.

[132] Olha para mim, e tem piedade de mim, conforme usas com os que amam o teu nome.

[133] Ordena os meus passos na tua palavra, e não se apodere de mim iniquidade alguma.

[134] Livra-me da opressão do homem; assim guardarei os teus preceitos.

[135] Faze resplandecer o teu rosto sobre o teu servo, e ensina-me os teus estatutos.

[136] Rios de águas correm dos meus olhos, porque não guardam a tua lei.

Tsádi

[137] Justo és, ó Senhor, e retos *são* os teus juízos.

¹³⁸Os teus testemunhos *que* ordenaste *são* retos e muito fiéis.

¹³⁹O meu zelo me consumiu, porque os meus inimigos se esqueceram da tua palavra.

¹⁴⁰A tua palavra *é* muito pura; portanto, o teu servo a ama.

¹⁴¹Pequeno *sou* e desprezado, porém não me esqueço dos teus mandamentos.

¹⁴²A tua justiça *é uma* justiça eterna, e a tua lei *é* a verdade.

¹⁴³Aflição e angústia se apoderam de mim; *contudo* os teus mandamentos *são* o meu prazer.

¹⁴⁴A justiça dos teus testemunhos é eterna; dá-me inteligência, e viverei.

Cof

¹⁴⁵Clamei de todo o meu coração; escuta-me, Senhor, *e* guardarei os teus estatutos.

¹⁴⁶A *ti* te invoquei; salva-me, e guardarei os teus testemunhos.

¹⁴⁷Antecipei o cair da noite, e clamei; esperei na tua palavra.

¹⁴⁸Os meus olhos anteciparam as vigílias *da noite,* para meditar na tua palavra.

¹⁴⁹Ouve a minha voz, segundo a tua benignidade; vivifica-me, ó Senhor, segundo o teu juízo.

¹⁵⁰Aproximam-se os que se dão a maus-tratos; afastam-se da tua lei.

¹⁵¹Tu *estás* perto, ó Senhor, e todos os teus mandamentos *são* a verdade.

¹⁵²Acerca dos teus testemunhos soube, desde a antiguidade, que tu os fundaste para sempre.

Reish

¹⁵³Olha para a minha aflição, e livra-me, pois não me esqueci da tua lei.

¹⁵⁴Pleiteia a minha causa, e livra-me; vivifica-me segundo a tua palavra.

¹⁵⁵A salvação *está* longe dos ímpios, pois não buscam os teus estatutos.

¹⁵⁶Muitas *são,* ó Senhor, as tuas misericórdias; vivifica-me segundo os teus juízos.

¹⁵⁷Muitos *são* os meus perseguidores e os meus inimigos; mas não me desvio dos teus testemunhos.

¹⁵⁸Vi os transgressores, e me afligi, porque não observam a tua palavra.

¹⁵⁹Considera como amo os teus preceitos; vivifica-me, ó SENHOR, segundo a tua benignidade.

¹⁶⁰A tua palavra *é* a verdade desde o princípio, e cada um dos juízos da tua justiça *dura* para sempre.

Shin

¹⁶¹Príncipes me perseguiram sem causa, mas o meu coração temeu a tua palavra.

¹⁶²Folgo com a tua palavra, como aquele que acha *um* grande despojo.

¹⁶³Abomino e odeio a mentira; *mas* amo a tua lei.

¹⁶⁴Sete vezes no dia te louvo pelos juízos da tua justiça.

¹⁶⁵Muita paz têm os que amam a tua lei, e para eles não *há* tropeço.

¹⁶⁶SENHOR, tenho esperado na tua salvação, e tenho cumprido os teus mandamentos.

¹⁶⁷A minha alma tem observado os teus testemunhos; amo-os excessivamente.

¹⁶⁸Tenho observado os teus preceitos, e os teus testemunhos, porque todos os meus caminhos *estão* diante de ti.

Tav

¹⁶⁹Chegue a ti o meu clamor, ó SENHOR; dá-me entendimento conforme a tua palavra.

¹⁷⁰Chegue a minha súplica perante a tua face; livra-me segundo a tua palavra.

¹⁷¹Os meus lábios proferiram o louvor, quando me ensinaste os teus estatutos.

¹⁷²A minha língua falará da tua palavra, pois todos os teus mandamentos *são* justiça.

¹⁷³Venha a tua mão socorrer-me, pois escolhi os teus preceitos.

¹⁷⁴Tenho desejado a tua salvação, ó SENHOR; a tua lei *é* todo o meu prazer.

¹⁷⁵Viva a minha alma, e louvar-te-á; ajudem-me os teus juízos.

¹⁷⁶Desgarrei-me como a ovelha perdida; busca o teu servo, pois não me esqueci dos teus mandamentos.

SALMO 120
O SALMISTA ORA POR LIVRAMENTO

Cântico dos degraus

"SENHOR, livra a minha alma dos lábios mentirosos." A capacidade da fala torna-se uma maldição quando é pervertida em uma arma maliciosa para abater as pessoas pelas costas. Precisamos livrar-nos das maledicências pela restrição do Senhor às línguas ímpias ou por ter nosso bom nome restaurado da calúnia do mentiroso. "E da língua enganadora." É algo bem pior que a simples falsidade. Aqueles que homenageiam e bajulam, e ao mesmo tempo sentem inimizade no coração, não passam de seres terríveis; são a própria semente do diabo, e ele age por meio deles segundo sua natureza enganosa. É melhor nos depararmos com animais selvagens e serpentes do que encontrarmos enganadores; eles são uma espécie de monstros que surgem do abismo e cujo final será ainda mais aterrador. Deveria servir de alerta para os mentirosos e enganadores quando eles percebem que todos os homens bons oram contra eles, e até os homens malignos os temem. Portanto, o livramento deles consiste em um bom motivo de oração. As palavras "Livra-nos do maligno" (Lucas 11:4) podem ser usadas com ênfase nesse particular. Das intrigas, dos maldizentes, dos escritores de cartas anônimas, daqueles que escrevem notícias falsas nos periódicos e de toda espécie de mentirosos, bom Deus, livra-nos!

¹Na minha angústia clamei ao SENHOR, e me ouviu.

²SENHOR, livra a minha alma dos lábios mentirosos e da língua enganadora.

³Que te será dado, ou que te será acrescentado, língua enganadora?

⁴Flechas agudas do poderoso, com brasas vivas de zimbro.

⁵Ai de mim, que peregrino em Meseque, e habito nas tendas de Quedar.

⁶A minha alma bastante tempo habitou com os que detestam a paz.

⁷Pacífico *sou,* mas quando eu falo *já* eles procuram a guerra.

NOTAS

SALMO 121

DEUS É O GUARDA FIEL DO SEU POVO

Cântico dos degraus

Embora os caminhos da vida sejam perigosos e difíceis, mesmo assim nos manteremos firmes, pois Jeová não permitirá que nossos pés deslizem. E se ele não passará por isso, nós também não passaremos. "Não deixará vacilar o teu pé." Já que nossos passos serão guardados dessa forma, podemos estar certos de que nossos pensamentos e nossos afetos também serão preservados. Essa preservação prometida deve ser o tema de oração perpétua, e nós podemos orar com fé, porque aqueles que têm Deus como seu Guardião estarão seguros de todos os perigos pelo caminho. Entre os montes e os vales da Palestina, a bênção literal de se guardarem os pés é grande misericórdia. Nos caminhos escorregadios de uma vida cheia de provações e aflições, o benefício de receber apoio não tem preço, porque um simples passo em falso pode resultar em uma queda repleta de perigos terríveis. Ficar de pé e seguir nosso caminho com o devido equilíbrio consistem em uma bênção que só Deus pode dar, algo que é digno da mão divina e de gratidão imorredoura. Nossos pés prosseguirão avançando, mas não se encaminharão à derrota.

¹Levantarei os meus olhos para os montes, de onde vem o meu socorro.

²O meu socorro *vem* do SENHOR que fez o céu e a terra.

³Não deixará vacilar o teu pé; aquele que te guarda não tosquenejará.

⁴Eis que não tosquenejará nem dormirá o guarda de Israel.

⁵O SENHOR *é* quem te guarda; o SENHOR *é* a tua sombra à tua direita.

⁶O sol não te molestará de dia nem a lua de noite.

⁷O SENHOR te guardará de todo o mal; guardará a tua alma.

⁸O SENHOR guardará a tua entrada e a tua saída, desde agora e para sempre.

NOTAS

SALMO 122
ORAÇÃO PELA PAZ DE JERUSALÉM

Cântico dos degraus, de Davi

"Orai pela paz de Jerusalém." Aqueles que são diariamente abalados por alarmes rudes são atraídos a voltar ao ninho em uma comunhão santa e a permanecer nele. Em uma igreja, um dos principais ingredientes é a paz interior. Contenda, suspeita, espírito de partidarismo e divisão se constituem em coisas mortais. Aqueles que tiram a paz da igreja logram sofrer, mas aqueles que a sustentam recebem grandiosas bênçãos. Nossa oração diária deve ser a paz da igreja, e, ao orarmos assim, traremos paz sobre nós mesmos. O salmista continua dizendo: "Prosperarão aqueles que te amam". Não importa sabermos se essa passagem deve ser considerada uma promessa ou uma oração, porque a oração clama pelo cumprimento da promessa, e a promessa é a base da oração. A prosperidade da alma já é estimada por aqueles que se interessam profundamente pela igreja e pela causa de Deus; trata-se de pessoas pacíficas e que encontram paz em suas atividades santas. O povo de Deus ora por essas pessoas, e o próprio Deus se agrada delas.

¹Alegrei-me quando me disseram: Vamos à casa do Senhor.

²Os nossos pés estão dentro das tuas portas, ó Jerusalém.

³Jerusalém está edificada como uma cidade que é compacta.

⁴Onde sobem as tribos, as tribos do Senhor, até ao testemunho de Israel, para darem graças ao nome do Senhor.

⁵Pois ali estão os tronos do juízo, os tronos da casa de Davi.

⁶Orai pela paz de Jerusalém; prosperarão aqueles que te amam.

⁷Haja paz dentro de teus muros, *e* prosperidade dentro dos teus palácios.

⁸Por causa dos meus irmãos e amigos, direi: Paz *esteja* em ti.

⁹Por causa da casa do Senhor nosso Deus, buscarei o teu bem.

Notas

SALMO 123
A ORAÇÃO DO CRENTE DESPREZADO

Cântico dos degraus

"A ti levanto os meus olhos." Deus está em todos os lugares, porém é mais natural pensar nele como estando acima de nós, naquele lugar glorioso que fica além do céu visível. A frase "Ó tu que habitas nos céus" define a simples ideia de um filho de Deus em meio à aflição: *Deus nada mais é que o Eu Sou, Deus está no céu, Deus reside em um lugar definido, e Deus é sempre o mesmo; portanto, levantarei meus olhos para ele.* Quanto mais alto o Senhor estiver, melhor será para nossa fé, já que a altura representa poder, glória e excelência, e tudo isso será usado em nosso favor. Devemos ser bem gratos por nossos olhos espirituais; os homens cegos deste mundo, por maior que seja o aprendizado humano que possuem, não conseguem enxergar nosso Deus, porque não possuem nenhuma visão celestial. No entanto, devemos fazer bom uso de nossos olhos, porque eles não se levantam para Deus por si mesmos; eles sempre tendem a se inclinar para baixo ou para dentro, ou para qualquer outro lugar que não seja o Senhor. Se não podemos ver Deus, pelo menos olharemos em sua direção.

[1]A ti levanto os meus olhos, ó tu que habitas nos céus.

[2]Assim como os olhos dos servos *atentam* para as mãos dos seus senhores, *e* os olhos da serva para as mãos de sua senhora, assim os nossos olhos *atentam* para o SENHOR nosso Deus, até que tenha piedade de nós.

[3]Tem piedade de nós, ó SENHOR, tem piedade de nós, pois estamos sobremodo fartos de desprezo.

[4]A nossa alma está extremamente farta da zombaria daqueles que estão à sua vontade *e* do desprezo dos soberbos.

NOTAS

_____

_____

_____

_____

_____

_____

_____

_____

_____

_____

_____

_____

_____

_____

_____

_____

_____

_____

_____

_____

_____

_____

_____

_____

SALMO 124

SÓ DEUS PODE LIVRAR O SEU POVO

Cântico dos degraus, de Davi

"Bendito seja o S<small>ENHOR</small>, que não nos deu por presa aos seus dentes." O Senhor é fervorosamente louvado por não permitir que seus servos fossem devorados, quando se encontravam acuados entre as mandíbulas das feras. Isso implica que ninguém pode prejudicar-nos se o Senhor não permitir; não podemos ser presas de nossos adversários se o Senhor não nos entregar a eles, algo que nosso Senhor nunca fará. Até então, o Senhor recusou-se a dar permissão a qualquer inimigo para que nos destruísse; bendito seja seu nome. Quanto mais iminente for o perigo, mais eminente será a misericórdia que não permitirá que a alma nele pereça. Que Deus seja bendito para todo o sempre por nos guardar da maldição! Que Jeová seja louvado por afastar a ira do inimigo e moderar sua própria ira! O versículo parece indicar uma bênção simplesmente negativa, mas nenhuma dádiva pode ser mais positivamente preciosa que essa. Ele nos deu seu Filho, Jesus, e nunca nos entregará aos nossos inimigos.

¹Se não *fora* o S<small>ENHOR</small>, que esteve ao nosso lado, ora diga Israel;

²Se não *fora* o S<small>ENHOR</small>, que esteve ao nosso lado, quando os homens se levantaram contra nós,

³Eles então nos teriam engolido vivos, quando a sua ira se acendeu contra nós.

⁴Então as águas teriam transbordado sobre nós, *e* a corrente teria passado sobre a nossa alma;

⁵Então as águas altivas teriam passado sobre a nossa alma;

⁶Bendito *seja* o S<small>ENHOR</small>, que não nos deu por presa aos seus dentes.

⁷A nossa alma escapou, como um pássaro do laço dos passarinheiros; o laço quebrou-se, e nós escapamos.

⁸O nosso socorro *está* no nome do Senhor, que fez o céu e a terra.

Notas

SALMO 125

A SEGURANÇA DAQUELE QUE CONFIA EM DEUS

Cântico dos degraus

66 "**P**orque o cetro da impiedade não permanecerá sobre a sorte dos justos." O povo de Deus não deve esperar imunidade da tribulação porque o Senhor os cerca, de modo que eles podem sentir o poder e a perseguição dos ímpios. Até mesmo Isaque, que era da família de Abraão, foi zombado por Ismael. A Assíria colocou seu cetro até mesmo sobre Sião. As pessoas cruéis governam com frequência e empunham o cetro, e, quando fazem isso, querem assegurar que ele caia pesadamente sobre o povo que crê em Deus, para que os piedosos sofram por causa de seus opressores. O cetro do Egito foi excessivamente pesado sobre Israel, mas chegou o tempo em que ele acabou sendo quebrado. Deus estabelece um limite para as aflições do povo escolhido: o cetro pode invadir seu quinhão, mas não permanecerá sobre ele. Os justos têm uma porção que ninguém pode tirar deles, porque Deus os fez herdeiros dessa porção por um vínculo eterno. Os ímpios podem avançar sobre essa porção, mas não podem ter controle sobre ela de modo duradouro. Os santos permanecem para sempre, mas seus problemas passarão.

¹Os que confiam no SENHOR *serão* como o monte de Sião, *que* não se abala, *mas* permanece para sempre.

²Assim *como estão* os montes à roda de Jerusalém, assim o SENHOR *está* em volta do seu povo desde agora e para sempre.

³Porque o cetro da impiedade não permanecerá sobre a sorte dos justos, para que o justo não estenda as suas mãos para a iniquidade.

⁴Faze bem, ó SENHOR, aos bons e aos *que são* retos de coração.

⁵Quanto àqueles que se desviam para os seus caminhos tortuosos, levá-los-á o SENHOR com os que praticam a maldade; paz *haverá* sobre Israel.

NOTAS

SALMO 126
DEUS É LOUVADO PORQUE FEZ RETIRAR DO CATIVEIRO O SEU POVO

Cântico dos degraus

"Quando o SENHOR trouxe do cativeiro os que voltaram a Sião, estávamos como os que sonham." O cativeiro havia sido grande, e grande foi o livramento, porque foi o próprio Deus Altíssimo quem o efetuou. Parecia bom demais para ser verdade. Deus, em sua misericórdia, não providenciara a liberdade de um indivíduo apenas, mas de toda a Sião, de toda a nação, e isso era motivo suficiente para alegria transbordante. Não precisamos demonstrar a história ilustrada nesse versículo no que se refere ao povo de Israel literal, mas faz bem lembrarmos em que medida isso é verdade em nossa vida. Olhemos para a prisão da qual fomos libertados. Ah, e que prisioneiros nós fomos! Nos primeiros momentos de nossa conversão, que reviravolta presenciamos de nosso próprio cativeiro! Esse momento nunca pode ser esquecido! Alegria, alegria, alegria! Desde então, fomos emancipados de milhares de aflições, da depressão espiritual, da recaída extremamente triste e da dúvida lamentável; não somos capazes de descrever em palavras a alegria que se seguiu a cada libertação.

¹Quando o SENHOR trouxe do cativeiro os que voltaram a Sião, estávamos como os que sonham.

²Então a nossa boca se encheu de riso e a nossa língua de cântico; então se dizia entre os gentios: Grandes coisas fez o SENHOR a estes.

³Grandes coisas fez o SENHOR por nós, *pelas quais* estamos alegres.

⁴Traze-nos outra vez, ó SENHOR, do cativeiro, como as correntes *das águas* no sul.

⁵Os que semeiam em lágrimas segarão com alegria.

⁶Aquele que leva a preciosa semente, andando e chorando, voltará, sem dúvida, com alegria, trazendo *consigo* os seus molhos.

Notas

_____

_____

_____

_____

_____

_____

_____

_____

_____

_____

_____

_____

_____

_____

_____

_____

_____

_____

_____

_____

_____

_____

_____

_____

_____

SALMO 127

SEGURANÇA, PROSPERIDADE E FECUNDIDADE VÊM DE DEUS SÓ

Cântico dos degraus, de Salomão

"Se o Senhor não edificar a casa, em vão trabalham os que a edificam." Sem Deus, não somos nada. Grandes casas foram erguidas por construtores ambiciosos, mas passaram como a fumaça de uma visão, e poucas pedras restaram para contar onde se encontraram um dia. O rico construtor desse palácio inigualável, mesmo em noite de lua cheia, ficaria surpreso em achar algum resquício do seu orgulho. Ele trabalhou em vão, porque nem mesmo um resquício sobrou da obra de suas mãos. Pode-se dizer isso a respeito daqueles que constroem castelos: quando o Senhor pôs um fim na validade desses amontoados, essas paredes gigantescas feitas pelos arquitetos antigos desabaram em ruínas, e seu trabalho derreteu na espuma da vaidade. Nos dias de hoje, não apenas trabalhamos inutilmente sem Jeová, mas também todos aqueles que trabalham sem ele recebem a mesma sentença. A colher do pedreiro, o martelo, a serra e a plaina não passam de instrumentos inúteis se o Senhor não for o Construtor-Mor.

¹Se o Senhor não edificar a casa, em vão trabalham os que a edificam; se o Senhor não guardar a cidade, em vão vigia a sentinela.

²Inútil vos *será* levantar de madrugada, repousar tarde, comer o pão de dores, *pois* assim dá ele aos seus amados o sono.

³Eis que os filhos *são* herança do Senhor, *e* o fruto do ventre o *seu* galardão.

⁴Como flechas na mão de *um homem* poderoso, assim *são* os filhos da mocidade.

⁵Bem-aventurado o homem que enche deles a sua aljava; não serão confundidos, mas falarão com os seus inimigos à porta.

NOTAS

SALMO 128

AQUELE QUE TEME A DEUS SERÁ ABENÇOADO NA SUA FAMÍLIA

Cântico dos degraus

"Paz sobre Israel." Que a própria herança de Deus fique em paz, e que todos nos alegremos com isso! Consideramos como nossa própria prosperidade que os escolhidos do Senhor alcancem a paz e o descanso. Jacó foi cercado de sofrimentos, sua vida teve poucos momentos de paz, mas o Senhor o livrou de todas as tribulações e o trouxe a um lugar de descanso em Gósen. Depois, Jacó foi enterrado com seus pais na caverna de Macpela. Jesus, a Semente gloriosa de Jacó, passou por grande aflição e, por fim, foi crucificado, mas ressuscitou para nos trazer a paz eterna, e é em sua paz que habitamos. Os descendentes espirituais de Israel ainda passam por suas condições atribuladas, mas também lhes resta um descanso, e eles terão a paz que provém do Deus de paz. O patriarca Jacó estava envolvido em súplicas e orações nos dias de suas dificuldades, mas teve seu nome mudado para Israel — transformado em um príncipe que prevalece — e nisso sua alma encontrou paz. Sim, isso é verdade em todos os aspectos: "Paz sobre Israel".

¹Bem-aventurado aquele que teme ao SENHOR e anda nos seus caminhos.

²Pois comerás do trabalho das tuas mãos; feliz *serás,* e te irá bem.

³A tua mulher *será* como a videira frutífera aos lados da tua casa; os teus filhos como plantas de oliveira à roda da tua mesa.

⁴Eis que assim será abençoado o homem que teme ao SENHOR.

⁵O SENHOR te abençoará desde Sião, e tu verás o bem de Jerusalém em todos os dias da tua vida.

⁶E verás os filhos de teus filhos, *e* a paz sobre Israel.

NOTAS

SALMO 129

ISRAEL É PERSEGUIDO, MAS NÃO DESTRUÍDO

Cântico dos degraus

N a época da colheita, as pessoas abençoam umas às outras em nome do Senhor, mas não há nada na rotina e na conduta dos ímpios que chegue a sugerir concessão ou recebimento de alguma bênção. Ao sondarmos a vida dos pecadores do início ao fim, somos inclinados mais a chorar do que a nos alegrar, e acabamos desejando o fracasso deles em vez do seu sucesso. Não nos atrevemos a usar expressões piedosas como se fossem simples saudações e, portanto, não desejaremos as bênçãos do Senhor aos perversos, para que não sejamos partícipes de suas obras más. Veja como as pessoas piedosas são exploradas por seus adversários, mas, ainda assim, sua colheita permanece e produz bênção. Os ímpios, por sua vez, ainda que floresçam por algum tempo e desfrutem um período de completa bonança — no qual, segundo pensam, estão longe de qualquer tipo de ruína — em pouco tempo passam sem deixar rastro algum. *Senhor, que eu seja contado entre os teus santos. Que eu possa partilhar de seus sofrimentos, para que possa também tomar parte da glória deles! Assim, eu me apropriarei deste salmo e glorificarei o teu nome, porque teus aflitos não são destruídos e teus perseguidos não são esquecidos.*

[1]Muitas vezes me angustiaram desde a minha mocidade, diga agora Israel;

[2]Muitas vezes me angustiaram desde a minha mocidade; todavia não prevaleceram contra mim.

[3]Os lavradores araram sobre as minhas costas; compridos fizeram os seus sulcos.

[4]O Senhor *é* justo; cortou as cordas dos ímpios.

[5]Sejam confundidos, e voltem para trás todos os que odeiam a Sião.

⁶Sejam como a erva dos telhados que se seca antes que *a* arranquem.

⁷Com a qual o segador não enche a sua mão, nem o que ata os feixes *enche* o seu braço.

⁸Nem tampouco os que passam dizem: A bênção do SENHOR *seja* sobre vós; nós vos abençoamos em nome do SENHOR.

NOTAS

SALMO 130
A ESPERANÇA DO PERDÃO

Cântico dos degraus

"**S**ejam os teus ouvidos atentos à voz das minhas súplicas." O clamor do salmista é como a súplica de um mendicante; ele roga para que o grande Rei e Senhor lhe dê ouvidos. Ele suplica várias vezes, mas sempre com uma só voz, um mesmo propósito, e roga para que seja contemplado em uma questão que lhe é de suma importância. Ele queria que o Rei ouvisse, refletisse, lembrasse e avaliasse seu pedido. Ele está confuso, e sua oração pode ser truncada e difícil de entender; por isso, ele implora que seu Senhor preste a mais sincera e compassiva atenção à voz de seus inúmeros clamores dolorosos. Quando terminamos de orar pela solução de nossos problemas, vale a pena insistir nesse clamor. Se não encontrarmos mais palavras, convidemos o Senhor a ouvir os pedidos que acabamos de apresentar. Se obedecermos fielmente ao preceito de orar sem cessar, podemos ter a confiança de que o Senhor cumprirá fielmente sua promessa de nos socorrer de forma bem presente.

¹Das profundezas a ti clamo, ó SENHOR.

²Senhor, escuta a minha voz; sejam os teus ouvidos atentos à voz das minhas súplicas.

³Se tu, SENHOR, observares as iniquidades, Senhor, quem subsistirá?

⁴Mas contigo *está* o perdão, para que sejas temido.

⁵Aguardo ao SENHOR; a minha alma o aguarda, e espero na sua palavra.

⁶A minha alma *anseia* pelo Senhor, mais do que os guardas pela manhã, *mais do que* aqueles que guardam pela manhã.

⁷Espere Israel no SENHOR, porque no SENHOR há misericórdia, e nele *há* abundante redenção.

⁸E ele remirá a Israel de todas as suas iniquidades.

Notas

_____

_____

_____

_____

_____

_____

_____

_____

_____

_____

_____

_____

_____

_____

_____

_____

_____

_____

_____

_____

_____

_____

_____

_____

_____

_____

_____

_____

_____

_____

_____

SALMO 131
A HUMILDADE DO SALMISTA

Cântico dos degraus, de Davi

"Senhor, o meu coração não se elevou nem os meus olhos se levantaram." O que o coração deseja é aquilo que os olhos procuram. Quando os desejos correm livremente, são despertados todos os tipos de olhar. Esse homem santo sentiu que não buscava lugares altos onde pudesse massagear seu ego, nem olhava para os outros como se fossem pessoas inferiores. O olhar altivo, isso o Senhor abomina, e nisso todas as pessoas concordam com ele — na verdade, até mesmo os orgulhosos propriamente ditos detestam a altivez no gesto das pessoas. Os olhos altivos geralmente são tão odiosos que as pessoas arrogantes têm a fama de evitar os gestos comuns dos orgulhosos para não ser alvo da má vontade de seus companheiros. O orgulho que tenta disfarçar-se de humildade sempre se preocupa em baixar os olhos, já que a consciência de todas as pessoas diz que o olhar de desprezo se constitui em claro sinal de um espírito altivo. No salmo 121, o salmista eleva seus olhos para os montes, mas aqui ele declara que seus olhos não se elevaram em nenhum outro sentido. Quando o coração e os olhos são justos, a pessoa se encaminha inteiramente para uma condição saudável e feliz.

---

¹Senhor, o meu coração não se elevou nem os meus olhos se levantaram; não me exercito em grandes matérias, nem em coisas muito elevadas para mim.

²Certamente que me tenho portado e sossegado como *uma* criança desmamada de sua mãe; a minha alma *está* como uma criança desmamada.

³Espere Israel no Senhor, desde agora e para sempre.

NOTAS

SALMO 132

O ZELO DE DAVI PELO TEMPLO E PELA ARCA

Cântico dos degraus

"Não darei sono aos meus olhos, nem repouso às minhas pálpebras, enquanto não achar lugar para o Senhor, uma morada para o poderoso Deus de Jacó." É um fato estarrecedor que a verdadeira religião em nenhum outro momento tenha florescido mais em Israel do que antes da construção do templo, e que, a partir da construção dessa casa magnífica, o espírito piedoso foi diminuindo. As pessoas boas podem ter questões em seu coração que lhes parecem de suma importância, e pode ser lícito que busquem resolvê-las. Entretanto, pode ser que, em sua sabedoria infinita, o Senhor ache melhor impedir que elas alcancem êxito em seus projetos. Deus não mede as ações de seu povo com relação à sua sabedoria ou ao seu desejo de sabedoria, mas, sim, pelo desejo sincero de sua glória que os impulsionou a realizá-las. A decisão de Davi, embora ele não tenha sido capaz de realizar seu desejo, trouxe bênção sobre ele: o Senhor prometeu exaltar a casa de Davi, porque ele desejou construir a casa do Senhor. Além disso, o rei teve o privilégio de preparar o material para a construção do glorioso edifício que foi construído por seu filho e sucessor. O Senhor demonstra a aceitação do que desejamos fazer ao nos permitir que façamos algo diferente que sua mente infinita julga ser mais adequado para nós e mais honroso ao seu próprio nome.

¹Lembra-te, Senhor, de Davi, *e* de todas as suas aflições.

²Como jurou ao Senhor, e fez votos ao poderoso *Deus* de Jacó, *dizendo:*

³Certamente que não entrarei na tenda de minha casa, nem subirei à minha cama,

⁴Não darei sono aos meus olhos, *nem* repouso às minhas pálpebras,

⁵Enquanto não achar lugar para o Senhor, uma morada para o poderoso *Deus* de Jacó.

⁶Eis que ouvimos falar dela em Efrata, e a achamos no campo do bosque.

⁷Entraremos nos seus tabernáculos; prostrar-nos-emos ante o escabelo de seus pés.

⁸Levanta-te, Senhor, ao teu repouso, tu e a arca da tua força.

⁹Vistam-se os teus sacerdotes de justiça, e alegrem-se os teus santos.

¹⁰Por amor de Davi, teu servo, não faças virar o rosto do teu ungido.

¹¹O Senhor jurou com verdade a Davi, e não se apartará *dela:* Do fruto do teu ventre porei sobre o teu trono.

¹²Se os teus filhos guardarem a minha aliança, e os meus testemunhos, que eu lhes hei de ensinar, também os seus filhos se assentarão perpetuamente no teu trono.

¹³Porque o Senhor escolheu a Sião; desejou-a para a sua habitação, *dizendo:*

¹⁴Este *é* o meu repouso para sempre; aqui habitarei, pois o desejei.

¹⁵Abençoarei abundantemente o seu mantimento; fartarei de pão os seus necessitados.

¹⁶Também vestirei os seus sacerdotes de salvação, e os seus santos saltarão de prazer.

¹⁷Ali farei brotar a força de Davi; preparei uma lâmpada para o meu ungido.

¹⁸Vestirei os seus inimigos de vergonha; mas sobre ele florescerá a sua coroa.

Notas

SALMO 133

A EXCELÊNCIA DO AMOR FRATERNAL

Cântico dos degraus, de Davi

Podemos até dispensar a uniformidade quando contamos com a unidade. Unidade de caminho, verdade e vida; unidade em Cristo Jesus; unidade de objetivo e de espírito — temos de ter tudo isso, ou nossas assembleias não passarão de sinagogas de contenda no lugar de igrejas de Cristo. "Oh! quão bom e quão suave é que os irmãos vivam em união." Quanto mais nos aproximarmos da unidade, melhor será; e isso será cada vez mais agradável. Já que somos seres imperfeitos, é certa a intromissão de alguns elementos de maldade e tristeza, mas isso logo será neutralizado e banido pelo amor verdadeiro dos santos, se ele realmente estiver presente. A unidade cristã é boa em si mesma, boa para nós, boa para a igreja, boa para nossos convertidos e boa para o mundo ao nosso redor. E certamente isso é agradável, porque o coração amoroso deve ter e oferecer prazer ao se relacionar com outras pessoas de natureza semelhante. Uma igreja unida por anos em uma obra sincera para o Senhor se constitui em fonte de bondade e alegria para todas as pessoas que a cercam.

¹Oh! Quão bom e quão suave *é* que os irmãos vivam em união.

²É como o óleo precioso sobre a cabeça, que desce sobre a barba, a barba de Arão, e que desce à orla das suas vestes.

³Como o orvalho de Hermom, *e como* o que desce sobre os montes de Sião, porque ali o SENHOR ordena a bênção *e* a vida para sempre.

NOTAS

SALMO 134

EXORTAÇÃO A BENDIZER O SENHOR

Cântico dos degraus

"Eis aqui, bendizei ao Senhor... Levantai as vossas mãos no santuário." Mãos, coração e o que mais compõe o nosso ser, tudo deve ser erguido, dignificado e consagrado ao serviço e ao culto do Senhor. Do mesmo modo que os anjos louvam a Deus noite e dia, sem cessar, os anjos das igrejas devem manter-se nessa atitude no tempo oportuno e inoportuno. "E bendizei ao Senhor." Essa é a principal ocupação do povo. Seu ensino deve abençoar as pessoas e seu culto deve bendizer ainda mais a Jeová. Muitas vezes, as pessoas olham para o culto público somente por seu fator utilitário para a congregação, mas seu outro propósito se reveste de importância ainda maior: temos de fazer tudo para que o Senhor Deus seja adorado e exaltado de forma reverente. A palavra "bendizei" é usada novamente para ser aplicada a Jeová. Bendize, ó minha alma, ao Senhor, e que todas as outras almas também o bendigam. Não haverá sonolência nem mesmo na vigília da meia-noite, se o coração estiver decidido a bendizer Deus em Cristo Jesus, que é a tradução do evangelho de Deus no santuário.

¹Eis aqui, bendizei ao Senhor todos vós, servos do Senhor, que assistis na casa do Senhor todas as noites.

²Levantai as vossas mãos no santuário, e bendizei ao Senhor.

³O Senhor que fez o céu e a terra te abençoe desde Sião.

Notas

SALMO 135

DEUS É LOUVADO PELA SUA
BONDADE, PODER E JUSTIÇA

S e outras pessoas se calarem, não podeis ficar em silêncio; tendes de ser os primeiros a celebrar os louvores de Deus. "Louvai ao Senhor. Louvai o nome do Senhor; louvai-o, servos do Senhor." Sois "servos", e isso faz parte do vosso serviço. O "nome" dele está sobre vós; portanto, celebrai esse nome com louvores. Sabeis quanto ele é um Mestre abençoado; portanto, falai bem dele. Aqueles que desprezam o serviço que devem a Deus certamente negligenciam seu louvor, porém, do mesmo modo que a graça faz de vós servos pessoais dele, permitais que vossos corações façam de vós músicos da corte divina. Aqui, vemos o servo do Senhor animando seus colegas, por três vezes convocando-os para o louvor. Será que seremos tão lentos para atender a um convite tão doce? Ou, por mais que façamos nosso melhor, parece que se trata de algo insuficiente para um Senhor tão grande? As duas coisas são verdadeiras. Nunca louvamos o suficiente, muito menos conseguimos louvar além da conta. Devemos sempre nos dedicar a isso, atendendo à instrução que se encontra neste salmo: louvai, louvai, louvai! Que o Deus trino receba os louvores de nosso espírito, de nossa alma e de nosso corpo. No passado, no presente e no futuro, rendamos triplamente aleluia!

¹Louvai ao Senhor. Louvai *o* nome do Senhor; louvai-o, servos do Senhor.

²Vós que assistis na casa do Senhor, nos átrios da casa do nosso Deus.

³Louvai ao Senhor, porque o Senhor *é* bom; cantai louvores ao seu nome, porque *é* agradável.

⁴Porque o Senhor escolheu para si a Jacó, *e* a Israel para seu próprio tesouro.

⁵Porque eu conheço que o Senhor é grande e *que* o nosso Senhor *está* acima de todos os deuses.

⁶Tudo o que o Senhor quis, fez, nos céus e na terra, nos mares e *em* todos os abismos.

⁷Faz subir os vapores das extremidades da terra; faz os relâmpagos para a chuva; tira os ventos dos seus tesouros.

⁸O que feriu os primogênitos do Egito, desde os homens até os animais;

⁹O *que* enviou sinais e prodígios no meio de ti, ó Egito, contra Faraó e contra os seus servos;

¹⁰O que feriu muitas nações, e matou poderosos reis:

¹¹A Siom, rei dos amorreus, e a Ogue, rei de Basã, e a todos os reinos de Canaã;

¹²E deu a sua terra em herança, em herança a Israel, seu povo.

¹³O teu nome, ó Senhor, *dura* perpetuamente, *e* a tua memória, ó Senhor, de geração em geração.

¹⁴Pois o Senhor julgará o seu povo, e se arrependerá com respeito aos seus servos.

¹⁵Os ídolos dos gentios *são* prata e ouro, obra das mãos dos homens.

¹⁶Têm boca, mas não falam; têm olhos, e não veem;

¹⁷Têm ouvidos, mas não ouvem, nem há respiro *algum* nas suas bocas.

¹⁸Semelhantes a eles se tornem os que os fazem, e todos os que confiam neles.

¹⁹Casa de Israel, bendizei ao Senhor; casa de Arão, bendizei ao Senhor;

²⁰Casa de Levi, bendizei ao Senhor; vós os que temeis ao Senhor, bendizei ao Senhor.

²¹Bendito *seja* o Senhor desde Sião, que habita em Jerusalém. Louvai ao Senhor.

Notas

SALMO 136

DEUS É LOUVADO PELA SUA MISERICÓRDIA

"Louvai ao Senhor, porque ele é bom... Aquele que por entendimento fez os céus." Sua bondade aparece na criação das regiões celestes. Ele empregou sua sabedoria na tarefa de modelar um firmamento ou uma atmosfera adequada para o mundo sobre o qual os mortais deveriam habitar. Quanta sabedoria há por trás desse ato criador único! As descobertas dos nossos observadores mais atentos nunca puderam analisar todas as evidências do desígnio que se reúnem nesta obra das mãos de Deus. A vida das plantas, dos animais e das pessoas, tudo depende da modelagem de nossos céus. Se os céus fossem diferentes, não estaríamos aqui para louvar a Deus. A presciência divina planejou o ar e as nuvens, levando em consideração a raça humana. "Porque a sua benignidade dura para sempre." Os detalhes do salmista sobre a misericórdia começam tratando das regiões mais altas e vão descendo pouco a pouco dos céus para a "nossa baixeza". Mas, ainda assim, é um tipo de ascensão, porque a misericórdia fica cada vez maior, enquanto o alvo dela vai-se tornando cada vez menos digno. A misericórdia tem amplo, duradouro e envolvente alcance. Nada é tão alto ou tão baixo que escape ao seu alcance.

¹Louvai ao Senhor, porque ele *é* bom; porque a sua benignidade *dura* para sempre.

²Louvai ao Deus dos deuses; porque a sua benignidade *dura* para sempre.

³Louvai ao Senhor dos senhores; porque a sua benignidade *dura* para sempre.

⁴Aquele que só faz grandes maravilhas; porque a sua benignidade *dura* para sempre.

⁵Aquele que por entendimento fez os céus; porque a sua benignidade *dura* para sempre.

⁶Aquele que estendeu a terra sobre as águas; porque a sua benignidade *dura* para sempre.

[7]Aquele que fez os grandes luminares; porque a sua benignidade *dura* para sempre;

[8]O sol para governar de dia; porque a sua benignidade *dura* para sempre;

[9]A lua e as estrelas para presidirem à noite; porque a sua benignidade *dura* para sempre;

[10]O que feriu o Egito nos seus primogênitos; porque a sua benignidade *dura* para sempre;

[11]E tirou a Israel do meio deles; porque a sua benignidade *dura* para sempre;

[12]Com mão forte, e com braço estendido; porque a sua benignidade *dura* para sempre;

[13]Aquele que dividiu o Mar Vermelho em duas partes; porque a sua benignidade *dura* para sempre;

[14]E fez passar Israel pelo meio dele; porque a sua benignidade *dura* para sempre;

[15]Mas derrubou a Faraó com o seu exército no Mar Vermelho; porque a sua benignidade *dura* para sempre.

[16]Aquele que guiou o seu povo pelo deserto; porque a sua benignidade *dura* para sempre;

[17]Aquele que feriu os grandes reis; porque a sua benignidade *dura* para sempre;

[18]E matou reis famosos; porque a sua benignidade *dura* para sempre;

[19]Siom, rei dos amorreus; porque a sua benignidade *dura* para sempre;

[20]E Ogue, rei de Basã; porque a sua benignidade *dura* para sempre;

[21]E deu a terra deles em herança; porque a sua benignidade *dura* para sempre;

[22]E *mesmo* em herança a Israel, seu servo; porque a sua benignidade *dura* para sempre;

[23]Que se lembrou da nossa baixeza; porque a sua benignidade *dura* para sempre;

[24]E nos remiu dos nossos inimigos; porque a sua benignidade *dura* para sempre;

[25]O que dá mantimento a toda a carne; porque a sua benignidade *dura* para sempre.

[26]Louvai ao Deus dos céus; porque a sua benignidade *dura* para sempre.

SALMO 137
SAUDADES DA PÁTRIA

"**C**omo cantaremos a canção do Senhor em terra estranha?... Se me não lembrar de ti, apegue-se-me a língua ao meu paladar; se não preferir Jerusalém à minha maior alegria." Cantar as músicas de Sião para entreter os inimigos de Sião implicaria esquecer a Cidade Santa. Cada judeu declara a si mesmo que não fará isso, porque a frase começa com o pronome "nós" e termina com o pronome "eu". Individualmente, os cativos juram fidelidade a Jerusalém, e cada um afirma que preferia esquecer a arte que os fazia extrair música das cordas da harpa a usá-las para o prazer da Babilônia. Seria muito melhor a mão direita esquecer sua arte comum e perder toda a sua habilidade do que tocar música para rebeldes a partir dos instrumentos consagrados ao Senhor, ou acompanhar, com doce habilidade, um salmo santo profanado em uma música comum para que os insensatos se divertissem. Nenhum deles desonraria Jeová dessa maneira para glorificar algum deus babilônico e satisfazer os seguidores dessa divindade. Se ousassem fazer isso de modo tão falso e infiel, eles trariam solenemente vingança sobre si mesmos.

¹Junto aos rios da Babilônia, ali nos assentamos e choramos, quando nos lembramos de Sião.

²Sobre os salgueiros *que há* no meio dela, penduramos as nossas harpas.

³Pois lá aqueles que nos levaram cativos nos pediam *uma* canção; e os que nos destruíram, *que* os alegrássemos, *dizendo:* Cantai-nos uma das canções de Sião.

⁴Como cantaremos a canção do SENHOR em terra estranha?

⁵Se eu me esquecer de ti, ó Jerusalém, esqueça-se a minha direita *da sua destreza*.

⁶Se me não lembrar de ti, apegue-se-me a língua ao meu paladar; se não preferir Jerusalém à minha maior alegria.

⁷Lembra-te, SENHOR, dos filhos de Edom no dia de Jerusalém, que diziam: Descobri-a, descobri-a até aos seus alicerces.

⁸Ah! Filha de Babilônia, que *vais ser* assolada; feliz aquele que te retribuir o pago que tu nos pagaste a nós.

⁹Feliz aquele que pegar em teus filhos e der *com eles* nas pedras.

NOTAS

SALMO 138

AÇÃO DE GRAÇAS A DEUS POR AMOR DA SUA FIDELIDADE

Salmo de Davi

"Pois engrandeceste a tua palavra acima de todo o teu nome." Céus e terra passarão, mas a palavra divina não passará, e, nesse aspecto único, ela tem proeminência sobre todas as outras formas de manifestação. Além disso, o Senhor baseia tudo o que se relaciona ao seu nome no tributo à sua palavra: sua sabedoria, seu poder, seu amor e todos os seus outros atributos contribuem para transmitir sua palavra. É a sua palavra que cria, sustenta, vivifica, ilumina e consola. Como palavra de ordem, ela é suprema e, na pessoa da Palavra encarnada, é estabelecida sobre todas as obras de Deus. Vamos adorar ao Senhor, que falou conosco por sua palavra e por seu Filho, e, na presença dos incrédulos, louvemos seu nome e exaltemos sua Palavra santa.

¹Eu te louvarei, de todo o meu coração; na presença dos deuses a ti cantarei louvores.

²Inclinar-me-ei para o teu santo templo, e louvarei o teu nome pela tua benignidade, e pela tua verdade; pois engrandeceste a tua palavra acima de todo o teu nome.

³No dia em que eu clamei, me escutaste; *e* alentaste com força a minha alma.

⁴Todos os reis da terra te louvarão, ó Senhor, quando ouvirem as palavras da tua boca;

⁵E cantarão os caminhos do Senhor; pois grande *é* a glória do Senhor.

⁶Ainda que o Senhor é excelso, atenta *todavia* para o humilde; mas ao soberbo conhece-o de longe.

⁷Andando eu no meio da angústia, tu me reviverás; estenderás a tua mão contra a ira dos meus inimigos, e a tua destra me salvará.

⁸O S᎐ᴇɴʜᴏʀ aperfeiçoará o que me toca; a tua benignidade, ó S᎐ᴇɴʜᴏʀ, *dura* para sempre; não desampares as obras
das tuas mãos.

Notas

SALMO 139
A ONIPRESENÇA E A ONIPOTÊNCIA DE DEUS

Salmo de Davi para o músico-mor

"Eu te louvarei." Aqueles que estão louvando a Deus serão exatamente aqueles que o *louvarão*. Aqueles que desejam louvar já têm todos os motivos de adoração ao seu alcance. Nós também raramente nos lembramos de nossa criação, e de toda a habilidade, e de toda a bondade concedidas ao modo que fomos gerados, mas o doce cantor de Israel contava com uma instrução melhor. Portanto, ele prepara para o diretor de música uma canção que fala do nosso nascimento e de toda a preparação que o precedeu. Nunca é cedo para começar a bendizer nosso Criador, que começou a nos abençoar tão cedo: mesmo no ato da criação, ele nos deu razões para louvar seu nome. "Porque de um modo assombroso, e tão maravilhoso fui feito." Quem pode contemplar pelo menos um modelo de nossa anatomia sem admiração e reverência? Quem poderia dissecar parte do corpo humano sem se maravilhar com sua delicadeza e tremer diante de sua fragilidade? O salmista limitou-se a relancear o olhar para além do véu que esconde os nervos, os tendões e os vasos sanguíneos de nossa visão comum. Mesmo sem conhecer a ciência da anatomia, ele vira o suficiente para despertar sua admiração pela obra do Trabalhador e sua reverência por ele.

¹SENHOR, tu me sondaste, e *me* conheces.

²Tu sabes o meu assentar e o meu levantar; de longe entendes o meu pensamento.

³Cercas o meu andar, e o meu deitar; e conheces todos os meus caminhos.

⁴Não *havendo* ainda palavra *alguma* na minha língua, eis que logo, ó SENHOR, tudo conheces.

⁵Tu me cercaste por detrás e por diante, e puseste sobre mim a tua mão.

[6]*Tal* conhecimento *é* para mim maravilhosíssimo; *tão* alto *que* não o posso *atingir.*

[7]Para onde me irei do teu espírito, ou para onde fugirei da tua face?

[8]Se subir ao céu, lá tu *estás;* se fizer no inferno a minha cama, eis que tu *ali estás também.*

[9]*Se* tomar as asas da alva, *se* habitar nas extremidades do mar,

[10]Até ali a tua mão me guiará e a tua destra me susterá.

[11]Se disser: Decerto que as trevas me encobrirão; então a noite *será* luz à roda de mim.

[12]Nem ainda as trevas me encobrem de ti; mas a noite resplandece como o dia; as trevas e a luz *são para ti* a mesma coisa;

[13]Pois possuíste as minhas entranhas; cobriste-me no ventre de minha mãe.

[14]Eu te louvarei, porque de um modo assombroso, e tão maravilhoso fui feito; maravilhosas *são* as tuas obras, e a minha alma o sabe muito bem.

[15]Os meus ossos não te foram encobertos, quando no oculto fui feito, *e* entretecido nas profundezas da terra.

[16]Os teus olhos viram o meu *corpo* ainda informe; e no teu livro todas estas coisas foram escritas; as quais em continuação foram formadas, quando nem ainda uma delas *havia.*

[17]E quão preciosos me são, ó Deus, os teus pensamentos! Quão grandes são as somas deles!

[18]*Se* as contasse, seriam em maior número do que a areia; *quando* acordo ainda estou contigo.

[19]Ó Deus, tu matarás decerto o ímpio; apartai-vos portanto de mim, homens de sangue.

[20]Pois falam malvadamente contra ti; *e* os teus inimigos tomam o *teu nome* em vão.

[21]Não odeio eu, ó SENHOR, aqueles que te odeiam, e não me aflijo por causa dos que se levantam contra ti?

[22]Odeio-os com ódio perfeito; tenho-os por inimigos.

[23]Sonda-me, ó Deus, e conhece o meu coração; prova-me, e conhece os meus pensamentos.

[24]E vê se *há* em mim algum caminho mau, e guia-me pelo caminho eterno.

SALMO 140

O SALMISTA ORA PARA QUE SEJA GUARDADO

Salmo de Davi para o músico-mor

"Eu disse ao SENHOR: Tu és o meu Deus." Davi alegrou-se com o fato de já ter dito que Jeová era seu Deus. Ele se alegrava por se haver consagrado a ele, e não manifestava desejo algum de desistir. O Senhor se constituía no Deus de Davi por escolha consciente, aquele a quem ele se consagra com prazer. Os ímpios rejeitam Deus, mas os justos o reconhecem como Senhor, como seu tesouro, seu prazer, sua luz e a sua alegria. "Ouve a voz das minhas súplicas, ó SENHOR." As orações dos santos têm uma melodia; são súplicas expressivas mesmo quando mais parecem gemidos sem sentido. O Senhor consegue discernir uma voz em nossa espera, e tem o poder e a disposição de atendê-la. Ele é capaz de nos ouvir porque é Deus, e é justamente por ser o *nosso* Deus que ele nos atenderá. O simples fato de ele nos ouvir já nos deixa contentes. A resposta pode ser de acordo com a vontade dele, mas fazemos nosso apelo para sermos ouvidos. A alma angustiada é grata a qualquer pessoa que tenha bondade suficiente e paciência de ouvir o que ela tem a dizer, mas é especialmente grata por ter uma audiência com o próprio Jeová.

[1]Livra-me, ó SENHOR, do homem mau; guarda-me do homem violento,

[2]Que pensa o mal no coração; continuamente se ajuntam para a guerra.

[3]Aguçaram as línguas como a serpente; o veneno das víboras *está* debaixo dos seus lábios. (Selá.)

[4]Guarda-me, ó SENHOR, das mãos do ímpio; guarda-me do homem violento; os quais se propuseram transtornar os meus passos.

[5]Os soberbos armaram-me laços e cordas; estenderam a rede ao lado do caminho; armaram-me laços corrediços. (Selá.)

⁶Eu disse ao SENHOR: Tu *és* o meu Deus; ouve a voz das minhas súplicas, ó SENHOR.

⁷Ó DEUS o Senhor, fortaleza da minha salvação, tu cobriste a minha cabeça no dia da batalha.

⁸Não concedas, ó SENHOR, ao ímpio os seus desejos; não promovas o seu mau propósito, para que não se exalte. (Selá.)

⁹*Quanto* à cabeça dos que me cercam, cubra-os a maldade dos seus lábios.

¹⁰Caiam sobre eles brasas vivas; sejam lançados no fogo, em covas profundas, *para que* se não tornem a levantar.

¹¹Não terá firmeza na terra o homem de *má* língua; o mal perseguirá o homem violento até que seja desterrado.

¹²Sei que o SENHOR sustentará a causa do oprimido, *e* o direito do necessitado.

¹³Assim os justos louvarão o teu nome; os retos habitarão na tua presença.

NOTAS

SALMO 141
ORAÇÃO PARA PRESERVAÇÃO NO MEIO DA TENTAÇÃO

Salmo de Davi

"Suba a minha oração perante a tua face como incenso." Não devemos encarar a oração como algo que é fácil de se fazer e que não exige raciocínio. Ela precisa ser refletida; além disso, ela deve ser apresentada diante de Deus. "E as minhas mãos levantadas sejam como o sacrifício da tarde." Certamente, o serviço, ou o levantar das mãos durante o trabalho, equivale a uma oração se for realizado dentro da dependência de Deus e para sua glória. Do mesmo modo que existe a oração do coração, existe a oração das mãos em ação, e nosso desejo é que ela seja suave para o Senhor como o sacrifício da tarde. A esperança santa, o levantar das mãos que estão penduradas, esse também é um tipo de adoração, no anseio de que a oração possa ser aceita por Deus. O salmista faz um pedido ousado: ele queria que suas orações e seus lamentos humildes fossem tão considerados pelo Senhor quanto o sacrifício da manhã e o sacrifício da tarde no lugar santo. No entanto, essa oração não passa dos limites, porque, no fim das contas, o aspecto espiritual é mais valorizado pelo Senhor do que o cerimonial, e o fruto dos lábios se constitui em um sacrifício mais sincero do que os novilhos que estão no estábulo.

¹SENHOR, a ti clamo, apressa-te a mim; inclina os teus ouvidos à minha voz, quando a ti clamar.

²Suba a minha oração perante a tua face *como* incenso, *e* as minhas mãos levantadas *sejam como* o sacrifício da tarde.

³Põe, ó SENHOR, uma guarda à minha boca; guarda a porta dos meus lábios.

⁴Não inclines o meu coração a coisas más, a praticar obras más, com aqueles que praticam a iniquidade; e não coma das suas delícias.

⁵Fira-me o justo, *será isso uma* benignidade; e repreenda-me, *será um* excelente óleo, *que* não me quebrará a cabeça; pois a minha oração também ainda *continuará* nas suas próprias calamidades.

⁶Quando os seus juízes forem derrubados pelos lados da rocha, ouvirão as minhas palavras, pois são agradáveis.

⁷Os nossos ossos são espalhados à boca da sepultura como se alguém fendera e partira *lenha* na terra.

⁸Mas os meus olhos te *contemplam,* ó DEUS o Senhor; em ti confio; não desnudes a minha alma.

⁹Guarda-me dos laços *que* me armaram; e dos laços corrediços dos que praticam a iniquidade.

¹⁰Caiam os ímpios nas suas próprias redes, até que eu tenha escapado inteiramente.

NOTAS

SALMO 142

ORAÇÃO NO MEIO DE GRANDE DIFICULDADE

Masquil de Davi; oração que fez quando estava na caverna

Muitas vezes, até o espírito mais destemido perde a noção do que fazer. "Quando o meu espírito estava angustiado em mim, então conheceste a minha vereda." Uma névoa pesada paira sobre o pensamento, e a pessoa parece envolver-se pelas águas e perde o fôlego: encoberta por uma nuvem, esmagada por um peso, confundida pelas dificuldades e vencida pelas impossibilidades. Davi foi um herói e, ainda assim, seu espírito naufragou; ele foi capaz de derrubar um gigante, mas não conseguia continuar de pé. Ele não sabia que caminho deveria seguir, nem era capaz de carregar o próprio fardo. Veja o que o consolava: ele tirava os olhos de sua situação e passava a olhar para o Deus que observa tudo e sabe de tudo; ele se conformava com o fato de que tudo estava diante de seu amigo celestial. Verdadeiramente, é bom para nós saber que Deus conhece aquilo que desconhecemos. Nós perdemos a cabeça, mas Deus nunca fecha seus olhos. Nossos critérios se desequilibram, mas a mente eterna sempre é clara. Nada se esconde de Deus. Nenhuma armadilha secreta pode ferir a pessoa que habita no esconderijo do Altíssimo, porque essa pessoa permanecerá à sombra do Onipotente.

[1]Com a minha voz clamei ao Senhor; com a minha voz supliquei ao Senhor.

[2]Derramei a minha queixa perante a sua face; expus-lhe a minha angústia.

[3]Quando o meu espírito estava angustiado em mim, então conheceste a minha vereda. No caminho em que eu andava, esconderam-me *um* laço.

[4]Olhei para a *minha* direita, e vi; mas não *havia* quem me conhecesse. Refúgio me faltou; ninguém cuidou da minha alma.

⁵A ti, ó SENHOR, clamei; eu disse: Tu *és* o meu refúgio, *e* a minha porção na terra dos viventes.

⁶Atende ao meu clamor; porque estou muito abatido. Livra-me dos meus perseguidores; porque são mais fortes do que eu.

⁷Tira a minha alma da prisão, para que louve o teu nome; os justos me rodearão, pois me fizeste bem.

NOTAS

SALMO 143
O SALMISTA ORA POR LIBERTAÇÃO

Salmo de Davi

"**O** uve-me depressa, ó Senhor; o meu espírito desmaia." A misericórdia cria asas quando a aflição é extrema. Deus não falhará quando nosso espírito desmaiar; em vez disso, ele apressará seus passos e virá até nós nas asas do vento. "Não escondas de mim a tua face, para que não seja semelhante aos que descem à cova." A comunhão com Deus é tão valiosa para os verdadeiros adoradores que perdê-la equivale ao sentimento de estar à beira da morte e da completa perdição. O afastamento de Deus leva o coração ao desespero e drena toda a força da mente. Além disso, a ausência de Deus capacita os adversários a imporem sua vontade sem restrições, e, desse modo, isso equivale a dizer que é mais provável que a pessoa pereça. Viveremos se estivermos diante da face de Deus, mas, se ele nos der as costas, pereceremos. Quando o Senhor olha para nossos esforços de modo favorável, nós prosperamos, mas quando ele se recusa a contemplá-los, nosso trabalho será inútil.

¹Ó Senhor, ouve a minha oração, inclina os ouvidos às minhas súplicas; escuta-me segundo a tua verdade, *e* segundo a tua justiça.

²E não entres em juízo com o teu servo, porque à tua vista não se achará justo nenhum vivente.

³Pois o inimigo perseguiu a minha alma; atropelou-me até ao chão; fez-me habitar na escuridão, como aqueles que morreram há muito.

⁴Pois que o meu espírito se angustia em mim; *e* o meu coração em mim está desolado.

⁵Lembro-me dos dias antigos; considero todos os teus feitos; medito na obra das tuas mãos.

⁶Estendo para ti as minhas mãos; a minha alma tem *sede* de ti, como terra sedenta. (Selá.)

⁷Ouve-me depressa, ó Senhor; o meu espírito desmaia. Não escondas de mim a tua face, para que não seja semelhante aos que descem à cova.

⁸Faze-me ouvir a tua benignidade pela manhã, pois em ti confio; faze-me saber o caminho que devo seguir, porque a ti levanto a minha alma.

⁹Livra-me, ó Senhor, dos meus inimigos; fujo para ti, para me esconder.

¹⁰Ensina-me a fazer a tua vontade, pois *és* o meu Deus. O teu Espírito *é* bom; guie-me por terra plana.

¹¹Vivifica-me, ó Senhor, por amor do teu nome; por amor da tua justiça, tira a minha alma da angústia.

¹²E por tua misericórdia desarraiga os meus inimigos, e destrói a todos os que angustiam a minha alma; pois *sou* teu servo.

Notas

SALMO 144
AÇÃO DE GRAÇAS PELA PROTEÇÃO DE DEUS

Salmo de Davi

" **B**endito seja o S<small>ENHOR</small>, minha rocha... Benignidade minha e fortaleza minha." Seja qual for a pessoa e em qualquer lugar que esteja, todos precisam da misericórdia que se encontra no Deus infinito. É pela sua misericórdia que ele se constitui em tudo de bom para nós, de modo que "Benignidade minha" é um título bem adequado a ele. Como o Senhor tem sido verdadeiramente amoroso conosco de milhares de formas! Ele é a expressão da bondade, e sua benignidade por nós é irrestrita. Não há bondade em nós mesmos, por isso o Senhor tornou-se nossa benignidade. Portanto, ele mesmo é nossa "fortaleza" e nossa habitação segura; nele, habitamos como se tivéssemos muralhas impenetráveis e baluartes irremovíveis ao nosso redor. Não podemos ser expulsos nem morreremos de fome, porque nossa fortaleza está preparada para qualquer cerco; ela tem muita comida armazenada e possui uma fonte de águas vivas dentro de si. Os reis geralmente tinham muita confiança em suas cidades muradas, mas o rei Davi confiava em seu Deus. O Senhor significa bem mais para ele do que qualquer fortaleza.

¹Bendito *seja* o S<small>ENHOR</small>, minha rocha, que ensina as minhas mãos para a peleja e os meus dedos para a guerra;

²Benignidade minha e fortaleza minha; alto retiro meu e meu libertador *és tu;* escudo meu, em quem eu confio, e que me sujeita o meu povo.

³S<small>ENHOR</small>, que *é* o homem, para que o conheças, *e* o filho do homem, para que o estimes?

⁴O homem é semelhante à vaidade; os seus dias *são* como a sombra que passa.

⁵Abaixa, ó S<small>ENHOR</small>, os teus céus, e desce; toca os montes, e fumegarão.

⁶Vibra os teus raios e dissipa-os; envia as tuas flechas, e desbarata-os.

⁷Estende as tuas mãos desde o alto; livra-me, e arrebata--me das muitas águas *e* das mãos dos filhos estranhos,

⁸Cuja boca fala vaidade, e a sua mão direita é a destra de falsidade.

⁹A *ti,* ó Deus, cantarei *um* cântico novo; com o saltério e instrumento de dez cordas te cantarei louvores;

¹⁰A *ti,* que dás a salvação aos reis, e que livras a Davi, teu servo, da espada maligna.

¹¹Livra-me, e tira-me das mãos dos filhos estranhos, cuja boca fala vaidade, e a sua mão direita é a destra de iniquidade,

¹²Para que nossos filhos *sejam* como plantas crescidas na sua mocidade; *para que* as nossas filhas *sejam* como pedras de esquina lavradas à moda de palácio;

¹³*Para que* as nossas despensas se encham de todo provimento; *para que* os nossos rebanhos produzam a milhares e a dezenas de milhares nas nossas ruas.

¹⁴*Para que* os nossos bois *sejam* fortes para o trabalho; *para que* não *haja nem* assaltos, nem saídas, nem gritos nas nossas ruas.

¹⁵Bem-aventurado o povo ao qual assim *acontece;* bem--aventurado *é* o povo cujo Deus *é* o SENHOR.

NOTAS

SALMO 145

A BONDADE, GRANDEZA E PROVIDÊNCIA DE DEUS

Cântico de Davi

"Falarei da magnificência gloriosa da tua majestade." Não há nada a respeito do Senhor infinito que seja indigno de sua realeza. Por outro lado, nada falta no resplendor do seu reino. Sua majestade é honrosa, e sua honra é gloriosa: ele é totalmente maravilhoso. "E das tuas obras maravilhosas." Todas as obras de Deus diante dos filhos dos homens levam a sua assinatura, mas algumas são calculadas de modo especial para causar surpresa. Muitas obras de poder, justiça e sabedoria são maravilhosas, e a obra da sua graça é a mais prodigiosa de todas. Em especial, é dela, proporcionalmente a todo o resto, que o povo santo e experiente deve falar, um povo que tem a capacidade de falar com autoridade. Não se pode deixar que essas maravilhas divinas deixem de ser anunciadas; quando os demais não se lembrarem delas, representantes do povo como Davi devem ter como objetivo o ato de conversar sobre elas em particular e delas falar em público. Que a tarefa de falar com amor do nosso Senhor seja o prazer de cada um de nós, de acordo com nossa posição!

¹Eu te exaltarei, ó Deus, rei meu, e bendirei o teu nome pelos séculos dos séculos e para sempre.

²Cada dia te bendirei, e louvarei o teu nome pelos séculos dos séculos e para sempre.

³Grande *é* o Senhor, e muito digno de louvor, e a sua grandeza insondável.

⁴Uma geração louvará as tuas obras à outra geração, e anunciarão as tuas proezas.

⁵Falarei da magnificência gloriosa da tua majestade e das tuas obras maravilhosas.

⁶E se falará da força dos teus feitos terríveis; e contarei a tua grandeza.

⁷Proferirão abundantemente a memória da tua grande bondade, e cantarão a tua justiça.

⁸Misericordioso e compassivo *é* o SENHOR, tardio em irar--se e de grande misericórdia.

⁹O SENHOR *é* bom para todos, e as suas misericórdias *são* sobre todas as suas obras.

¹⁰Todas as tuas obras te louvarão, ó SENHOR, e os teus santos te bendirão.

¹¹Falarão da glória do teu reino, e relatarão o teu poder,

¹²Para fazer saber aos filhos dos homens as tuas proezas e a glória da magnificência do teu reino.

¹³O teu reino *é um* reino eterno; o teu domínio *dura* em todas as gerações.

¹⁴O SENHOR sustenta a todos os que caem, e levanta a todos os abatidos.

¹⁵Os olhos de todos esperam em ti, e lhes dás o seu mantimento a seu tempo.

¹⁶Abres a tua mão, e fartas os desejos de todos os viventes.

¹⁷Justo *é* o SENHOR em todos os seus caminhos, e santo em todas as suas obras.

¹⁸Perto *está* o SENHOR de todos os que o invocam, de todos os que o invocam em verdade.

¹⁹Ele cumprirá o desejo dos que o temem; ouvirá o seu clamor, e os salvará.

²⁰O SENHOR guarda a todos os que o amam; mas todos os ímpios serão destruídos.

²¹A minha boca falará o louvor do SENHOR, e toda a carne louvará o seu santo nome pelos séculos dos séculos e para sempre.

NOTAS

SALMO 146
A FRAQUEZA DO HOMEM E A FIDELIDADE DE DEUS

"**L**ouvai ao Senhor." Com reverência santa, vamos pronunciar a palavra *Aleluia* e, com ela, convocar a nós mesmos e a todos os outros para adorar o Senhor de toda a terra. As pessoas precisam ser chamadas para o louvor. É importante que elas louvem, e existem muitas razões para que façam isso de forma imediata. Que todos aqueles que ouvem a palavra *Aleluia* unam-se imediatamente em um louvor santo! "Louvai ao Senhor, ó minha alma!" O salmista costumava praticar o que pregava. Ele tinha o hábito de ser o líder do coral que ele reunia. Não funciona muito apenas exortar os outros a louvar e não despertar a própria alma para o louvor. Trata-se de algo perverso dizer "Eu te louvo" e nunca acrescentar "Ó minha alma, louva". Ao louvarmos a Deus, que despertemos nosso eu interior, o centro de nossa vida! Nós somos almas viventes, e, se estamos salvos da ira eterna, temos o dever de louvar o Salvador. Venha, todo o meu ser, minha alma, meu tudo! Envolva-se em alegre adoração! Vamos, meus irmãos! Entoemos a canção! "Louvai ao Senhor!"

¹Louvai ao Senhor. Ó minha alma, louva ao Senhor.

²Louvarei ao Senhor durante a minha vida; cantarei louvores ao meu Deus enquanto eu for vivo.

³Não confieis em príncipes, *nem* em filho de homem, em quem não *há* salvação.

⁴Sai-lhe o espírito, volta para a terra; naquele mesmo dia perecem os seus pensamentos.

⁵Bem-aventurado aquele que *tem* o Deus de Jacó por seu auxílio, e cuja esperança *está posta* no Senhor seu Deus.

⁶O que fez os céus e a terra, o mar e tudo quanto *há* neles, *e* o que guarda a verdade para sempre;

⁷O que faz justiça aos oprimidos, o que dá pão aos famintos. O Senhor solta os encarcerados.

⁸O SENHOR abre *os olhos* aos cegos; o SENHOR levanta os abatidos; o SENHOR ama os justos;

⁹O SENHOR guarda os estrangeiros; sustém o órfão e a viúva, mas transtorna o caminho dos ímpios.

¹⁰O SENHOR reinará eternamente; o teu Deus, ó Sião, de geração em geração. Louvai ao SENHOR.

NOTAS

SALMO 147

EXORTAÇÃO A LOUVAR AO SENHOR PELA SUA BONDADE

"**S**ara os quebrantados de coração, e lhes ata as suas feridas." Os reis da terra se acham grandes por causa de sua altivez, mas a grandeza de Jeová vem de sua condescendência. Note que o Altíssimo se ocupa do doente e do quebrantado, do miserável e do ferido. Ele anda pelos hospitais como o bom Médico! Sua profunda simpatia com os enlutados se constitui na marca especial de sua bondade. Poucos se relacionam com as pessoas desanimadas, mas Jeová escolhe a companhia deles e habita entre eles até curar seus corações partidos: ele próprio coloca o unguento da graça e o curativo suave do amor, estancando as chagas daqueles que são convencidos de seus pecados. Quem recebeu algo tão gracioso tem motivos de sobra para louvá-lo. O Senhor está sempre curando e atando as feridas. Isso está longe de ser novidade para ele, pois já faz isso de longa data, e não se constitui em algo que ele esteja cansado de fazer no momento, porque ele continua curando e continua cobrindo as feridas, conforme fazia no princípio. Venham, corações quebrantados, venham ao Médico que nunca falha em sua cura. Exponham suas feridas para que ele as cubra com seu terno amor!

¹Louvai ao Senhor, porque é bom cantar louvores ao nosso Deus, porque *é* agradável; decoroso *é* o louvor.

²O Senhor edifica a Jerusalém, congrega os dispersos de Israel.

³Sara os quebrantados de coração, e lhes ata as suas feridas.

⁴Conta o número das estrelas, chama-as a todas pelos *seus* nomes.

⁵Grande *é* o nosso Senhor, e de grande poder; o seu entendimento *é* infinito.

⁶O Senhor eleva os humildes, e abate os ímpios até à terra.

⁷Cantai ao Senhor em ação de graças; cantai louvores ao nosso Deus sobre a harpa.

⁸*Ele é* o que cobre o céu de nuvens, o que prepara a chuva para a terra, *e* o que faz produzir erva sobre os montes;

⁹O que dá aos animais o seu sustento, *e* aos filhos dos corvos, quando clamam.

¹⁰Não se deleita na força do cavalo, nem se compraz nas pernas do homem.

¹¹O Senhor se agrada dos que o temem *e* dos que esperam na sua misericórdia.

¹²Louva, ó Jerusalém, ao Senhor; louva, ó Sião, ao teu Deus.

¹³Porque fortaleceu os ferrolhos das tuas portas; abençoa aos teus filhos dentro de ti.

¹⁴*Ele é* o que põe *em* paz os teus termos, e da flor da farinha te farta.

¹⁵O que envia o seu mandamento à terra; a sua palavra corre velozmente.

¹⁶O que dá a neve como lã; espalha a geada como cinza;

¹⁷O que lança o seu gelo em pedaços; quem pode resistir ao seu frio?

¹⁸Manda a sua palavra, e os faz derreter; faz soprar o vento, e correm as águas.

¹⁹Mostra a sua palavra a Jacó, os seus estatutos e os seus juízos a Israel.

²⁰Não fez assim a nenhuma outra nação; e quanto aos seus juízos, não os conhecem. Louvai ao Senhor.

NOTAS

SALMO 148

TODA A CRIAÇÃO DEVE LOUVAR AO SENHOR

"Louvai-o, sol e lua; louvai-o, todas as estrelas luzentes." Há uma adoração perpétua ao Senhor no céu: ela muda conforme o dia e a noite, mas continuará para sempre, enquanto durarem o sol e a lua. Sempre existe uma lâmpada acesa diante do altar sublime do Senhor. Também não se permite que os maiores luminares ofusquem com seus amplos fachos de luz a glória dos astros menos brilhantes, porque todas as estrelas são convocadas para o banquete do louvor. As estrelas são numerosas, tantas que ninguém pode contar o exército identificado pelas palavras "todas as estrelas", e mesmo assim, nenhuma delas se recusa a prestar louvor ao seu Criador. Por causa de seu brilho intenso, elas são chamadas adequadamente de "estrelas luzentes", e essa luz nada mais é que um louvor de forma visível brilhando em uma verdadeira música. A luz equivale a uma canção que brilha diante dos olhos em vez de soar nos ouvidos. As estrelas sem luz não renderiam louvor algum, e os cristãos sem luz roubam a glória que pertence ao Senhor da glória. Por menor que seja nosso raio de luz, não deve ser escondido; se não pudermos ser um sol ou uma lua, devemos ter o objetivo de ser uma das "estrelas luzentes", e todo o nosso cintilar tem de honrar ao nosso Senhor.

¹Louvai ao SENHOR. Louvai ao SENHOR desde os céus, louvai-o nas alturas.

²Louvai-o, todos os seus anjos; louvai-o, todos os seus exércitos.

³Louvai-o, sol e lua; louvai-o, todas as estrelas luzentes.

⁴Louvai-o, céus dos céus, e as águas que estão sobre os céus.

⁵Louvem o nome do SENHOR, pois mandou, e *logo* foram criados.

⁶E os confirmou eternamente para sempre, e lhes deu um decreto que não ultrapassarão.

⁷Louvai ao S{\small ENHOR} desde a terra: vós, baleias, e todos os abismos;

⁸Fogo e saraiva, neve e vapores, e vento tempestuoso que executa a sua palavra;

⁹Montes e todos os outeiros, árvores frutíferas e todos os cedros;

¹⁰As feras e todos os gados, répteis e aves voadoras;

¹¹Reis da terra e todos os povos, príncipes e todos os juízes da terra;

¹²Moços e moças, velhos e crianças.

¹³Louvem o nome do S{\small ENHOR}, pois só o seu nome é exaltado; a sua glória está sobre a terra e o céu.

¹⁴Ele também exalta o poder do seu povo, o louvor de todos os seus santos, dos filhos de Israel, um povo que lhe é chegado. Louvai ao S{\small ENHOR}.

N{\small OTAS}

SALMO 149

OS FIÉIS LOUVAM A SEU DEUS

"**P**orque o Senhor se agrada do seu povo". Se nossa alegria for agradável a Deus, que ela seja plena! Como é condescendente da parte de Jeová notar, amar e se deleitar em seus escolhidos! Com certeza, nada há em nosso ser ou em nossas obras que seja capaz de satisfazer ao Deus sempre bendito, se não fosse pelo fato de ele se condescender das pessoas mais comuns. O pensamento de que o Senhor se agrada de nós se constitui em uma mina de alegria que nunca deve esgotar-se. "Ornará os mansos com a salvação" (v. 4b). Os mansos são humildes e necessitam de salvação; o Senhor é gracioso e a concede. Esses humildes lamentam sua deformidade, e o Senhor lhes proporciona a beleza mais nobre possível. Ele os salva com sua santificação e, desse modo, eles vestem a beleza da santidade e a beleza da alegria que jorram da salvação plena. Ele faz com que seu povo seja manso e, então, faz da mansidão algo belo. É nisto que se encontra o grande argumento para a adoração a Deus com a maior alegria possível: aquele que acha tanto prazer em nós deve ser tratado com todas as demonstrações possíveis de alegria abundante.

¹Louvai ao Senhor. Cantai ao Senhor um cântico novo, e o seu louvor na congregação dos santos.

²Alegre-se Israel naquele que o fez, regozijem-se os filhos de Sião no seu Rei.

³Louvem o seu nome com danças; cantem-lhe o seu louvor com tamborim e harpa.

⁴Porque o Senhor se agrada do seu povo; ornará os mansos com a salvação.

⁵Exultem os santos na glória; alegrem-se nas suas camas.

⁶Estejam na sua garganta os altos louvores de Deus, e espada de dois fios nas suas mãos,

⁷Para tomarem vingança dos gentios, e darem repreensões aos povos;

⁸Para prenderem os seus reis com cadeias, e os seus nobres com grilhões de ferro;

⁹Para fazerem neles o juízo escrito; esta será a honra de todos *os* seus santos. Louvai ao Senhor.

Notas

SALMO 150

O SALMISTA EXORTA TODA A CRIATURA A LOUVAR AO SENHOR

"Louvai ao SENHOR." O lugar santo deve estar cheio de louvor, da mesma forma que, na antiguidade, o sumo sacerdote enchia o lugar santíssimo da fumaça do incenso de aroma suave. Na igreja do Senhor, nesta terra e em sua corte celestial, várias salvas de aleluia devem ser proferidas continuamente. Na pessoa de Jesus, Deus encontra uma habitação santa ou um santuário, e é nele que o Senhor deve ser louvado de forma mais intensa. Também se diz dele que ele deve habitar em santidade, porque todos os seus caminhos são bons e justos. Por isso, devemos exaltá-lo com nosso coração e com nossa voz. Sempre que nos reunimos para propósitos santos, nossa obra principal deve ser trazer louvores ao Senhor, nosso Deus. "Louvai a Deus no seu santuário; louvai-o no firmamento do seu poder." Em nosso Deus, o poder e a santidade se unem, e isso equivale a algo bem-aventurado. O poder sem a justiça equivaleria à opressão, e a justiça sem poder seria muito frágil para ter alguma utilidade, mas una esses dois atributos à infinita potência e, então, teremos nosso Deus. Que imensidão contemplamos no firmamento do seu poder! Que todo ele seja cheio de louvor! Que o céu, que é tão grande e forte, ecoe os louvores de Jeová, que é três vezes santo, enquanto os santuários da terra engrandecem esse mesmo Deus Altíssimo!

¹Louvai ao SENHOR. Louvai a Deus no seu santuário; louvai-o no firmamento do seu poder.

²Louvai-o pelos seus atos poderosos; louvai-o conforme a excelência da sua grandeza.

³Louvai-o com o som de trombeta; louvai-o com o saltério e a harpa.

⁴Louvai-o com o tamborim e a dança, louvai-o com instrumentos de cordas e com órgãos.

⁵Louvai-o com os címbalos sonoros; louvai-o com címbalos altissonantes.

⁶Tudo quanto tem fôlego louve ao Senhor. Louvai ao Senhor.

Notas